GRAN ATLAS DEL BRICOLAJE PARA DECORAR

LIBSA

CONTENIDO

- 4 Introducción
- 5 Preparar las paredes
- 9 Pinturas de interior
- 11 Pintar paredes y techos
- 15 Pintar murales
- 19 Preparar y pintar madera
- 23 Efectos especiales con pintura
- 27 Los efectos del picado
- 31 Los efectos del marmolado
- 35 Imitar carey
- 39 Pintar líneas rectas
- 43 Usar estarcidos ya preparados
- 45 Lavado y sombreado de color
- 48 Términos usuales en pintura
- 53 Los efectos de la pintura en madera
- 57 Crear estarcidos
- 63 Empapelar
- 67 Decorar techos
- 71 Empapelar con relieve
- 75 Cornisas y molduras
- 79 Empapelar con tela
- 83 Alicatado básico
- 87 Alicatar una superficie de trabajo
- 91 Alicatar una habitación
- 96 Términos usuales en decoración
- 101 Cortinas sencillas sin forro
- 105 Cortinas con forro cosido
- 109 Cortinas de tul y encaje
- 113 Cortinas tipo café
- 117 Bandós tradicionales de tela
- 121 Recogecortinas a su gusto
- 125 Selección de cortinas
- 127 Selección de la tela para cortinas
- 131 Barras y guías para cortinas
- 133 Festones y faldones drapeados
- 137 Formas de guardamalletas
- 141 Confección de guardamalletas
- 144 Términos usuales para telas
- 149 Persianas austríacas
- 153 Confección de un estor enrollable
- 157 Estores romanos plegables
- 161 Ventanas con problemas
- 163 Confección de cojines
- 167 Cojines sencillos con escudete
- 171 Cojines con adornos
- 175 Pantalla para lámparas
- 179 Confección de pantallas plisadas
- 183 Confección de fundas sueltas
- 187 Fundas sueltas con adorno
- 191 Índice

INTRODUCCIÓN

Decorar el hogar uno mismo puede ser una tarea altamente gratificante. No sólo le permitirá ahorrar dinero, sino que también le dará la oportunidad de desarrollar su sentido práctico y su creatividad.

Gran atlas del bricolaje para decorar le guiará paso a paso de modo que pueda emprender esa labor consiguiendo efectos propios de un profesional. Los numerosos dibujos y fotos le ayudarán a elegir combinaciones de colores, elementos y texturas.

Cada proyecto contiene una lista de herramientas y materiales de modo que, antes de empezar, pueda proveerse de todo lo que va a necesitar.

Por medio de las fotos e instrucciones precisas de este libro, usted podrá preparar adecuadamente las superficies a pintar, elegir el material y el color adecuado, y crear acabados modernos y atractivos como el drapeado, el punteado, el marmolado, etc. Aquí encontrará trucos para disimular la imperfección de las superficies, para dar una sensación de mayor amplitud a sus habitaciones y un acabado perfecto a su trabajo.

El empapelado, sea con papel o con tela, es a veces una solución económica y práctica para ocultar defectos o dar un toque de colorido y calidez a una habitación. En este libro encontrará las orientaciones para que esta tarea no le resulte difícil.

Hay habitaciones, como el baño o la cocina, cuyas superficies necesitan un tratamiento especial dada la humedad que se genera en esos ambientes. El alicatado es la solución más adecuada. Tal vez ahora le parezca una tarea difícil y propia de profesionales, pero si sigue cuidadosamente los consejos que le proponemos y observa las imágenes que ilustran el proceso, podrá realizarla sin problemas.

Aunque consiga el efecto deseado en sus paredes y techos, todavía quedan aspectos importantes para dar una auténtica renovación a su hogar. Vistiendo las ventanas, el efecto conseguido quedará aún más realzado.

Con las cortinas se pueden conseguir múltiples efectos y este libro, mediante ilustraciones y detalladas explicaciones, le permitirá elegirlas y confeccionarlas a su gusto. Además, incluye una guía ilustrada para conocer el tipo más adecuado para cada ventana, dependiendo de su forma o los problemas que presente.

Las ideas que se presentan en cuanto a la utilización de accesorios (bandós, guardamalletas, recogecortinas, festones y faldones) serán fuente de inspiración para su capacidad creativa.

Las persianas y los estores pueden cumplir un papel importante en el esquema decorativo, por eso aquí le presentamos sugerencias para su elección y explicaciones detalladas para que pueda confeccionarlas.

Un esquema decorativo es una unidad, y en ella, las telas decorativas que utilice en ventanas o paredes deberán armonizar con los demás elementos de la habitación. La última parte de este libro está dedicada a esos complementos que realzan la armonía y el estilo de una decoración.

Las ideas que proponemos son sencillas, originales y elegantes. *Gran atlas del bricolaje para decorar* le servirá de ayuda para resaltar la importancia de muchos pequeños detalles. Con las instrucciones paso a paso, podrá dar a su hogar el aspecto que siempre soñó

Preparar las paredes

La superficie ideal para un acabado decorativo —pintura, papel o azulejos— es aquella superficie sólida, plana, limpia y seca. La suciedad y la grasa impedirán que un acabado decorativo se adhiera adecuadamente.

El trabajo preparatorio necesario dependerá tanto de la condición en la que se encuentren dichas superficies como del acabado que se les pretenda dar.

• Paredes nuevas. El yeso nuevo no necesita ninguna preparación especial. Sin embargo, si las paredes siguen secándose, pueden aparecer cristalizaciones salinas como si fueran restos de polvo blanco. Cepille las paredes hasta que se sequen y decórelas cuando los restos dejen de reaparecer. Lije suavemente las zonas rugosas del yeso con una lija fina y aplique un sellador de manera que el yeso pueda respirar. No decore con nada que sea impermeable al vapor —como pintura de base oleosa o papeles lavables— durante al menos tres meses.

• Paredes pintadas. Para la mayoría de las superficies pintadas, una buena limpieza es todo lo que se necesita antes de volver a pintar o empapelar. Tape los agujeros y grietas si los hubiera y elimine cualquier brote de moho.

No podemos olvidar que el temple, que a veces se puede encontrar en las casas antiguas, es difícil de decorar de nuevo con éxito por lo que debería eliminarse por completo. Compruebe la superficie frotando con el dedo; si la pintura se quita fácilmente, entonces es temple.

Los revestimientos rugosos pueden pintarse de nuevo pero deben retirarse si se quiere usar cualquier otro material. Si el acabado es gotelé, puede ablandarlo con un rascador a presión. Si no, tendrá que usar un disolvente químico.

• Paredes empapeladas. Evite empapelar o pintar sobre revestimientos antiguos; los tintes del papel viejo pueden calar la pintura fresca, y la cola para el nuevo papel podría despegar ambos revestimientos, el anterior y éste, de la pared.

Déjelo sólo si el papel está bien pegado a la pared o si el yeso de debajo está en tan mal estado que podría desmoronarse si se despega la superficie (pruebe primero en un trozo). Todo esto es fundamental antes de pintar o empapelar.

• Sáquele partido. Las superficies que no se pueden alisar pero que, sin embargo, son sólidas, se pueden cubrir con un revestimiento de papel. Los papeles con relieve y los revestimientos rugosos son también muy útiles para disfrazar un yeso agrietado y desigual.

• Antes de empezar. La tarea de preparación es un asunto un poco engorroso, así que aparte todos los muebles que pueda y apile el resto en el centro de la habitación cubriéndolos con sábanas. Descuelgue las cortinas y proteja el suelo con láminas de plástico.

Un acabado perfecto
Un trabajo decorativo con éxito —como el que muestra la fotografía— depende de una concienzuda preparación de las paredes.

HERRAMIENTAS Y EQUIPO

Una esponja o un trapo fuerte, si fuera necesario, para limpiar las superficies. Use un cepillo para los acabados rugosos.

Jabón o detergente corriente para eliminar la suciedad y la grasa de las superficies pintadas. También necesitará un cubo.

Papel de lija impermeable para las superficies pintadas y normal para igualar las zonas rellenadas. Es muy útil tener tres medidas: fino, medio y grueso.

Un bloque de lija le ayudará a dar un acabado regular. Improvise envolviendo un taco de madera en papel de lija.

Disolvente para revestimientos rugosos. Puede ser necesario para eliminar un acabado de este tipo aunque puede resultar caro.

Jabón líquido o quita-papel patentado. Se usa para empapar el papel de la pared antes de quitarlo.

Un rascador a presión se puede alquilar en una tienda especializada y acelera la eliminación del gotelé y del papel antiguo.

Un rascador plano con hoja ancha para eliminar papel y pintura.

Un cepillo de púas metálicas o un rascador con el borde dentado para preparar el papel que se resiste antes de empaparlo con agua.

Masilla disponible lista para mezclar; para tapar pequeñas grietas y agujeros. Use una especial para interiores.

Un cuchillo para masilla con hoja estrecha y flexible para rellenar grietas y agujeros en el yeso.

Un martillo y un cincel para eliminar el yeso estropeado.

Yeso disponible listo para mezclar; para reparar zonas pequeñas.

Una espátula de hoja fina y flexible para aplicar el yeso.

Un acabado de yeso es esencial como cubierta para el nuevo yeso. Viene listo para mezclar y con aplicador de plástico.

Una brocha limpia y vieja es muy útil para limpiar grietas y agujeros y desempolvar las superficies.

Lejía corriente o un fungicida anti-moho es imprescindible para eliminar el moho de las paredes.

También necesitará sábanas para el polvo y láminas de plástico para proteger las superficies delicadas.

SEGURIDAD

Cuando use agua para empapar las paredes, asegúrese de que no escurra por detrás de los interruptores de la luz y los enchufes. Desconecte el cuadro general.

Una alternativa muy práctica cuando eliminemos el papel es aflojar ligeramente el interruptor y pelar un área de unos 75 mm a su alrededor antes de empapar la pared. Luego cubra la zona con polietileno sujeto con cinta aislante para mantenerlo seco.

SE NECESITA

- ☐ Un cubo de plástico
- ☐ Jabón o detergente
- ☐ Una esponja, trapos o un cepillo
- ☐ Trapos limpios para secar
- ☐ Papel de lija (impermeable para superficies pintadas y normal para yeso)
- ☐ Un bloque de lija
- ☐ Un rascador plano
- ☐ Disolvente para revestimientos rugosos
- ☐ Ropa protectora y guantes de goma
- ☐ Lejía o fungicida anti-moho
- ☐ Brochas viejas
- ☐ Jabón líquido o quita-papel patentado
- ☐ Un cepillo de púas metálicas o rascador dentado
- ☐ Un rascador a presión (opcional).
- ☐ Masilla para interiores
- ☐ Un cuchillo estrecho para masilla (25 mm de hoja)
- ☐ Un martillo y un cincel
- ☐ Yeso
- ☐ Un cuchillo ancho para masilla (75 mm de hoja)
- ☐ Una espátula para yeso
- ☐ Acabado de yeso

Limpiar paredes pintadas

Use una esponja (o un cepillo suave para revestimientos rugosos) y una mezcla de agua templada con jabón o detergente.

Limpie primero el techo y luego las paredes trabajando de abajo a arriba para recoger cualquier veta de suciedad que pueda escurrir. Aclare abundantemente con agua y deje secar.

Después, si las paredes están pintadas con pintura de brillo, frótelas con papel de lija impermeable para decorarlas de nuevo (papel de lija fino si va a pintarlas y más grueso si va a empapelar).

Quitar el temple

Frote las paredes con un cepillo duro y gran cantidad de agua templada, cambiándola cada vez que se oscurezca. Aclare con agua templada y deje secar la superficie.

A continuación, lije suavemente y aplique una imprimación estabilizadora si va a pintar o una fina capa de cola (cola suave para papel) si va a empapelar.

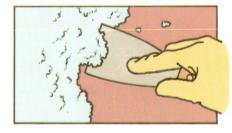

Quitar la pintura desconchada △

Utilice un rascador plano para eliminar pequeñas zonas de pintura levantada. Lije los bordes de los desconchones con papel de lija fino y cúbralos con sellador antes de volver a pintar toda la pared.

Eliminar los acabados rugosos ▷

Un rascador a presión puede ablandar la pintura y el papel lo suficiente como para eliminarlos con facilidad.

Si esto no funciona, use un disolvente para revestimientos rugosos. Aplíquelo cuidadosamente con una brocha, póngase guantes de goma y ropa adecuada para protegerse de las salpicaduras. Deje que el disolvente penetre y después elimine el material ablandado con un rascador plano y aclare abundantemente la superficie con agua fría.

Eliminar el papel normal ▷
Use una esponja o una brocha vieja para mojar la pared con una mezcla de agua caliente y jabón líquido o quita-papel patentado (véase nota de *Seguridad* en la página anterior). Deje que empape el papel y que ablande el yeso de debajo.

A continuación, meta un rascador plano por debajo de alguna esquina levantada y rasque el papel. Mantenga el rascador tan alineado con la pared como le sea posible para no dañar el yeso. Siga empapando el papel hasta que se quite fácilmente. Para evitar pisotear el papel mojado, recoja los trozos a medida que vaya trabajando.

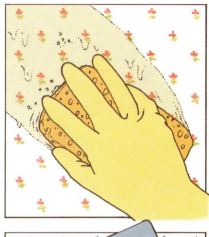
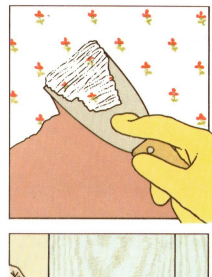

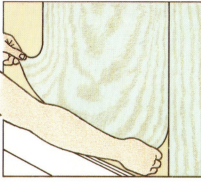

Eliminar el papel lavable o pintado △
Si el papel tiene un acabado resistente al agua, tiene que romper la superficie antes de mojarlo con una esponja para permitir que penetre el agua. Use un cepillo de púas metálicas o un rascador dentado para arañar el papel, con cuidado de no dañar la superficie de debajo.

Rascador a presión △
Puede alquilar uno en una tienda especializada. Esta máquina introduce vapor en el papel acelerando el proceso de ablandar la cola; luego el papel se rasca normalmente. Asegúrese de seguir las instrucciones de uso de la tienda.

Eliminar revestimientos de vinilo △
Separe la capa de vinilo del papel que está pegado a la pared: levante una esquina con la uña a la altura de las rozas, separe el borde inferior y tire hacia arriba para arrancarlo por completo. Puede pintar o empapelar sobre el papel de detrás siempre que esté bien pegado a la pared, pero para hacer un trabajo limpio es mejor quitarlo.

◁ *Quítelo para empezar*
Realmente merece la pena dedicarle tiempo a la preparación de las paredes. Después de todo, el acabado final sólo puede ser tan liso como la superficie que tenga debajo.

En esta habitación se han quitado todas las capas de papel. A menos que el papel viejo esté bien pegado a la pared o el yeso de debajo esté en malas condiciones, debe eliminarse antes de volver a decorar con pintura nueva o papel.

Deshacerse de las cubiertas normalmente consiste en empapar las paredes con agua para que la cola que hay detrás del papel se empiece a disolver. Éste es un trabajo engorroso, así que aparte tantos muebles como pueda, descuelgue las cortinas y, si fuera posible, recoja las alfombras.

Limpiar los restos de papel de una superficie △

Una vez que se ha despegado todo el papel, elimine cualquier resto con papel de lija grueso envuelto alrededor de un bloque de madera. A continuación, lave toda la pared con una solución de detergente para quitar los restos de cola. Frote con papel de lija fino y limpie el polvo.

Rellenar pequeñas grietas y agujeros ▷

Se puede arreglar la mayoría de las pequeñas grietas o agujeros usando una masilla especial para interiores. Sin embargo, puede que sea más difícil reparar satisfactoriamente un techo con grietas grandes; el papel o los revestimientos rugosos podrían resultar más adecuados que el rellenado.

Use una masilla especial para interiores para rellenar pequeñas grietas y agujeros en las paredes. Primero, saque de las grietas el material suelto con el borde de un cuchillo para masilla y elimine el polvo con una vieja brocha. Luego moje el yeso con una esponja para evitar que la zona reparada se seque demasiado rápido (un spray para plantas puede resultar muy útil).

Para las grietas, introduzca la hoja del cuchillo de un lado a otro y de

arriba a abajo para prensar bien la masilla. Llene una grieta profunda o un agujero con dos o tres capas de no más de 3 mm de grosor, dejando que cada capa se seque perfectamente antes de aplicar la siguiente. Llene siempre la grieta o el agujero de más; siempre puede eliminar el exceso con papel de lija una vez seco. Finalmente limpie el polvo con una brocha vieja.

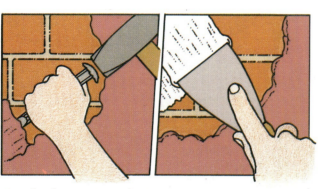

Arreglar el yeso estropeado △

Los agujeros grandes y las zonas de yeso estropeado de hasta 30 cm² deberían arreglarse con escayola y un acabado de yeso. Deje las zonas más grandes a un profesional.

Elimine el material estropeado usando un martillo y un cincel (izquierda), y trabaje desde el centro hacia afuera hasta que llegue al yeso en buen estado. A continuación, arregle el parche con al menos dos capas de yeso hasta unos 3 mm de la superficie.

Remueva el yeso y aplíquelo a la pared con una espátula o un cuchillo largo para masilla (derecha). Presione el yeso contra la pared y extiéndalo moviendo la espátula hacia arriba con la hoja en un ángulo de 45° con la superficie. Cuando la primera capa empiece a endurecerse, arañe la superficie con un alambre o un clavo para prepararla para la siguiente capa.

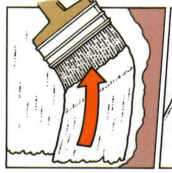

Aplicar el acabado de yeso △

Deje secar bien la primera capa de yeso durante al menos 24 horas antes de aplicar una finísima capa de acabado de yeso. Remueva el yeso hasta que se forme una pasta homogénea y aplíquela uniformemente a la pared con suaves brochazos hacia arriba usando una brocha grande.

Luego allánelo con el aplicador de plástico que se incluye en el envase. Trabaje la superficie con el aplicador hasta que quede satisfecho con el acabado. Si fuera necesario, moje el aplicador en agua y humedezca ligeramente el yeso, pero sólo lo necesario para eliminar posibles arrugas y marcas.

TRATAR EL MOHO

El moho —esas manchas de color negro o marrón oscuro que aparecen en la superficie de las paredes— suele estar causado por la humedad y la condensación. En estas condiciones se puede extender rápidamente, por esporas transportadas a través del aire o incluso por contacto con trapos de limpieza previamente infectados.

Se puede tratar el moho con una solución de lejía o con un fungicida antimoho (siguiendo las instrucciones del fabricante). Esto eliminará el moho pero también debería intentar evitar su reaparición. Aumentar la temperatura o el aislamiento y mejorar la ventilación, por ejemplo, son las soluciones más simples para un problema de condensación.

• Lejía casera. Para usar lejía casera, disuelva una parte de lejía por cada cinco de agua. Aplíquela con un cepillo por la zona infectada y sus alrededores y déjela empapar durante la noche. Rasque el moho y queme los restos. Aclare la superficie con agua limpia y aplique una nueva solución de lejía. Déjelo al menos tres días antes de decorarlo.

Para el moho de los revestimientos de papel, quite el papel infectado antes de tratar la pared con una solución de lejía. Use una cola fungicida para empapelar de nuevo.

Después de tratar el moho esterilice todo el material con lejía.

RETOCAR LAS ÁREAS RELLENADAS

Una zona con masilla o de yeso nuevo absorberá mucha más pintura que la zona de yeso antiguo de alrededor. Las zonas parcheadas aparecerán de un ligero color gris bajo una capa de pintura.

Para evitar esto, selle la zona reparada con una imprimación o con una o dos capas de emulsión de pintura antes de pintar toda la pared.

Véase *Pinturas de interior*, páginas 9-10, para información sobre imprimaciones y pinturas de interior.

Pinturas de interior

Este capítulo presenta las pinturas de interior, donde se usan principalmente como acabado decorativo. En muchos hogares, las combinaciones de color de una habitación suelen cambiarse antes de que la pintura se deteriore. Hay ocasiones, sin embargo, en las que se necesitan calidades especiales: la pintura de las paredes de la cocina o del baño, por ejemplo, tiene que soportar la condensación y ser fácil de limpiar.

Aparte del color, hay dos factores primordiales a tener en cuenta cuando se elige una pintura: el tipo y el acabado.

TIPOS DE PINTURA

Las pinturas se dividen en dos categorías básicas: pinturas de base oleosa y pinturas de base acuosa. Las tablas que siguen le dirán dónde y cómo usarlas mejor.

Las pinturas de base acuosa (emulsiones) incluyen pinturas como los llamados acrílicos y vinilos. Son con los que se trabaja más fácilmente: no se necesita capa de apresto, son fáciles de aplicar, se secan rápido y las herramientas se pueden limpiar en agua. La mayoría de las emulsiones son lavables.

Las pinturas de base oleosa necesitan una cuidadosa aplicación y la mayoría tiene que limpiarse con aguarrás (o un disolvente similar). Tardan mucho tiempo en secarse y en superficies desnudas son esenciales una imprimación y una capa de apresto. Son más caras pero mucho más resistentes que las emulsiones, se pueden fregar y aguantan bien la humedad y la condensación por lo que son ideales para cocinas y baños.

ACABADOS

Las emulsiones están disponibles en acabados mate, satinado y rugoso. Las pinturas de base oleosa varían desde un tenue brillo a un satinado luminoso.

Las pinturas con brillo, incluida la emulsión satinada, destacarán cualquier defecto de la superficie, pero son más fáciles de limpiar que las mates.

COLOR

La mayoría de los acabados de pintura se pueden conseguir en una amplia gama de colores, bien ya mezclados, bien mezclados a su gusto en un establecimiento especializado. Los cuadros de color en los cartones de muestra son sólo una aproximación del color final de la pintura, además, son tan pequeños que es difícil imaginar cómo quedarán en un superficie más extensa. Así que, antes de decidirse, consiga unos pequeños botes de muestra de los colores con los que le gustaría experimentar. Así, puede ver cómo quedan y evitar caros errores.

Si va a utilizar pintura mezclada a su gusto, asegúrese de comprar toda la necesaria de una vez; conseguir el mismo tono de una segunda mezcla es muy difícil.

Antes de meter la brocha en el bote de pintura, compruebe las tablas para averiguar qué pintura comprar para su trabajo. Si fuera necesario, compre disolvente.

LA PINTURA ADECUADA PARA LA SUPERFICIE

	IMPRIMACIÓN	CAPA DE APRESTO	CAPA FINAL
PAREDES/TECHOS			
yeso nuevo/cartón yeso	Una capa selladora de emulsión aguada o una imprimación alcalino-resistente	no es necesaria / sólo bajo barniz líquido	una o dos capas de emulsión o una o dos capas de pintura de base oleosa
	no usar pintura de base oleosa sobre un yeso que aún no se ha secado bien		
yeso pintado en buen estado	una capa aguada de emulsión en las zonas desnudas o una imprimación alcalino-resistente	no es necesaria	una o dos capas de emulsión o pintura de base aleosa
	no usar una emulsión sobre barniz; no agarrará		
revestimiento de tela/anaglipta	sellar con una capa de emulsión aguada si se usa pintura de base oleosa	sólo bajo barniz	una o dos capas de emulsión o pintura de base aleosa
azulejos barnizados	una capa aguada de barniz de base oleosa (9 partes de pintura: una parte de aguarrás)	no se aplica capa de apresto	una capa de barniz de base oleosa
MADERA			
madera blanda desnuda/tablas de construcción	si la madera presenta vetas resinosas o nudos aplicar una imprimación de madera	sólo bajo barniz	una o dos capas de pintura de base oleosa
madera dura desnuda	una imprimación de madera	sólo bajo barniz	una o dos capas de pintura de base oleosa
madera pintada en buen estado	no es necesario	sólo bajo barniz	una o dos capas de pintura de base oleosa
METAL			
hierro galvanizado nuevo (algunos marcos de ventana, por ejemplo)	una imprimación de secado rápido para metal o calcio de plomo (contiene plomo)	capa de apresto	una o dos capas de pintura de base oleosa
radiadores	una imprimación de secado rápido para metal en las zonas desnudas del metal	no usar capa de apresto	dos capas de pintura de base oleosa

TÉCNICAS DE DECORACIÓN

ELEGIR LA PINTURA ADECUADA

TIPO	USOS	VENTAJAS	PUNTOS IMPORTANTES	DISOLVENTE
Imprimación tipos incluidos: normal para madera de secado rápido para metal calcio de plomo alcalino-resistente	Esencial para madera o metal nuevos. Una imprimación normal es adecuada para la mayoría de las superficies del hogar. Otras imprimaciones tienen usos específicos.	Sella la superficie y prepara la capa siguiente. La imprimación en sí misma no es una protección permanente. Cubra con una capa de apresto y una capa final tan pronto como sea posible.	El calcio de plomo es la mejor imprimación para metal galvanizado nuevo, pero contiene plomo que podría ser perjudicial. En su lugar use una imprimación de secado rápido para metal.	aguarrás
Capa de apresto	Úsela después de la imprimación cuando trabaje sobre madera o metal nuevos, o sobre pintura vieja cuando le cambie el color significativamente.	Diseñada para cubrir perfectamente; se puede alisar fácilmente para recibir la capa final.	La capa de apresto, como la imprimación, se debe pintar de nuevo tan rápido como sea posible.	aguarrás
PINTURAS DE BASE ACUOSA				
Emulsión mate de vinilo líquida sólida	Para paredes y techos. Al tener una base acuosa permite que la superficie respire, así que úsela sobre yeso nuevo o las imperfecciones de paredes irregulares. Barata, fácil de aplicar, de secado rápido (se puede dar una segunda capa en 4 horas) y lavable. La emulsión sólida no gotea por lo que es particularmente útil para los techos.	Cubre bien; refleja poco la luz por lo que no destacará por lo que es particularmente útil para los techos.	Se notan mucho los arañazos y es probable que le salga brillo al lavarlo, por lo que es mejor usarlo en zonas de poco desgaste como los dormitorios, el comedor o el salón.	agua y jabón/agua
Emulsión satinada de vinilo líquida sólida	Para paredes y techos (como la emulsión mate de vinilo).	Más resistente y lavable que la emulsión mate de vinilo. Particularmente efectiva en papeles con relieve y otros revestimientos rugosos. Barata, fácil de aplicar, de secado rápido (se puede dar una segunda capa en 4 horas). La emulsión sólida no gotea por lo que es particularmente útil para los techos.	Destacará las superficies irregulares.	agua y jabón/agua
Revestimiento rugoso	Para paredes y techos.	Le da un acabado rugoso ideal para disimular las paredes imperfectas.	Difícil de lavar y muy difícil de quitar.	agua y jabón/agua
Barniz	Carpintería de interior.	Más fácil de aplicar que el barniz de base oleosa (se puede dar una segunda capa en unas 6 horas).	No es tan resistente ni tan brillante como el barniz de base oleosa.	agua y jabón/agua
PINTURAS DE BASE OLEOSA				
Satinada/sedosa	Pintura para paredes y techos, madera y metal. Ideal para zonas de mucha condensación como el baño y la cocina.	Más áspera que la emulsión y más fina que el barniz. Resiste bien y es lavable. Normalmente no necesita capa de apresto (aunque debería darse una imprimación a las paredes desnudas) y hay que trabajarla menos que el barniz.	Más cara que la emulsión. Tarda 12-16 horas en secarse y necesita ser aplicada con más cuidado que la emulsión.	aguarrás
Barniz anti-goteo líquido	Para superficies que necesiten la máxima protección: armarios de cocina, alféizares de ventana y otros elementos de carpintería.	Fácil de limpiar y resistente. El que no gotea no necesita agitarse y hay menos posibilidad de que salpique y se corra que con el barniz líquido. Se aplica bastante espeso, lo que significa menos capas y un buen poder para cubrir. El barniz líquido se extiende fácilmente y es especialmente bueno para superficies difíciles como marcos de ventanas y molduras.	Tarda 12-16 horas en secarse. El acabado brillante resalta los fallos de la superficie por lo que es necesaria una buena preparación. El que no gotea es un poco más caro que el líquido. El barniz líquido es más difícil de usar por los inexpertos y necesita una capa de apresto.	aguarrás

Pintar paredes y techos

Pintar es la manera más fácil, menos cara y más versátil de darle vida a una habitación.

Las pinturas se encuentran en diferentes acabados y hay literalmente cientos de colores para elegir. Este capítulo trata de las pinturas de base acuosa y de base oleosa útiles para pintar paredes y techos. Úselas para acabados normales o decorativos.

El esponjado es el tratamiento de pintura decorativa más simple para empezar en primer lugar.

• Por dónde empezar. Empiece por superficies suaves y limpias y la pintura quedará mejor y durará más. Si la superficie de las paredes es muy pobre, puede primero empapelarlas con un papel blanco pensado para pintar encima —papel de tela o con relieve, por ejemplo—. Para que las paredes estén en buen estado, vea el capítulo sobre *Preparar las paredes*.

Antes de empezar a pintar, limpie la habitación para quitar el polvo y asegúrese de que las superficies vulnerables están cubiertas con sábanas o láminas de plástico.

• Qué pintar primero. Si va a pintar una habitación entera, empiece por el techo, luego las paredes y por último, la carpintería.

Si va a empapelar, pinte antes, así no se preocupará por salpicar las paredes que ya están acabadas.

• ¿Qué pintura? La mayoría de la gente se decide por emulsiones de base acuosa: son fáciles de utilizar y se secan rápidamente. Una emulsión sólida es particularmente buena para los techos porque no gotea.

Para las cocinas y los baños, donde la condensación puede ser un problema, una pintura de base oleosa es una buena elección, aunque necesita un mayor cuidado al pintar y no seca tan rápido.

Véase *Pinturas de interior* para saber cómo elegir la pintura y el acabado más adecuado para su trabajo.

• ¿Cuánta pintura? Normalmente, dos capas de pintura son suficientes para cubrir paredes y techos. Pero si las paredes son muy ásperas o porosas, o si se está pintando un tono claro sobre uno más oscuro, puede necesitarse una tercera capa para conseguir un buen acabado.

Para calcular el área de las paredes que se va a pintar, multiplique el ancho de cada pared por su altura y sume todos los totales. El área del techo de una habitación es normalmente igual a la del suelo (multiplique el largo por el ancho de la habitación).

La capacidad de cobertura varía de una marca de pintura a otra, pero, en líneas generales, un litro de emulsión cubrirá unos 12 m². Compruebe la lata de pintura y no olvide el número de capas que necesitará.

Pintura perfecta
Las paredes y el techo de esta luminosa cocina están pintados con pintura satinada de base oleosa, que es más fácil de limpiar que una emulsión mate.

SE NECESITA
☐ Pintura
Para paredes y techos
☐ Un rodillo (lana de oveja o mohair) o una brocha de pared de 100 mm o
☐ Una almohadilla para pintura de 225 x 100 mm
Para rellenar los bordes
☐ Una brocha de 25 mm o una almohadilla para pintar bordes
☐ Sábanas para el polvo o láminas de plástico para suelos y muebles
☐ Cinta aislante
☐ Trapos viejos para limpiar las salpicaduras de pintura
☐ Un palo limpio para remover la pintura
☐ Una bandeja para rodillo
☐ Una bandeja para almohadilla de pintura (opcional)
☐ Una cazoleta de pintura (opcional)
☐ Un mango extensible para techos (por ejemplo, el mango de la escoba)
☐ Una plataforma de trabajo (por ejemplo, dos escaleras y una plancha de madera)

Extras para esponjar
☐ Una esponja de mar natural (del tamaño de la mano)
☐ Un plato liso y una cuchara
☐ Papel inservible (por ejemplo, papel de pared viejo)

¿Y LAS HERRAMIENTAS?

La mayoría de las pinturas se pueden aplicar con un rodillo, una brocha o una almohadilla para pintura.

Para la emulsión, un rodillo es probablemente lo más útil para cubrir grandes áreas como paredes y techos rápidamente. Sin embargo, seguirá necesitando una brocha o una almohadilla para las zonas más pequeñas y las esquinas.

• Rodillos. Compre un rodillo de buena calidad de lana de oveja o de mohair (un material más barato dará un acabado más pobre) con el pelo adecuado para el trabajo: pelo corto para superficies suaves, pelo más largo para superficies rugosas como los revestimientos con relieve.

Hay rodillos con mangos largos para el techo, pero con la mayoría de rodillos estándar se puede encajar una extensión (el palo de una escoba es ideal) al final del mango.

• Brochas. Dan buenos resultados pero son más lentas que los rodillos. Una brocha de unos 100 mm es lo mejor para pintar zonas muy grandes y una brocha de 25 mm para rellenar los bordes. Antes de usar una brocha nueva, lávela en agua templada y arranque cualquier cerda suelta.

• Almohadillas para pintar. Son ligeras y no salpican, pero engañan al cargarlas de pintura. Use una almohadilla de 225 x 100 mm para zonas grandes. Una para bordes es práctica para pintar entre la pared y el techo.

• Bandeja de pintura. Necesitará una bandeja especial para cargar el rodillo con pintura (la emulsión sólida viene empaquetada con su propia bandeja). También vienen bandejas de pintura con algunas almohadillas, pero una bandeja para rodillo o la tapa de una lata de pintura servirán igual.

• Cazoleta para pintura. Si está usando una brocha, una cazoleta (o cualquier contenedor poco profundo, de boca ancha y con asa) le será muy útil para decantar pequeñas cantidades de pintura. Es más fácil que trabajar con una pesada lata de pintura, particularmente si está subido a una escalera.

• Escaleras. Para llegar al techo o a lo alto de las paredes, lo ideal sería una plataforma de trabajo. Una plancha de madera apoyada sobre dos escaleras es más segura que una silla, que se balancea fácilmente.

• Recovecos y esquinas. Use cinta adhesiva (no muy fuerte) para proteger el mobiliario delicado y tenga muchos trapos viejos para recoger y limpiar.

• Limpiar las herramientas. Para limpiar la emulsión necesitará bastante agua. La emulsión se seca rápido, así que lave sus herramientas cuando acabe de usarlas; elimine el exceso de pintura con papeles de periódico antes de aclarar abundantemente.

Cuelgue las brochas con las cerdas sujetas suavemente con una banda elástica; guárdelas en posición horizontal una vez secas.

Para intervalos cortos evite que sus herramientas se sequen envolviéndolas en papel transparente de cocina o en una bolsa de plástico cerrada con una banda elástica.

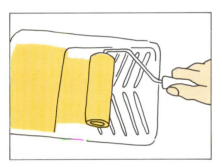

Usar un rodillo △
(Adecuado para emulsión de pintura.) Vierta algo de pintura en el lado más profundo de la bandeja, dejando la sección con relieve sin cubrir. A continuación, moje el rodillo en la pintura y páselo hacia adelante y hacia atrás por la zona con relieve para distribuir la pintura regularmente.

Extienda la pintura en la pared con trazos diagonales entrecruzados para cubrir un bloque. Empiece al lado un segundo bloque y evite las marcas por exceso de pintura en los bordes usando un rodillo de pelo corto en dichas zonas. Cuando pinte techos póngase gafas y bufanda para protegerse y no deje que el rodillo ruede libremente o salpicará.

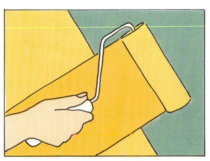

Usar una brocha △
(Adecuada para todo tipo de pintura.) Antes de usar una brocha nueva, lávela con agua templada y arranque cualquier cerda suelta. Eche una pequeña cantidad de pintura en una cazoleta si está usando una. Cargue la brocha metiendo un tercio de las cerdas en la pintura. No sobrecargue la brocha porque puede que la pintura escurra por el mango.

Aplique la pintura usando trazos verticales primero y después cambie de dirección para extender la pintura uniformemente. No aplique demasiada pintura donde se junten los bloques.

Usar una almohadilla ▷
(Adecuada para emulsión de pintura.) Vierta una pequeña cantidad de pintura en una bandeja y disuélvala con un poco de agua. Sujete la almohadilla recta y moje sólo la parte de mohair (nunca la espuma de detrás) en la pintura. Después pase la almohadilla por el borde de la bandeja para eliminar los excesos de pintura. Aplique la pintura pasando la almohadilla arriba y abajo por la superficie de la pared.

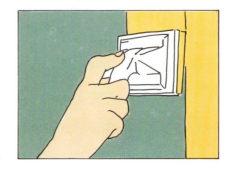

Pintar con orden ▷

Pinte primero el techo y luego las paredes. Empiece siempre al final de una ventana y trabaje apartándose de la luz como indican estos diagramas, así podrá ver con facilidad qué zonas han sido ya pintadas.

Intente pintar un techo o una pared completa de una vez; si descansa, el borde seco puede aparecer como una marca definitiva cuando haya acabado.

1 *Prepararse para pintar*
Quite el polvo a la tapa del bote de pintura antes de abrirlo. Remueva la pintura con un palo de madera limpio para quitar cualquier pegote de pintura del fondo. No remueva la pintura gel anti-goteo.

2 *Pintar los bordes y las esquinas* ▷
Pinte primero un margen estrecho alrededor de los bordes y las esquinas del techo usando una brocha estrecha o una almohadilla para bordes.

Para usar una almohadilla para bordes, presione sus ruedas guía contra la junta del techo con la pared y muévala de lado hasta conseguir una línea recta. No la sobrecargue y compruebe que las ruedas no tienen pintura.

3 *Rellenar la zona principal del techo* ▷
Empiece en una esquina al final de la ventana de la habitación y trabaje en tiras (de aproximadamente 1 m de ancho) a lo largo del techo.

Lo ideal es trabajar desde una plataforma (véase *Se necesita*), una escalera o añada un mango extensible a un rodillo para poder pintar el techo desde el suelo.

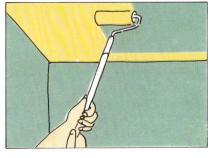

Si está pintando el techo con una brocha, atraviese con el mango un plato de papel para evitar que las gotas caigan al suelo.

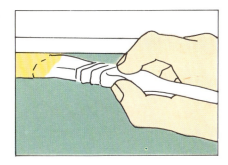

4 *Pintar alrededor de las molduras* △
Pinte a lo largo de los bordes de las rozas, alrededor de los marcos de las ventanas, de los interruptores de la luz, etc., antes de empezar a pintar el área principal de la pared. Use una almohadilla pequeña o una brocha estrecha y mantenga la misma dirección.

Usar pintura de base oleosa en las paredes ▷

La pintura de base oleosa necesita una cuidadosa aplicación (es más densa y se seca más lentamente que la emulsión) y conseguirá mejores resultados si utiliza una brocha (los rodillos y las almohadillas tienden a dejar marcas).

Aplique la pintura con trazos entrecruzados como para la emulsión, pero acabe cada sección con ligeros toques hacia arriba para suavizar las marcas de la brocha. Las marcas de la brocha se verán si pinta encima de pintura seca, por lo que es importante mantener húmedo el borde alrededor de los bloques.

Para guardar las brochas durante períodos cortos de tiempo meta las cerdas en agua; sacuda el agua antes de usarlas de nuevo.

Cuando haya acabado de pintar, limpie sus herramientas con aguarrás o algo similar y luego lávelas en agua templada con jabón y aclare posteriormente.

5 *Pintar las paredes*
Empiece en la esquina superior derecha de la pared (en la superior izquierda si es zurdo) y trabaje en bandas horizontales desde el techo hacia abajo. De este modo podrá pintar sobre cualquier gota.

Si aparecen pequeñas burbujas cuando pinte sobre papel, déjelas hasta que se seque la pintura. La mayoría desaparecerán pero use una cuchilla afilada para rajar las que queden con una cruz. Extienda un poco de cola para papel y alíselo. Retoque con pintura cuando la zona esté completamente seca.

Esponjado

El esponjado es divertido y fácil de hacer usando una emulsión de pintura de acabado mate o satinado. Simplemente esponjando uno o más tonos o contrastando colores sobre una base de pintura lisa puede crear un bello efecto moteado en las paredes. Un tono pastel o brillante sobre blanco, por ejemplo, queda vivo y fresco; un tono claro y oscuro del mismo color da un efecto más suave —o pruebe distintos colores como rosa, melocotón y crema sobre una base amarilla—. Los resultados son infinitamente variables, dependiendo del número de colores y el tamaño y la distancia entre las marcas de la esponja.

Use la pintura directamente del bote para marcas fuertes, o dilúyala con un poco de agua para hacer marcas más suaves.

- **Materiales.** El único equipo especial que necesitará es una esponja de mar natural de un tamaño que quepa cómodamente en su mano.

También necesitará un plato liso para mojar la esponja con pintura, y una cuchara para echar pintura de la lata. Tenga muchos recortes de papel a mano para probar las marcas (la parte de atrás de restos de revestimientos de tela o de papel es ideal), y muchos trapos viejos para limpiar.

1 *Aplicar el color base*
Pinte las paredes con el color base y déjelo secar durante al menos 24 horas.

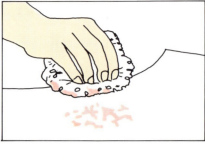

2 *Usar la esponja* △
Primero, moje la esponja y luego escúrrala para que sólo esté húmeda. Ponga una cucharada grande del color que va a esponjar en un plato liso. A continuación, moje en la pintura el lado plano de la esponja o extiéndala irregularmente con una brocha en la esponja.

Esponjar dos colores ▽
Un esponjado ligeramente más denso debajo del zócalo contrasta con el punteado más ligero de encima. Incluso los marcos de los cuadros están decorados con este bello acabado.

3 *Compruebe la marca* △
Golpee suavemente la esponja en los recortes de papel. Las marcas emborronadas quieren decir que la esponja está sobrecargada de pintura; siga golpeando hasta que deje una marca suave y punteada.

4 *Esponjar la pared* △
Empiece por una esquina, golpee la esponja sobre la pared y déle la vuelta de vez en cuando para variar la marca que hace. Use un trozo de esponja para llegar a las esquinas y un trapo húmedo para limpiar cualquier mancha.

Cuando la marca de pintura se debilite, recargue la esponja con pintura pero compruebe siempre la marca primero sobre el papel. Si la esponja se satura, límpiela con trapos o aclárela en agua.

5 *Esponjar dos o más colores* △
Si va a usar varios colores, separe sus primeras marcas de manera que se haga visible un buen trozo del color base. Cuando el primer color esponjado esté seco, aplique el segundo color —luego más si quiere—. Rellene los huecos, pero también sobreponga las marcas de forma que los colores se mezclen.

6 *Compruebe el acabado*
Échese hacia atrás de vez en cuando para comprobar el efecto. Si ha esponjado demasiada pintura en algunas zonas, se puede aligerar una vez que la pintura esté seca esponjando un poco del color base.

Pintar murales

Mucho antes de que el hombre dominara la técnica de fabricar papel o lienzos, dibujaba en la superficie disponible más cercana: la pared. Así que los murales fueron las primeras decoraciones sobre paredes y las primeras pinturas. Desde estos tempranos dibujos, los artistas desarrollaron y refinaron sus técnicas, de forma que en el Renacimiento algunas de las más grandes obras de arte fueron murales. Sin embargo, cuando se trata de pintar sus propios murales, el sentido del humor o el estilo son más importantes que la habilidad o la técnica.

TIPOS DE HABITACIÓN

Al igual que cualquier otra decoración dominante, los murales quedan mejor en habitaciones donde mantengan su valor de novedad. El cuarto de juegos o el dormitorio de un niño, el baño y el comedor son las elecciones obvias; los murales también se pueden utilizar para transformar una entrada oscura, unas escaleras o los sótanos de las cocinas.

Tenga en cuenta cualquier habitación sin características interesantes, particularmente si tiene un aspecto aburrido, pero sólo pinte un mural en habitaciones que estén en constante uso siempre y cuando esté seguro de que no le va a resultar cargante.

BUSCAR IDEAS

Antes de preparar las paredes, debe decidir el aspecto final y el tema que quiere pintar. Decida si quiere que una serie de dibujos llene toda la pared, si quiere un detalle gracioso, un efecto arquitectónico —como una cornisa o una chimenea falsas— o una decoración de pared a pared. Un término que se usa para describir la pintura de las paredes es *trompe l'oeil* —un término francés usado para describir un dibujo que engaña al ojo—. La mayoría de los efectos *trompe l'oeil* requieren cierta habilidad e implican técnicas de pintura más avanzada, como el marmolado y el veteado de madera.

Un diseño pictórico sencillo es el más fácil de conseguir. Los más simples tienen la calidad de un libro de cuentos —una razón por la que los murales son tan convenientes para las habitaciones de los niños—. Elija un tema que tenga grandes zonas de color liso, como un arca de Noé, un paisaje de granja o una escena marina. Los personajes de dibujos animados en dos dimensiones se traducen muy bien en las paredes —y dispone de mucho material de referencia para conseguir ideas—. Mire ilustraciones de tebeos o libros cuando planee el diseño.

Para un efecto más sofisticado, busque en sus fotos de vacaciones: una vista sobre tejados, un pueblecito mediterráneo al azar o una escena de una playa exótica pueden ser muy efectivos. Las formas de nubes se pueden imitar en los techos para crear un efecto tranquilo en un dormitorio o en un cuarto de baño.

Si quiere crear un efecto divertido, hay algunas sencillas ideas *trompe l'oeil* que puede intentar. Pintar o estarcir un jarrón con flores en una estantería, o un par de candelabros y un reloj sobre la repisa de la chimenea. Iluminar una pared en blanco pintando una ventana con vistas o añadir macetas con plantas, enredaderas y palmeras creciendo desde las rozas, con pájaros y mariposas, para dar un realismo extra.

Los detalles arquitectónicos son una forma de *trompe l'oeil* que requieren cierta habilidad. Para inspirarse, mire los frisos de papel que están a la venta en las tiendas de decoración de interiores, y también fotos de habitaciones con cornisas, barandillas, etc. Las representaciones bidimensionales le enseñarán cómo manejar los colores más claros y más oscuros para crear un efecto tridimensional. También debería dominar alguna de las técnicas decorativas más avanzadas, como el marmolado, antes de intentar pintar chimeneas falsas sobre sus paredes.

Un patrón repetido, estarcido o pintado a mano, aunque no sea un mural, le da una decoración con un rico efecto de tapiz, lejos de los papeles corrientes, fabricados en serie y que con frecuencia tienen un aspecto frío.

Añada una sonrisa

Las habitaciones de los niños son el lugar ideal para practicar sus habilidades. Empiece con formas simples, como el pastel y los 24 mirlos, y si está satisfecho con el resultado, siga pintando inspirándose en otras canciones o cuentos infantiles.

PREPARAR LA SUPERFICIE

Prepare la pared según el estilo del diseño. Sea cual sea la superficie base que elija, la pared debería estar en buen estado y bastante suave, sin pintura desconchada o yeso desmoronado. La mayoría de los efectos quedan mejor aplicados directamente sobre la pared que sobre el papel de tela. Sin embargo, si la superficie de la pared es pobre, un papel de tela puesto con cuidado, sellado con una fina capa de cola para papel antes de pintar la capa base, proporciona unos cimientos firmes.

Un mural clásico resulta efectivo sobre un fondo ligeramente sombreado que le añada profundidad y riqueza. Antiguamente, las pinturas no estaban disponibles en grandes cantidades y eran tintadas por el fabricante; por tanto, imite los efectos de la pintura mezclada a mano con una de las siguientes técnicas: aplique una capa base de emulsión pálida, con una capa un poco más oscura encima, finalmente lijada para dar el aspecto de un fresco (una pintura mural italiana aplicada sobre yeso mojado). Para un aspecto translúcido, aplique una capa de pintura satinada bajo un barniz de base oleosa de un tono pálido. Las capas base punteadas o esponjadas también crean un interesante fondo para el tema de su mural.

Los murales de paisajes resultan particularmente efectivos si se pintan sobre una pared con un lavado de color (véase páginas 45-47). Aplique un sombreado de color para las escenas de mar o de cielo.

Los murales infantiles en colores primarios brillantes con los contornos definidos, deberían pintarse sobre paredes suaves, con una capa base, brillo o mate, de emulsión de pintura.

Las paredes que no se van a cubrir con el mural tienen que complementarlo, así que es una buena idea pintarlas a juego con la base sobre la que se pinte el mural.

• Pintar la carpintería. Las técnicas de mural se pueden adaptar para decorar muebles o puertas. Si quiere probar sus habilidades primero para ver el efecto, empiece decorando una mesa o un cofre. Se debe aplicar una imprimación al objeto, dos capas de apresto y una capa base de barniz de base oleosa o pintura satinada antes de empezar a trabajar. Tendrá que usar pinturas de base oleosa sobre la capa base.

PINTURAS Y MATERIALES

Las pinturas que use dependerán del efecto final que desee. Normalmente, cuando se pintan murales no se necesitan grandes cantidades de pintura, sino más bien una amplia gama de colores. En la mayoría de los casos es mejor usar una emulsión de pintura: tiene que esperar a que se seque un color antes de aplicar el siguiente, y la emulsión se seca más rápido que las pinturas de base oleosa. Sin embargo, si la capa base es barniz o pintura satinada, tendrá que usar pinturas de base oleosa. El problema es que la emulsión viene en una gama de colores suaves, por lo que tendrá que mezclar sus propios colores.

Puede teñir la emulsión de pintura usted mismo, usando tintes, o economizar usando botes de muestra. Las pinturas acrílicas de secado rápido le proporcionarán una elección más amplia de colores, pero pueden salir caras si se usan en una zona muy grande, y pueden resultar difíciles de borrar si quiere pintar sobre el diseño.

• Equipo. Necesitará papel cuadriculado para dibujar el diseño, tiza, una plomada y lápices para transferirlo a la pared. Además de las brochas corrientes para pintar la capa base, necesitará una amplia selección de brochas para pintar el diseño, incluyendo una brocha dentada para zonas grandes, pinceles y un pincel de delineado (una versión en pequeño de una brocha dentada) para los detalles. Finalmente necesitrá una brocha nueva y sin pelusa para la capa protectora de barniz.

SE NECESITA
- Papel y lápiz
- Una regla de acero
- Pintura para la capa base
- Una brocha o un rodillo
- Tiza
- Cuerda y una plomada
- Una selección de brochas y pinceles
- Emulsión de pintura y pinturas acrílicas o de base oleosa
- Una esponja empapada
- Barniz y una brocha

Opcional
- Un pincel fino y pintura negra
- Una esponja natural
- Equipo para estarcir

DIBUJAR EL MURAL

Agrupe todas sus ideas para el mural (dibujos de libros, fotografías, postales) antes de decidir exactamente cómo quedará. Luego mida la pared y haga un boceto antes de dibujar el mural.

1 Elegir el tema
Probablemente tiene una idea bastante clara de lo que quiere pintar, pero es recomendable recopilar muchos dibujos para tener ejemplos de los detalles: un libro ilustrado de cuentos para el dormitorio de los niños, revistas con interiores tradicionales para chimeneas *trompe l'oeil*, etc.

2 Pintar la capa base
Cuando haya recopilado todas las ideas juntas, puede decidir el color del fondo. Es una buena idea tener muchas tablas de pintura para comprobar que puede conseguir todos los colores que necesite. Prepare la pared, rellenando las grietas y suavizándola con papel de lija, y aplique la capa base.

3 Medir la pared
Mida la pared que va a pintar y dibuje un plano de ella. Haga un boceto del efecto sobre su plano: si va a copiar directamente de un dibujo o de una serie de dibujos, asegúrese de que cabrán en el espacio que tiene, y decida dónde debería colocar cada dibujo en la pared.

4 Dibujar una cuadrícula ◁
Dibuje una cuadrícula sobre el dibujo que vaya a copiar o dibuje el diseño en papel cuadriculado. La escala de la cuadrícula dependerá de cuánto tenga que aumentar el dibujo. Si va a aumentar un dibujo del tamaño de una postal (10 x 15 cm) para pintarlo en una pared de 240 x 360 cm, una cuadrícula de 1 cm² es un buen tamaño.

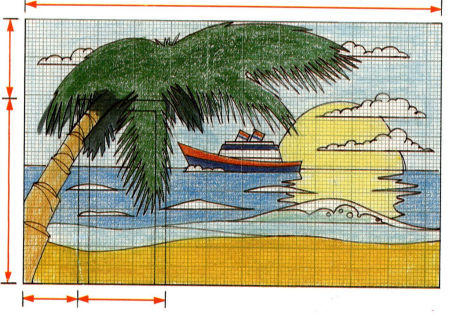

5 *Marcar la cuadrícula en la pared* ▷
Dibuje una cuadrícula en la pared aumentando la escala de los cuadros para que encaje en el espacio del que disponga. En el ejemplo de aquí, debería dibujar las líneas con una separación de 24 cm. Use una plomada para dibujar líneas rectas, marcándolas en la pared con una tiza, que se puede limpiar fácilmente. Una manera fácil de marcar la pared es cubrir un trozo de cuerda con tiza, pincharlo en la pared en cada extremo de la línea que quiera marcar y luego presionar de forma que la tiza marque la pared.

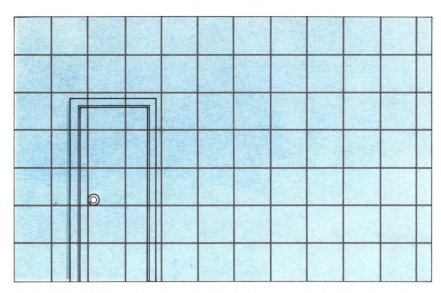

6 *Transferir el dibujo a la pared*
Observe los cuadros del dibujo original y cópielos en los cuadros correspondientes de la pared. Use la tiza, que se limpia fácilmente. Échese hacia atrás para comprobar el efecto global y suavice cualquier trazo incorrecto. Es una buena idea completar el boceto un par de días antes de empezar a pintar, de forma que pueda verlo varias veces para comprobar el efecto.

PINTAR FORMAS SIMPLES

Los personajes de los dibujos animados o un paisaje simplificado en zonas de color liso son bastante simples de pintar, una vez que ha transferido el dibujo a la pared.

1 *Elija el primer color* ▷
Decida qué color utilizará primero: es una buena idea empezar con las zonas más grandes. Empiece por la parte superior de la pared y pinte todas las zonas de ese mismo color. Deje secar. Es muy útil poner un pequeño punto de color en cada zona antes de empezar, de manera que no olvide ninguno. Si necesita mezclar diferentes tonos del mismo color, empiece con el tono más oscuro, y gradualmente añada más blanco.

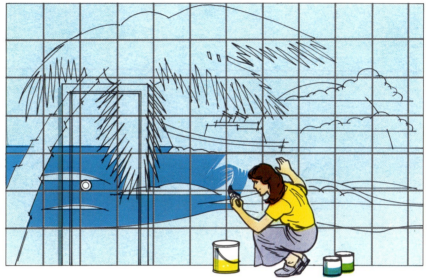

2 *Añada los siguientes colores*
Continúe de esta manera hasta que el mural esté completo, aplicando dos capas para cubrir las marcas de la cuadrícula donde sea necesario y dejando que cada color se seque antes de pintar las áreas adyacentes.

3 *Limpiar la pared*
Con la pintura ya seca, elimine los restos de la cuadrícula con una esponja.
Cuando esté satisfecho con el resultado, barnice la pared para proteger la pintura. Use barniz claro con unas gotas de pintura satinada blanca; ayudará a evitar que el barniz amarillee.

RETOQUES

1 *Contornos en negrita* △
Use pintura negra para contornear los personajes y darles mayor definición.
Este contorno negro también ayudará a perfeccionar cualquier irregularidad donde se junten zonas de distinto color.

2 *Añadir brillo en los ojos* △
Un punto o una media luna de pintura blanca en el centro de un ojo le dará una vida extra. Coloque el parche de luz de forma que parezca un reflejo de la ventana de la habitación. (Puede incluso pintar el reflejo de una ventana en los ojos.)

3 *Un aspecto tridimensional* △
Haga que las manzanas parezcan redondas y los personajes gordos creando sombras y reflejos: mezcle tonos más claros y más oscuros del color que va a sombrear y esponje sobre el color para darle un suave efecto degradado.

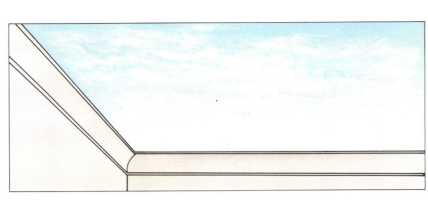

4 *Un cielo «trompe l'oeil»* △
Cree un suave cielo de verano esponjando nubes sobre un fondo azul celeste. Unos toques de rosa salmón pálido añadidos en los bordes de las nubes imitarán el cielo al atardecer.

5 *Repetir imágenes* △
Si las imágenes se repiten en su diseño —flores simples con hojas, pájaros o estrellas, por ejemplo— puede cortar un estarcido para hacer que pintarlos sea más fácil. Cuando use estarcidos de esta manera, cree, no sólo el efecto regular normalmente asociado con el estarcido: use el estarcido como una plantilla, dibujando el contorno de cada forma con una tiza y dándole la vuelta para evitar estrictas alineaciones de formas.

Consejo

Contornos regulares. Para lograr los contornos en negrita de las imágenes use un rotulador: use uno negro con base de aguarrás que no se corra. Compruebe el efecto del barniz sobre las líneas antes de marcar la pared para asegurarse de que no se correrá.

Mundo submarino ▽
Cree un cuarto de baño con aspecto marino pintando el techo de forma que parezca la superficie del mar. Añada coral y un casco de submarinista, o limítese simplemente a los peces de colores.

Preparar y pintar madera

Una carpintería brillante y vivamente pintada —desde puertas y ventanas hasta escaleras y molduras— favorece mucho el aspecto de una habitación recién decorada.

Este capítulo abarca la preparación y la pintura de la carpintería con pinturas de base oleosa. Cuidadosamente aplicadas, estas pinturas dan un acabado duradero que es fácil de mantener limpio.

• Compruebe que la madera esté en buen estado. Si la madera está podrida no tiene sentido volver a decorarla. La madera estropeada suele estar combada y tiene la superficie quebradiza. Introduzca una herramienta de punta afilada (un pequeño destornillador puede servir) en cualquier área sospechosa; si la hoja entra fácilmente en varios lugares, consulte a un especialista.

• Preparar la carpintería. La pintura vieja que se encuentre en buen estado sólo necesita un lavado y un poco de relleno y lijado para ocultar pequeñas grietas y agujeros. Elimine la pintura sólo si se está desconchando o levantando seriamente o si hay muchas capas de pintura antigua.

Es necesario lijar la madera nueva y sellar los nudos con un compuesto especial para evitar que rezumen resina a través de las posteriores capas de pintura.

• Cuándo pintar la carpintería. Prepare la madera al mismo tiempo que las otras superficies que vaya a decorar. Pinte la madera después de las paredes y el techo, pero antes de poner un solado nuevo.

Pinte las ventanas primero, después los armarios y las estanterías, luego las puertas y finalmente las rozas.

¿QUÉ PINTURA?

El barniz le da un acabado más resistente pero destaca todas las imperfecciones. Si la superficie es un poco áspera, es preferible un acabado satinado, a medio camino entre brillo y mate.

• Empezar desde el principio. La madera nueva requiere una buena imprimación primero y luego una capa de apresto.

Pintura perfecta
La pintura de brillo, aplicada cuidadosamente, realza la atractiva carpintería en este tradicional hall de entrada.

en un color que pegue con la capa final. Con barniz que no gotea y pintura satinada no siempre es necesaria la capa de apresto.

• Pintar sobre pintura. Normalmente una capa final es suficiente, pero si pinta un tono claro sobre uno más oscuro, puede necesitar una capa de apresto y dos capas finales para lograr un buen acabado. (Véase *Pinturas de interior* para tipos adecuados de pintura.)

¿Cuánta pintura?
La capacidad de cobertura varía de una marca de pintura a otra. Como norma general, una puerta necesita aproximadamente 1/10 de litro para cada capa.

Herramientas y equipo
Papel abrasivo para alisar las superficies y dar tono a la pintura nueva. Use papel de lija en madera nueva. Para lijar pintura, es muy útil una lija impermeable ya que se puede aclarar cuando se satura de pintura. Necesitará lija fina, media y gruesa.

Un bloque de lija. Envuelva un bloque de madera o corcho en papel abrasivo cuando vaya a lijar una superficie plana. Para las molduras envuelva el papel alrededor de una esponja.

Un rascador para eliminar la pintura desconchada o levantada.

Masilla fina para superficies lista para mezclar, para cubrir pequeñas grietas y muescas en la superficie.

Masilla de celulosa para interior para rellenar grietas y agujeros mayores de dos milímetros o juntas abiertas (por ejemplo, entre las rozas y la pared). Viene en polvo para mezclar con agua.

Brochas. Una brocha de 50 ó 75 mm para zonas grandes; una brocha de 25 mm para entrepaños y rozas. Una brocha dentada de 19 mm con cerdas en ángulo es muy útil para pintar líneas rectas, esquinas y recovecos.

Cinta adhesiva para proteger las superficies cuando pinte líneas rectas.

Una placa le será muy útil cuando pinte bordes. Use un trozo de cartón duro o compre una placa de plástico o metal especial para pintura.

SE NECESITA
☐ Pintura de base oleosa
☐ Imprimación (para madera nueva o desnuda)
☐ Capa de apresto (opcional)
☐ Una brocha de 50 ó 75 mm
☐ Una brocha de 25 mm
☐ Una brocha dentada de 19 mm
☐ Cinta adhesiva, una placa para pintura
☐ Aguarrás o limpiador/restaurador para brochas
☐ Sábanas para el polvo y periódicos para proteger las superficies
☐ Trapos para limpiar

Detalles de la preparación
☐ Jabón o detergente corriente
☐ Un cubo de plástico
☐ Una esponja o un trapo
☐ Guantes de plástico
☐ Papel abrasivo
☐ Un bloque de lija
☐ Un rascador
☐ Masilla de celulosa
☐ Un cuchillo para masilla (o un cuchillo de mesa viejo)
☐ Compuesto para los nudos de la madera, un secador

CUIDAR DE LAS BROCHAS
Antes de usar una brocha nueva, lávela en agua templada y arranque cualquier cerda suelta.

Después de usarlas, seque el exceso de pintura con un periódico, luego limpie la brocha con aguarrás o con un limpiador de brochas. Lave en agua templada con jabón y aclare bien.

Empape una brocha vieja y endurecida en limpiador de brochas antes de lavarla; si las cerdas continúan pegadas, tírela.

Guarde las brochas durante los descansos sumergiendo las cerdas en agua; sacuda el agua antes de usarlas otra vez. Para evitar que las cerdas pierdan su forma, use un clavo y una cuerda para suspender la brocha sobre un bote.

---

1 Lavar la pintura
Lave la pintura con una esponja y una solución de agua templada y jabón o detergente corriente para quitar la suciedad y la grasa. Aclare con agua y deje secar.

2 Lijar △
Lije la pintura vieja en la dirección de la madera para quitar el brillo y preparar la superficie para una nueva capa. Use una lija fina e impermeable envuelta alrededor de un bloque de madera e impregnada en agua jabonosa. Aclare el papel de vez en cuando con agua.

Quite el polvo, después pase un trapo humedecido en aguarrás por la pintura y deje secar.

• Madera nueva. Debe lijar la madera en la dirección de ésta con una lija fina y redondear los bordes. Quite el polvo de la superficie con un trapo humedecido en aguarrás.

3 Quitar la pintura levantada
Quite pequeñas zonas de pintura levantada o desconchada con un rascador, manteniendo la hoja tan pegada a la superficie como sea posible. Llegue hasta la madera si fuera necesario, y frote los bordes del parche con papel de lija grueso hasta igualarlos.

4 Rellenar grietas, agujeros y juntas
Rellene huecos y grietas con una masilla fina para superficies; rellene agujeros más grandes con masilla de celulosa para interiores. Unte pintura de base oleosa en las cabezas de clavos y tornillos antes de cubrirlos.

Aplique la masilla con un cuchillo especial o un cuchillo viejo de cocina e iguálelo pasando la hoja por la superficie. Una vez seco, frote con papel de lija fino.

En huecos irregulares, meta la masilla con el dedo (use guantes de goma) y pase un paño húmedo para alisar la superficie.

5 Sellar los nudos de la madera desnuda △
Si hay muchos nudos en la madera desnuda, caliente cada nudo con un secador de pelo para hacer salir la resina. Deje secar, quite la resina y selle el nudo con dos capas de compuesto para nudos.

6 Aplicar la imprimación/capa de apresto

Primero, aplique una fina capa de imprimación sobre madera nueva (y sobre cualquier parche desnudo o relleno en una superficie pintada). Deje secar bien y frote suavemente con papel de lija fino.

Después de la imprimación, aplique una capa de apresto si está usando pintura líquida con brillo o si va a cambiar radicalmente el color existente. Aplique una capa y deje secar.

7 Preparar para pintar ▷

Quite el polvo de la tapa de la lata de pintura antes de abrirla. Si se recomienda remover la pintura (mire en la lata), use un palo de madera limpio moviéndolo en forma de ocho para diluir el pigmento del fondo de la lata. No remueva el barniz anti-goteo

Si se ha formado una capa espesa en una lata ya abierta, corte alrededor de ésta con un cuchillo afilado y quítela de una pieza si fuera posible antes de remover. Cuando

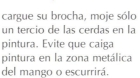

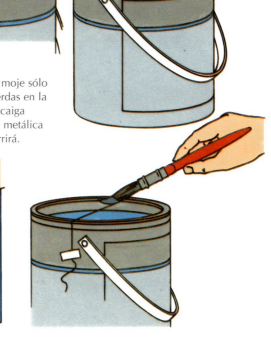

cargue su brocha, moje sólo un tercio de las cerdas en la pintura. Evite que caiga pintura en la zona metálica del mango o escurrirá.

8 Pintar zonas grandes △

Pinte bloques de 30-45 cm² y únalos a medida que avance. Aplique la pintura en la dirección de la madera y luego hacia adelante y hacia atrás en dirección opuesta para lograr una capa regular. Por último, extiéndala en la dirección de la madera para lograr un acabado suave.

Ponga poca pintura en los bordes para evitar que se formen arrugas y trabaje siempre a continuación de un bloque húmedo, de manera que se mezclen los bordes.

Para evitar que se forme una acumulación de pintura en el borde de una puerta, por ejemplo, pinte siempre hacia el borde y no desde él.

MANTENGA EL BORDE DE LA LATA LIMPIO

Para evitar goteos y pegotes en el borde de la lata, pegue o ate un trozo de cuerda encima de la boca de ésta y úselo para quitar el exceso de pintura de la brocha; o puede comprar un anillo especial de plástico que encaja en las latas de 1 l.

9 Pintar zonas pequeñas

Use una brocha de 25 mm para aplicar pintura en una serie de zonas separadas por unos 6 cm; luego, únalas.

Cubra zonas estrechas, como las verjas de las ventanas, simplemente extendiendo la pintura en la dirección de la madera.

10 Pintar bordes rectos △

Cuando pinte bordes como rozas o marcos de ventana, proteja el suelo o el cristal con cinta adhesiva. Quítela del cristal tan pronto como se seque la pintura (de otro modo es difícil de quitar).

Otra alternativa es proteger la superficie con un trozo de cartón duro o una placa para pintura. Límpielo de pintura cada vez que lo mueva a una nueva posición.

• Una brocha dentada. Donde no pueda o no quiera usar cinta adhesiva o un placa, use una brocha dentada con las cerdas en ángulo para pintar bordes rectos, o adapte una brocha normal.

Cargue la brocha ligeramente y sujétela como en el dibujo —más bien como un lápiz—. Póngala suavemente contra la junta, luego presione ligeramente, y, por último, muévala con firmeza para hacer una línea recta.

Consejo

PINTAR UN BORDE

Adapte una brocha estrecha para pintar los bordes (o haga una brocha en ángulo más efectiva) poniendo alrededor de las cerdas una banda elástica para evitar que se separen demasiado.

PINTAR CON ORDEN: LAS VENTANAS

Desenrosque todas las sujeciones y abra la ventana para pintarla.

Cuando pinte las juntas (donde se unen madera y cristal) dibuje una fina línea de pintura en el cristal para sellar la masilla. Se puede rascar cualquier pegote de pintura cuando ésta se seque con una cuchilla; use acetona para quitar la pintura del cristal.

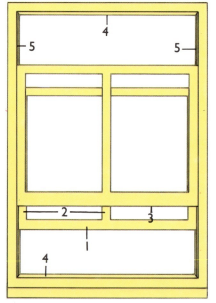

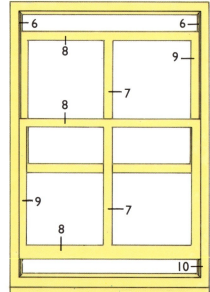

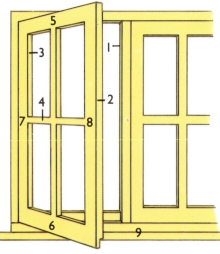

Ventanas de bisagras △
Empiece con (1) el borde interior del marco y (2) el borde de apertura de la ventana. Luego pinte (3) todos los bordes internos, (4) las barras del interior de los cristales, (5-6) las zonas horizontales de arriba y de abajo, (7) el lado más cercano a la pared, (8) el lado más alejado de ésta, y por último, (9) el marco fijo y el alféizar.

No cierre la ventana hasta que la pintura esté completamente seca.

Ventanas de guillotina △
Suba la hoja de abajo y baje la de arriba de manera que pueda pintar (1) la zona de coincidencia (incluyendo la zona interna y la parte de abajo).

Luego pinte todo lo que pueda de (2) las barras del interior de los cristales (incluidas las partes internas) de la hoja superior, (3) el borde de abajo de la hoja inferior, (4) el borde interno del marco, y (5) un pequeño trozo de los raíles exteriores.

Deje secar la pintura, luego coloque la ventana como aparece en el dibujo (cerrándola casi por completo) y pinte (6) lo que pueda de los raíles interiores. A continuación pinte (7) todas las barras del interior de los cristales, (8) lo que quede de los raíles de coincidencia, y (9) los escalones. Por último pinte (10) el marco de la ventana, el arquitrabe y el alféizar.

Asegúrese de que no pinta los cordones de la guillotina.

PINTAR CON ORDEN: LAS PUERTAS

Desatornille y quite todas las sujeciones menos las bisagras. Mantenga la puerta abierta con un taco de madera y deslice una bolsa de basura o un periódico por debajo para proteger el suelo.

Pinte los bordes de un panel antes de pintar su superficie o el marco. Con la puerta abierta hacia usted, pinte el lado de apertura; con la puerta abierta hacia el otro lado, pinte el borde cercano a la pared. A menos que se pueda ver la puerta desde arriba, no es necesario pintar la parte de arriba.

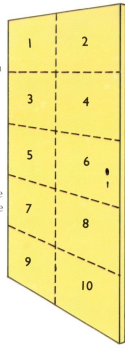

◁ *Puertas lisas*
Pinte una puerta lisa en secciones de 40 cm² usando una brocha de 75 mm. Empiece en la parte de arriba y trabaje rápidamente de lado, y luego hacia abajo en bandas. Pinte el marco de la puerta y el arquitrabe por último, y deje la puerta entreabierta hasta que se seque.

Puertas paneladas ▷
Empiece por los paneles internos (1-4), pintando cada panel inmediatamente después que su moldura.

A continuación, pinte la zona vertical central (5-6), luego las zonas horizontales (7-9) (la barra superior, la del centro y la de abajo). Luego pinte las zonas verticales exteriores (10-11).

Por último, pinte el marco de la puerta y el arquitrabe.

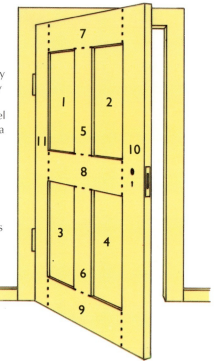

Efectos especiales con pintura

Un acabado de color quebrado es una alternativa emocionante para esas paredes sencillamente pintadas; además, le ayudará a disfrazar cualquier pequeña imperfección de la superficie.

El trapeado, el trapeado de rodillo y el punteado consisten en pintar una capa final de barniz sobre una capa de apresto más fina, y luego romper de alguna manera el barniz húmedo para dar profundidad y textura a la superficie.

Las técnicas son sencillas, pero tiene que trabajar rápido: en grandes superficies como las paredes es mejor que trabajen dos personas juntas.

El trapeado y el trapeado de rodillo producen una textura rica y llamativa como de terciopelo arrugado, usando trapos juntos que se presionan o se enrollan sobre el barniz húmedo. Queda bien a gran escala y es bastante rápido de hacer.

Necesitará muchos trapos ya que en seguida se empapan de pintura. De las sábanas viejas se pueden sacar unos buenos trapos sin pelusas; para conseguir efectos diferentes pruebe con arpillera bien lavada, estopilla, papel e incluso bolsas de plástico.

El punteado da un fino y delicado acabado con una brocha de cerdas blandas que se usa para eliminar color y clarear el fondo. Lleva mucho tiempo y es agotador a gran escala; queda muy bonito en madera, muebles y paredes: el método es el mismo.

Para conseguir mejores resultados puede comprar brochas especiales para punteado, hechas de cerdas muy finas. También puede improvisar con bastante éxito usando una brocha para el polvo, una escoba de cerdas finas o cepillos de ropa viejos, siempre y cuando tengan la superficie igualada.

• Combinaciones de color. Aunque el tono de la capa final de barniz será el dominante, el color que elija para la capa de apresto influirá en el efecto del acabado. Una base blanca da un color suave y brillante; para un tono más rico, pruebe con una base en tono pastel y elija un tono más oscuro para el barniz. Con el trapeado y el trapeado de rodillo, puede conseguir unos delicados efectos usando dos colores ligeramente diferentes pero armoniosos, uno encima del otro.

Sea cual sea el acabado que elija, experimente con distintas combinaciones de color y practique la técnica en un tablero ya pintado o sobre cartulina, hasta que se sienta satisfecho con el efecto. Cuanto más practique, mejores serán los resultados.

PREPARACIÓN

Las superficies a pintar deben estar limpias y en buen estado. Aunque las paredes con pequeñas irregularidades resultan menos obvias con un acabado trapeado o punteado, la superficie ideal es una suave y regular.

Para las tareas básicas de preparación, véase *Preparar las paredes,* páginas 5-8; es mejor cubrir las paredes de mala calidad, pero que sin embargo están en buen estado, con revestimiento de tela.

A continuación pinte la capa de apresto y deje secar bien, dejando pasar por lo menos 24 horas antes de aplicar la capa de barniz.

Acabados trapeados ▽
Este acabado —usando un tono terracota cálido para la base, trapeado con un siena quemado transparente— forma un llamativo fondo para los muebles de caoba de este dormitorio.

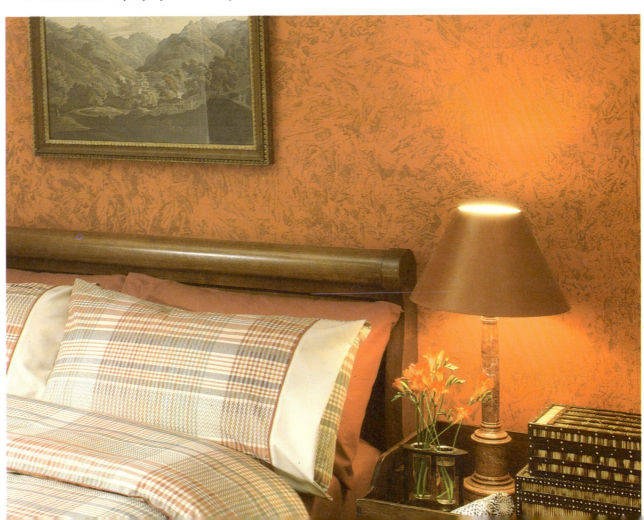

¿QUÉ PINTURA?

• **La capa de base.** Una o dos capas de pintura satinada de base oleosa es lo ideal: el resultado es una base suave, no absorbente, sobre la que el barniz se desliza fácilmente y no cala. Normalmente, la pintura satinada no necesita capa de apresto pero sí una imprimación sobre las superficies desnudas.

La emulsión satinada de vinilo es un buen sustituto y al ser de base acuosa es más fácil de aplicar. Probablemente tendrá que aplicar dos capas de esta emulsión para lograr una buena cobertura.

• **La capa de barniz.** El barniz tradicional es semi-transparente, con una base de barniz oleoso transparente (o esmalte) que se tiñe del color adecuado y se diluye con aguarrás para darle la consistencia necesaria para trabajar. Se seca muy lentamente, por lo que tendrá tiempo suficiente para trabajar en el acabado, y afianza los patrones decorativos definitivamente.

Dependiendo de la marca, el barniz oleoso transparente va desde un blanco apagado a un dorado oscuro cuando está en la lata. Cuando se extiende se pone transparente pero tiende a amarillear ligeramente con el tiempo. Disponible en tiendas especializadas de pintura; aproximadamente, 1/2 l sirve para una pequeña habitación.

• **Teñir.** El barniz oleoso transparente se puede teñir con tintes universales, que son más baratos y resistentes y vienen en colores básicos; o pintura al óleo, que es más cara pero dispone de una amplia gama de tonalidades. Los tintes universales se venden en las tiendas de bricolage; la pintura al óleo, en las tiendas de manualidades.

Para tonalidades suaves, mezcle los tintes con una base de pintura satinada blanca. El barniz se vuelve más opaco y suaviza el efecto del acabado decorativo.

FORMAS DE TRABAJAR

En superficies grandes, como las paredes, estos acabados son más fáciles y mucho menos agotadores si dos personas trabajan juntas.

Una persona aplica una tira de barniz, la otra le sigue de cerca y empieza a tratarla antes de que se seque; mientras tanto, el primer pintor empieza a aplicar otra tira de barniz. El truco está en no estorbarse, pero con un poco de práctica pronto conseguirá un buen ritmo de trabajo, esencial para lograr un acabado con éxito.

Es una buena idea empezar por la pared de una ventana donde cualquier error de principiante se notará menos.

Pinte siempre al menos una pared entera en cada sesión, parando si fuera necesario en una esquina. Si para a mitad de una pared, el borde seco podría aparecer como una marca definitiva cuando acabe.

SE NECESITA

Para la capa base
- ☐ Pintura satinada de base oleosa (haga una imprimación en las superficies desnudas primero)
- ☐ Una brocha de 100 mm

Para la capa de barniz
- ☐ Barniz oleoso transparente
- ☐ Aguarrás
- ☐ Una cazoleta blanca de plástico

Para teñir el barniz
- ☐ Tinte universal/pintura al óleo
- ☐ Pintura de base oleosa blanca (para colores suaves)
- ☐ Un tarro o un plato pequeño
- ☐ Una brocha estrecha y de mango largo para mezclar
- ☐ Una cuchara vieja
- ☐ Papel para probar

Para el acabado
- ☐ Una brocha de 100 mm para aplicar el barniz
- ☐ Trapos blancos de algodón, de unos 40 cm², para el trapeado y el trapeado de rodillo

O

- ☐ Una brocha para puntear (o una brocha de pintor para el polvo, una escoba de cerdas finas o un cepillo para la ropa)
- ☐ Una escalera para la parte superior de las paredes
- ☐ Láminas de plástico/periódicos
- ☐ Trapos para limpiar
- ☐ Guantes de goma

SEGURIDAD

Los trapos empapados en pintura y disolvente son muy inflamables: déjelos secar por completo antes de tirarlos con cuidado.

1 Teñir el barniz △
Teñir el barniz con el tono adecuado es cosa de experimentar, así que use pequeñas cantidades de tinte —pintura al óleo o tintes universales— a un tiempo (unos 4 ó 5 cm del tubo es bastante). Intente mezclar suficiente barniz para toda la habitación, pero recuerde la fórmula de manera que pueda volver a mezclarla si fuera necesario.

Ponga los colores en un plato pequeño, añada suficiente aguarrás para mojar el color y disolverlo y muévalo con una brocha. Para un color suave, mezcle los tintes disueltos con pintura de base oleosa blanca (10-20% de pintura por 80-90% de barniz).

Luego añada una cucharada de barniz oleoso transparente, mezcle hasta que el color sea uniforme y pruebe sobre cartulina blanca. No olvide que el tono se aclarará cuando añada el resto del barniz y el aguarrás, y aparecerá menos intenso cuando lo aplique a la pared.

Cuando esté satisfecho con el color, mézclelo con el resto del barniz en una cazoleta para pintura; remueva bien.

Haga una prueba extendiendo el barniz en una capa muy fina sobre papel blanco y deje secar (queda más suave al secarse).

2 Diluir el barniz ▽
Use aguarrás para diluir el barniz teñido hasta lograr la consistencia necesaria para trabajar. Como los distintos barnices varían en espesor, empiece por una parte de aguarrás por dos de barniz aumentando el aguarrás gradualmente (hasta dos partes), comprobándolo a medida que trabaja. Cuanto más aguarrás eche, más rápido se secará el barniz.

Compruebe el barniz en una tabla ya pintada o en un pequeño trozo de pared (puede limpiarlo con un trapo empapado en aguarrás). Mantenga el barniz en una capa fina o se correrá y aplíquelo rápida y suavemente con una brocha ancha.

Punteado

Levantar pequeños puntos del barniz húmedo con una brocha para puntear da un color delicadamente moteado; el efecto es suave y despejado.

1 *Aplicar el barniz*
Use una brocha ancha para aplicar una fina capa de barniz tan regularmente como sea posible.

Empiece en una esquina de la habitación, cubra la pared de arriba a abajo con una tira de barniz de unos 30-60 cm de ancho —lo que le parezca más manejable—. No cubra un área grande de una vez o la pintura se secará antes de que pueda puntear la superficie.

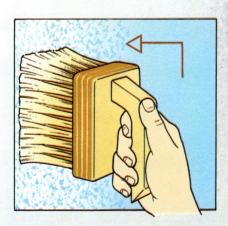

2 *Puntear la superficie* △
Use una brocha para puntear o una brocha de cerdas suaves manteniéndola en ángulo recto con la superficie, para romper el color. Presione la punta de las cerdas suave pero firmemente contra el barniz húmedo —no se deslice por la superficie—. Trabaje sobre la tira de barniz húmedo dejando una estrecha banda del extremo inferior sin puntear.

Quite el exceso de barniz de la brocha con frecuencia, restregándola por un papel. Si fuera necesario, limpie las cerdas con aguarrás.

3 *Repetir la técnica* △
Aplique otra tira de barniz de manera que se sobreponga ligeramente sobre la primera, y luego, puntee el barniz húmedo como antes.

• Comprobar el acabado. Échese hacia atrás de vez en cuando para observar el efecto. Si ha dejado demasiada pintura en algunas zonas, intente limpiarlo con una brocha limpia para puntear. Si el barniz está demasiado seco para puntearlo, humedezca el área con un trapo mojado en aguarrás y luego use una brocha de puntear limpia.

TRAPEADO

El trapeado crea un aspecto de terciopelo arrugado. El trapeado de rodillo (abajo) es similar, pero el efecto es más direccional.

1 Preparar el trapo
Empape un trapo sin pelusas en aguarrás, escúrralo y séquelo envolviéndolo en un trapo limpio. Esto evita que el trapo se sature de pintura demasiado pronto.

2 Aplicar el barniz
Empezando en una esquina de la habitación, extienda una fina capa de barniz que cubra una tira de pared de aproximadamente 30-60 cm de ancho de arriba a abajo. No es necesario extender el barniz de manera uniforme, aunque sí debe cubrir bien el color base para que las marcas del trapo se vean.

3 Trapear el barniz ▷
Arrugue el trapo convirtiéndolo en una bola irregular. A continuación, presiónelo suave y rápidamente sobre el barniz húmedo, solapando ligeramente las marcas para lograr un acabado llamativo y a la vez levemente arrugado.

Cambie constantemente la dirección de su mano mientras trabaja y doble el trapo de distintas maneras para evitar la repetición. Puede aclarar el trapo en aguarrás, pero cámbielo por uno nuevo cuando se sature de barniz.

4 Repetir la técnica
Extienda el barniz en la siguiente tira de pared, cubriendo un poco la primera tira para que no se acumule pintura en la junta. Después, trapee el barniz húmedo. Continúe pintando y trapeando la pared sección por sección.

Se puede aplicar un segundo color con esta técnica una vez que el primero se ha secado bien (lleva más o menos una semana).

• Comprobar el acabado. Échese hacia atrás de vez en cuando para comprobar el trabajo. Si ha dejado un trozo sin hacer, retóquelo ligeramente con un trapo mojado en barniz. Si hay un trozo con demasiado barniz, elimínelo con un trapo mojado en aguarrás e inmediatamente eche barniz y trapéelo de nuevo mezclándolo con la primera capa de barniz.

TRAPEADO DE RODILLO

Aplique el barniz de la misma manera que para el trapeado, pero haga con el trapo un pequeño rollo en forma de salchicha. Luego ruede ligeramente el trapo por la pared hacia arriba (o hacia abajo si le resulta más fácil) en una línea irregular desde la parte inferior de la pared hacia la superior. Un trazo hacia arriba (o hacia abajo) debe solaparse sólo ligeramente con el siguiente para evitar quitar demasiado barniz. Tenga cuidado de no resbalar sobre la superficie mientras trabaja.

Deje una banda estrecha en el extremo final de cada trozo para evitar poner de nuevo barniz en una zona ya trapeada. Puede suavizar la junta cuando trapee la siguiente sección. Cambie el trapo por uno nuevo cuando se sature de barniz.

Los efectos del picado

Más definidas que el punteado y más delicadas que el esponjado, el picado y el picado de piedra son dos técnicas superficialmente similares. Ambas emplean pequeños puntos de color para producir un aspecto salpicado. La principal diferencia es que el picado de piedra conlleva suavizar el efecto con un disolvente, y se lleva a cabo mejor sobre superficies horizontales para evitar que la pintura gotee y se corra.

El picado requiere un poco más de valentía. No se necesitan brochas o pinturas especiales (aunque debería usarse una pintura especial para porcelana y cristal y tintes que se fijan con calor para telas). Tampoco tiene que tener una idea clara del resultado final porque ésta es una de las técnicas que mejor se hace por etapas. Simplemente elija sus colores y échese hacia atrás de vez en cuando para comprobar el resultado después de aplicar cada uno.

Lo que no debe olvidar es proteger con cinta aislante los alrededores de la superficie. Si el objeto es transportable píquelo en un almacén o en el garaje, o fuera, en un día soleado. También debería cuidarse de no sobrecargar la brocha, lo que produciría pegotes y rayas más que puntos.

El picado de piedra, por otro lado, es una técnica altamente sofisticada. Al contrario que el salpicado, que tiene un acabado regular, imita las vetas de la piedra natural. (También se le conoce como fosilizado, porque ése es el aspecto que debe presentar.) Los puristas tienen piedrecitas y trozos de roca a su lado mientras trabajan para reproducir su apariencia, pero el picado de piedra también se puede realizar en tonos pastel para lograr un acabado de fantasía. En el picado de piedra se usa aguarrás para quitar color y suavizar el diseño —un tipo de picado a la inversa—. Normalmente se salpica un color final más oscuro sobre la superficie para añadir mayor definición. Hay cuatro pasos principales para crear este acabado, así que no hay que apresurarse.

SENTIDO DEL COLOR

El picado parece particularmente efectivo para contrastar colores, especialmente si éstos armonizan con la gama de colores de la habitación, y dos tonos del mismo color es una alternativa sofisticada. Normalmente se usa para coordinar accesorios como porcelana, bandejas o cojines, combinando dos o tres de los colores predominantes de la habitación, y normalmente queda mejor sobre un fondo blanco o pálido. Piense en el melocotón y el azul sobre un fondo melocotón suave o blanco, por ejemplo; el rosa y el verde sobre pistacho y el amarillo pálido y el lavanda sobre amarillo limón. Pero combinaciones radicales de color como azul y púrpura sobre negro, o naranja sobre rosa, también pueden quedar bien.

El picado de piedra se hace mejor en colores más suaves. Mezcle el púrpura-rosa de una piedra cristalina como la porfiria o el amarillo-verde de piedras semipreciosas como la turmalina o el peridot con marfil y beige para un efecto real y termine con un barniz de poliuretano, que da a los colores un aspecto de piedrecitas mojadas por la lluvia.

Por todas partes
Las paredes, la carpintería y la zona de alrededor de la chimenea se han picado en tonos de azul y blanco sobre un fondo azul pálido. Los adornos de cerámica blanca y el mobiliario de líneas simples, más que competir, complementan el efecto.

PREPARACIÓN

Sea cual sea la superficie que vaya a cubrir, debería estar limpia y suave. Lije el barniz o las superficies con pintura satinada con papel de lija para prepararlas, y aplique una imprimación a la madera desnuda antes de aplicar la capa base. Quizás tenga que renovar la madera vieja antes de embarcarse en esta técnica de pintura decorativa. Elimine la pintura o el barniz existente usando un producto adecuado o una pistola de aire caliente y llene las grietas con masilla para madera. Lije en la dirección de la madera para conseguir un buen acabado, a mano para trozos pequeños o con una lija eléctrica para zonas más grandes. Selle cualquier nudo con una solución especial para evitar que rezume resina y limpie la madera con aguarrás. Aplique una imprimación para madera y luego dos capas base de pintura satinada.

La porcelana y el cristal deben estar limpios y sin grasa, así que lave, aclare y séquelos, y después límpielos con aguarrás.

Es posible picar las paredes si compra un spray de pintura para que las gotas no se corran. En este caso, sólo tiene que preparar la pared de manera normal. Recuerde que la pared se punteará más que cubrirse de pintura, por lo que la capa base debe ser muy regular.

HERRAMIENTAS Y EQUIPO

• El picado. Elija la pintura que convenga al objeto que vaya a picar: emulsión para las paredes; esmalte o pintura para porcelana y cristal; barniz o esmalte para metal o pintura satinada; barniz o laca para madera. Además necesitará aguarrás para diluir todas las pinturas excepto la emulsión, una brocha para limpiar y un barniz claro de poliuretano para darle al picado un acabado protector. Elija brillo o mate según el acabado que desee conseguir. Necesitará brochas de 75 ó 100 mm para paredes y zonas grandes, un pincel para objetos pequeños y una brocha nueva para aplicar el barniz. Por último, necesitará un listón de madera o una regla sobre la que golpear la brocha cuando salpique.

• El picado de piedra. El requisito básico para el picado de piedra es el barniz. Haga tres o cuatro tandas, usando la misma mezcla de esmalte (barniz oleoso) y pintura de base oleosa (véase *Efectos especiales con pintura*). Elija colores que armonicen entre sí. Se necesitan dos pinceles (números seis y ocho, por ejemplo) y un perfilador (o un pincel fino como los de rimmel). Además, necesitará un trapo sin pelusa con el que mezclar las dos o tres primeras capas de barniz. Y también un listón o una regla, aguarrás, barniz y brochas.

EL PICADO

1 Aplicar el color base
Después de preparar la superficie, aplique dos capas base: pintura satinada o de brillo sobre la madera y pintura satinada o emulsión en las paredes. Deje secar (16 horas para la pintura de base oleosa, 4 para la emulsión).

2 Experimentar con la pintura
Diluya pintura satinada o pintura de brillo con aguarrás y emulsión con agua si es necesario obtener una buena consistencia. Experimente picando un periódico hasta que quede satisfecho con el resultado.

3 Aplicar el picado ▷
Moje la brocha en la pintura sin que se cubra más de un tercio del largo de las cerdas. Deje una pequeña distancia sobre o cerca del objeto que va a picar y golpee la base del mango sobre el listón para provocar una fina lluvia de pintura. Continúe hasta que haya cubierto la pieza y deje secar completamente.

Repita el proceso de la misma manera usando un segundo color y deje secar de nuevo. Aplique un tercer color si es necesario.

4 Barnizar el picado ▷
Cuando el picado esté completamente seco, cúbralo con una capa protectora de barniz. Una capa es suficiente para objetos decorativos, pero use tres en objetos de mucho uso, como las cubiertas de las mesas. Añada pintura satinada blanca o barniz para evitar que amarillee.

SE NECESITA
Para el picado
☐ Pintura de base oleosa o acuosa (según la superficie)
☐ Aguarrás si es necesario
☐ Una brocha grande o pequeña
☐ Un listón o una regla
☐ Barniz de poliuretano
☐ Una brocha para barniz
☐ Periódicos viejos

Para el picado de piedra
☐ Tres o cuatro tandas de barniz de base oleosa
☐ Dos pinceles
☐ Un perfilador o un pincel fino
☐ Un trapo sin pelusa
☐ Aguarrás
☐ Barniz de poliuretano
☐ Una brocha para barniz o una brocha nueva

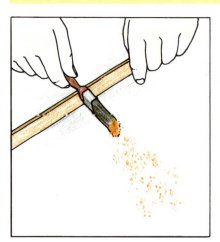
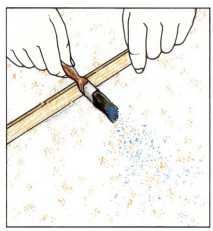
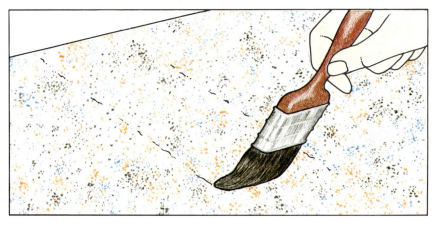

EL PICADO DE PIEDRA

El picado de piedra implica untar dos o tres barnices distintos sobre una superficie plana, mezclar los colores, picar con aguarrás, y por último, picar un barniz final de un tono más oscuro en la superficie.

Aquí damos instrucciones para un total de cuatro barnices distintos.

1 Preparar el terreno
Aplique dos capas base de pintura satinada dejando secar cada una completamente (unas 16 horas por capa).

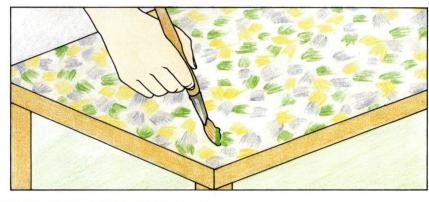

2 Aplicar el barniz △
Moje el pincel más grande en la primera capa de barniz y dé pequeños brochazos de pintura al azar sobre la superficie; limpie el pincel con aguarrás y repita el proceso con la segunda y la tercera tanda de barniz mientras la primera aún está húmeda.

3 Mezclar los colores ◁
Añada un tercer color si quiere. Luego, usando un trapo sin pelusa, mezcle los tres colores lo suficiente como para crear un fondo moteado.

4 Picar con aguarrás ▷
Moje el pincel (suavemente) más pequeño en aguarrás y manténgalo sobre la superficie moteada aún húmeda. Golpéelo contra el listón de madera de forma que el aguarrás salpique la superficie. Espere un poco entre cada picado, porque el aguarrás no hace efecto inmediatamente, y sólo podrá ver cuánto se ha dispersado el color pasados unos segundos. Como el barniz es de secado lento, puede limpiar la superficie y empezar de nuevo si no queda satisfecho.

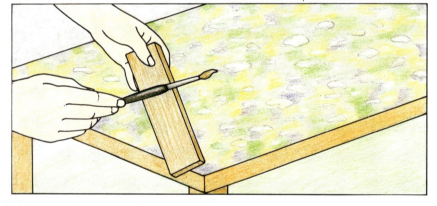

5 Picar con color ◁
Meta la misma brocha en la tanda final de barniz y provoque una fina lluvia de color sobre la superficie, golpeando el mango de la brocha contra el listón de madera como antes, o use una brocha rígida y pase los dedos por las cerdas.

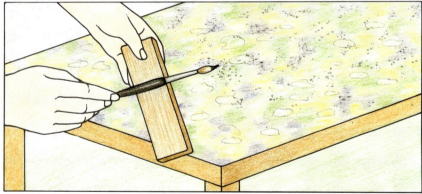

6 Pintar las vetas ▷
Moje el perfilador en aguarrás y pinte las vetas de la piedra. Bordee las vetas con un color más oscuro si considera que no están claramente definidas. Deje secar bien antes de dar una capa de barniz de poliuretano como para el picado.

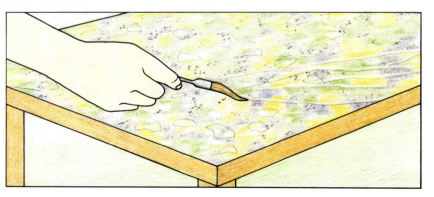

Consejo

Picar la tela. Puede salpicar tela para conjuntar su decoración. Elija una tela natural de color suave (como sábanas o telas para cortinas) y use pintura para tela que se fija con calor, diluida si fuera necesario. Alise la tela para picarla. Experimente con distintos tipos de brocha: por ejemplo, intente mojar un cepillo de fregar en pintura y pasar los dedos entre sus cerdas. Coloque por debajo un trozo de tela inservible para fijar los tintes.

EL LATIGUEADO

El latigueado es una variante del picado que combina trazos y puntos. Es ideal para cubrir superficies rápidamente. Puede cargar la brocha con más pintura y ser menos preciso.

1 Preparar la superficie ◁
Empiece pintando la capa base; después proteja con papel las zonas que no quiera pintar. Diluya la pintura de forma que se cree un efecto llamativo cuando se aplique sobre la superficie. También puede usar una técnica ligeramente distinta: use la brocha con rápidos movimientos de muñeca para conseguir el efecto abstracto deseado.

2 Quitar el papel protector ▷
Cuando la pintura esté seca al tacto, quite los papeles protectores.

Aspecto de piedra ▽
Para imitar el granito, se ha pintado esta caja de madera con una capa base gris, luego se ha hecho un picado de piedra en rosa y gris oscuro, y finalmente se ha picado con negro.

Los efectos del marmolado

El mármol tiene uno de los efectos naturales más atractivos y el hombre lo ha admirado desde siempre. Sin embargo, tiene sus inconvenientes: es pesado, caro y frío al tacto. Quizás es por esto que los pintores han imitado el mármol durante cientos de años. Cuando el trabajo se hace con verdadera habilidad, es casi imposible distinguir una buena copia del mármol natural.

Este realismo está más allá de las habilidades de la mayoría de los aficionados y muchos ni siquiera lo intentan. Sin embargo, no hay que ser demasiado ambiciosos. Es relativamente fácil crear el efecto fluido y veteado del mármol sin copiar una muestra de piedra natural.

Empiece por mirar tantas muestras de mármol como pueda, para hacerse una idea clara del efecto global y los detalles del color. Normalmente se usa en los mostradores de bancos y oficinas, en la zona de alrededor de la chimenea y en pequeños muebles como los lavabos. Los colores varían desde blancos cremosos, mármol rosa, azul y dorado, a los más ricos como rojos, verdes y negros. Si no tiene un modelo adecuado (como una quesera o una bandeja) merece la pena fotografiar cualquier mármol peculiar que le interese. Las revistas son otra fuente de inspiración.

SUPERFICIES PARA MARMOLAR

La técnica aquí descrita se puede usar en paredes, suelos o muebles, pero antes de embarcarse en proyectos tan ambiciosos, practique con objetos pequeños como marcos, cajas, molduras de rozas o arquitrabes, por ejemplo. Esto le dará la oportunidad de probar distintos colores y efectos, y los errores a esta escala no son tan desastrosos como si estuviera trabajando en una pared.

Cuando trabaje sobre superficies más grandes, recuerde que aunque no va a conseguir un efecto totalmente desastroso, no debería desafiar a la naturaleza. Aplique la técnica en zonas pequeñas, sobre superficies que podrían haberse hecho de piedra. Una mesa sólida es una posible elección; una silla con las patas retorcidas no. Aplíquelo en molduras de madera y en los alrededores de chimeneas, pero no en las puertas o los marcos de las ventanas.

Las paredes y el suelo se pueden marmolar para conseguir un gran efecto. El mármol natural suele venir en losas, así que es una buena idea copiar este efecto en suelos y paredes. Divida las paredes en losas rectangulares y aplique el marmolado en cada una por separado. Los suelos de madera presentan el problema de cómo arreglárselas con las losas: el mármol nunca viene en planchas. Incluso si el más habilidoso pusiera las losas se notaría. Una solución es cortar baldosas de contrachapado y marmolarlas individualmente, lejos de donde se piensa colocarlas, antes de hacerlo. Otra alternativa es colocar grandes láminas de madera dura o cuadrados de contrachapado en el suelo antes de pintarlo. Barnice bien para proteger el trabajo.

No importa cuánto le apasione esta técnica: úsela con moderación. Marmolar completamente una habitación entera de un color muy oscuro puede ser agobiante: marmole sólo el zócalo, la chimenea o las rozas; será mucho más efectivo.

EL VETEADO

Las vetas del mármol son diagonales. Se extienden como una serie de ríos con muchos afluentes. Sin embargo, estos afluentes no desaparecen: deben volver a reunirse con el río principal, o cruzarse, o juntarse con otro sistema. Si no sabe cuánto veteado debe hacer, siempre será mejor quedarse corto que pasarse. Un efecto moderado es mucho más atractivo que un enjambre sobrecargado.

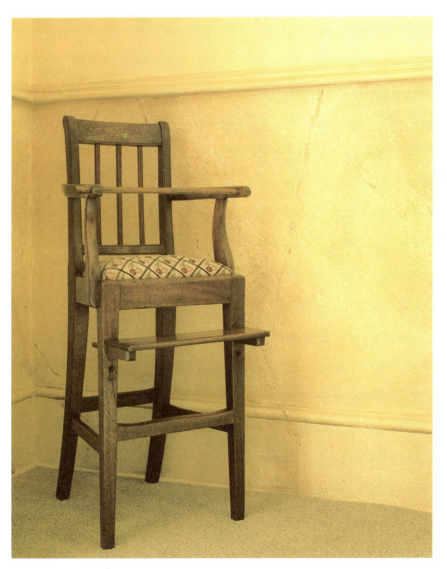

Un zócalo marmolado
Marmolar el zócalo y las rozas suaviza el aspecto total de una habitación. También es un acabado práctico, ya que ayuda a disimular bultos e irregularidades de la pared.

SUPERFICIES Y MATERIALES

La preparación de la superficie y los materiales que se necesitan para el marmolado son casi los mismos que para otros efectos con pintura.

• Preparación. Prepare las superficies de madera como se indica en las páginas 19-20. Frote ligeramente la superficie con papel abrasivo para prepararla.

Debería preparar las paredes como se describe en *Preparar las paredes*, páginas 5-8, para tareas de preparación básica.

La capa base serán dos capas de pintura satinada de base oleosa. No se deben notar los brochazos, así que frote suavemente con papel de lija después de cada capa para conseguir una superficie suave.

El barniz es el mismo que se usa para crear otros efectos con pintura (véase la página 24). Se usan pinturas al óleo o tintes universales para teñir el barniz y se añade pintura blanca de base oleosa (con brillo o satinada) para colores opacos o pálidos.

El barnizado no sólo protege la superficie, sino que suaviza el efecto del veteado y da la apariencia de brillo satinado que tiene el mármol natural. Use barniz de acabado satinado, aplicando dos o tres capas a la madera y cinco al suelo.

SE NECESITA
☐ Sábanas para el polvo/periódicos
☐ Cinta adhesiva
☐ Trapos/toallas de papel
☐ Guantes de goma
☐ Aguarrás
☐ Disolvente
☐ Papel de lija

Para la capa base
☐ Pintura satinada de base oleosa
☐ Una selección de brochas para paredes, madera o muebles (según el trabajo)

Para la capa final y las vetas
☐ Barniz transparente de base oleosa
☐ Una cazoleta blanca de plástico (o un plato viejo de cerámica)
☐ Pintura al óleo o tintes universales
☐ Pintura blanca de base oleosa para colores opacos o claros
☐ Un pequeño plato o un cuenco viejos
☐ Una cuchara vieja
☐ Un pincel viejo para mezclar
☐ Papel inservible para probar el barniz
☐ Barniz mate o satinado

Para aplicar la pintura
☐ Brochas
☐ Trozos de esponja
☐ Trozos de trapos sin pelusa
☐ Un pincel fino y suave
☐ Periódicos
☐ Plumas o un pincel muy suave

MÁRMOL BLANCO

Este acabado se empieza con una capa base de color blanco o blanco apagado, que se deja secar. Se añaden sucesivamente barnices ligeramente teñidos, seguidos del veteado. Todo esto debe hacerse en una sesión: no trabaje en una zona que le lleve más de media hora cubrir.

1 Aplicar la capa base
Aplique la capa base de pintura satinada de color blanco o blanco apagado (puede teñir la pintura blanca con pintura al óleo para conseguir el tono que quiera).

2 Mezclar el barniz
Mezcle tres tonos suavemente degradados de barniz transparente de color gris pálido, usando pintura al óleo o tintes universales para teñir el barniz. Diluya el barniz con aguarrás (aproximadamente una parte de aguarrás por dos de barniz teñido) para darle la consistencia necesaria para trabajar.

3 Aplicar la primera capa ▷
Pinte una capa fina y regular del barniz más pálido sobre la superficie. Use algunos trapos para realizar un trapeado de rodillo sobre la superficie (véase página 26).

Esto se llevará parte del barniz gris, dejando una superficie de dos tonos, muy suave. Deje secar una hora para que la superficie esté ligeramente pegajosa.

4 La segunda capa ◁
La segunda capa se aplica con un trapo sobre la superficie con dos tonos, para añadir más tonalidades de gris. Introduzca un trapo en la segunda tanda de barniz teñido y escúrralo. Haga una pelota irregular con el trapo y presiónelo ligera y rápidamente sobre la primera capa. Aún deberían entreverse los colores anteriores (puede dejar sin cubrir zonas grandes).

5 Suavizar el efecto ▷
Inmediatamente coja un trapo limpio y cuadrado (del tamaño de un pañuelo), doble las puntas para formar una pequeña almohadilla y golpee la superficie con cuidado para suavizar el efecto. Deje secar la superficie durante una media hora de forma que se quede un poco pegajosa.

6 *Aplicar la tercera capa*
Aplique una capa de la tercera tanda de barniz (la más oscura) de igual forma que la segunda. Suavice el efecto como antes y deje secar durante 20-30 minutos (de forma que se quede un poco pegajoso).

Empapelar sobre las grietas. Si piensa que no puede llevar a cabo el marmolado usted solo pero le gusta el efecto, use un papel con motivos de mármol para cubrir cajas o tableros de mesa. Aplique una imprimación a la superficie, empapele usando cola para papel y luego aplique dos o tres capas de barniz satinado para proteger la superficie.

7 *Añadir el veteado* ◁
Use pintura al óleo; mezcle combinaciones de negro, ocre y blanco para conseguir dos tonos de gris oscuro. Use un pincel fino para dibujar las vetas. Gire el pincel mientras lo pasa por la superficie para lograr líneas de distinto grosor.

(Los profesionales a veces usan la punta de una pluma para las líneas muy finas.) Pinte cuidadosamente las vetas de dos colores, únalas en algunos puntos y dibuje finas telarañas de un solo color en otras zonas, simulando una especie de capa transparente.

8 *Suavizar las vetas* ◁
Haga una pequeña almohadilla con un trapo limpio y golpee con cuidado las vetas para suavizarlas y mezclarlas con el fondo. (Los profesionales prefieren usar el lateral de una pluma para hacerlo.) Deje secar la superficie por completo.

9 *Comprobar el efecto*
Si las vetas están muy suaves, añada un perfil negro o gris oscuro a algunas de ellas para conseguir un efecto más definido.

10 *Barnizar el marmolado* ▷
Cuando esté satisfecho con el efecto y éste se seque, aplique dos o tres capas de barniz satinado. Deje secar y lije entre capa y capa.

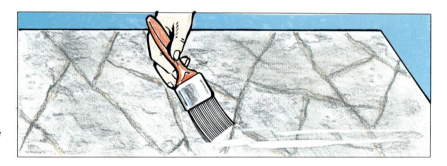

MÁRMOL NEGRO

Acabado muy llamativo que debe usarse con moderación. Es efectivo cuando se usa en cantidades pequeñas para contrastar con otros mármoles más pálidos, en las rozas y la chimenea de una habitación con un zócalo de mármol rosado, por ejemplo, o como parte de un patrón de entarimado de mármol.

1 *Aplicar la capa base*
Prepare la superficie y aplique una imprimación en el caso de que fuese necesario. A continuación aplique una capa de color gris oscuro seguida de una o dos capas de pintura negra de base oleosa con un acabado satinado.

2 *Mezclar el barniz*
Es necesario que el barniz sea pálido y opaco, así que use una parte de pintura satinada de base oleosa por tres partes de barniz. Mézclelo con el suficiente aguarrás como para darle una consistencia cremosa (una o dos partes de aguarrás por cuatro partes de barniz teñido).

3 *Aplicar el barniz* ▷
Use una esponja o una brocha bastante grande para aplicar el barniz generosamente sobre la superficie, dejando entrever algo del color de fondo. Puede dejar bandas relativamente grandes de negro asomándose.

4 *Romper la superficie* ◁
Arrugue una hoja de periódico y presiónela por toda la superficie para lograr un efecto de trapeado de rodillo con un aspecto ligeramente veteado. Cambie la hoja de periódico por una nueva cada vez que se sature de pintura.

5 *Suavizar el efecto* ▷
Coja un trapo blanco, cuadrado, limpio y sin pelusa, doble las esquinas para formar una pequeña almohadilla y golpéela con cuidado contra la superficie para suavizar y mezclar los colores. Deje secar durante una media hora de forma que aún esté un poco pegajoso.

6 *Añadir las vetas negras* ◁
Use un pincel muy fino o la punta de una pluma para añadir un trazado de vetas negras, bordeando y uniendo las áreas del fondo más oscuras. Suavice con una brocha, un trapo o una pluma y deje secar durante unos 15 minutos.

7 *Las vetas blancas* ▷
A continuación añada un trazado de vetas blancas de la misma manera. Deberían estar muy cerca de las vetas negras y mezclarse ligeramente con ellas. El mármol de este tipo normalmente tiene zonas blancas bastante grandes, así que pinte algún parche en forma de diamante entre las vetas. Un toque de verde, añadido a la pintura usada para las vetas, puede resultar particularmente efectivo.

8 *Barnizar el marmolado*
Cuando esté totalmente satisfecho con el efecto, aplique dos o más capas de barniz de acabado satinado, lijando bien entre cada capa.

Un elegante verde pizarra ▷
Esta chimenea falsa tiene un simple cerco de madera. Se han tratado el cerco y el hogar de madera según las indicaciones previas para lograr un aspecto de mármol verde pizarra.

Imitar carey

El carey de imitación, como el marmolado, no tiene que ser una copia exacta del original. Sin embargo, es una buena idea mirar modelos de carey real antes de empezar a trabajar. La gama de color que se presenta en el material natural es muy extensa, desde un marrón negruzco con beige, a un dorado con sombras amarillas y rojas.

SUPERFICIES PARA PINTAR

Las superficies planas o ligeramente curvadas son en su mayoría las mejores para imitar carey. Esto le permite conseguir una fluidez semejante a la del modelo original. También logrará un efecto más realista ya que el verdadero carey no se usa para curvas exageradas o superficies con grabados complicados.

El carey natural se usaba en cantidades relativamente pequeñas, en entarimados, paneles pequeños, cajas, el dorso de cepillos de pelo y espejos. El acabado falso, por lo tanto, se usa del mismo modo.

Es una forma encantadora de decorar una caja simple; quizás usar para la tapa un carey amarillo y un carey rojizo para el borde y los lados. Los marcos de cuadros y espejos también quedan preciosos si usamos carey. Las mesitas pequeñas también se pueden tratar de esta manera, o puede cubrir la tabla de una mesa grande. Utilice carey para el marco, o mejor, para los paneles de las puertas; no para ambos. Sáquela de las bisagras primero ya que así será más fácil trabajar con ella.

El carey también se puede combinar con otros acabados como un mármol sencillo o una imitación de marfil.

Sin embargo, puede dejar el realismo a un lado y elegir un tratamiento más fuerte. Para ello, elija un mueble inservible —una vieja mesa de comedor o una silla de madera—. Se pueden convertir en el centro de atención de la habitación. No cometa el error de utilizar carey en exceso. Una mesa de comedor de carey con las sillas en negro puede quedar muy elegante; un juego de comedor completo con aparador incluido probablemente le provocará una indigestión.

• Crear el efecto. El patrón del carey debería ir diagonalmente sobre el trabajo, con las bandas de color ligeramente divergentes. Por lo tanto, debería trabajar siempre en diagonal cuando esté fabricando el patrón.

¿No queda llamativo?

Los tonos roble oscuro con las pinturas oleosas en colores tierra son los principales ingredientes de este efecto, que imita el aspecto del carey. Varias capas de barniz crean un efecto profundo, protector y brillante que realza el acabado global.

Pinturas y barnices

Una vez que haya reunido todos los materiales que necesite, la tarea en sí no es difícil.

• Pinturas. Pintura satinada de base oleosa para la capa base y pintura al óleo para el motivo de carey. Los colores que use dependerán del tono final que quiera conseguir; la capa base es normalmente de un color cromo oscuro o amarillo ácido con trazos de pintura oleosa en tonos oscuros: negro, pardo oscuro, rojo indiano, etc.

• Barniz. El acabado depende en gran medida de una apariencia brillante que resulte impactante. No existe nada parecido al carey mate. El barniz coloreado es el medio con el que se crea este efecto, y capas adicionales de barniz claro con brillo le dan esa transparencia brillante tan esencial. Se puede diluir el barniz con aguarrás para que los colores resulten fluidos.

El barniz se seca bastante rápido, por lo que es muy importante trabajar deprisa. Por esta razón, no trabaje en una zona demasiado grande de una vez. Si pretende cubrir un área grande, divídala en paneles. Trabaje en paneles alternos, dejándolos secar antes de empezar con los de en medio.

Preparación

Prepare la superficie con cuidado, rellenando cualquier grieta y lijando bien hasta conseguir una superficie tan suave como sea posible. Aplique una imprimación y luego dé a la superficie una o dos capas de pintura satinada de base oleosa en el color elegido.

Variando el color de la capa base y usando distintos tonos de barniz y pintura al óleo, puede crear una gama de diferentes careys. Experimente el efecto en una tabla antes de empezar a trabajar en serio.

SE NECESITA
Para la capa base
☐ Pintura satinada de base oleosa
☐ Una brocha del tamaño adecuado
Para el acabado
☐ Barniz de brillo en color roble claro y medio
☐ Aguarrás
☐ Pinturas al óleo
☐ Una cazoleta para el barniz
☐ Platos pequeños para la pintura al óleo
☐ Brochas de 2 x 5-10 cm
☐ Pinceles suaves de 2 x 12 mm
☐ Trapos limpios
☐ Láminas de plástico/periódicos

PICADO DE PIEDRA
Se puede aplicar un picado de piedra a las superficies horizontales para abrir el color y darles un aspecto interesante y antiguo.

Moje un pincel en aguarrás y golpéelo contra un listón por encima de la superficie de trabajo húmeda. El efecto tarda unos segundos en hacerse notar, así que no se sobrepase. Golpee ligeramente, deje durante medio minuto y luego repita si es necesario. (Para más detalles véase *Los efectos del picado*, páginas 27-30.)

Carey dorado oscuro

A la mesa del dibujo se le dio un tono de carey dorado oscuro para el acabado. Después de secarse por completo, y antes de barnizarlo con barniz de brillo claro, al borde de la tabla de la mesa se le dieron dos capas de barniz diluido de color oscuro para retener el centro. Los paneles laterales y las patas se oscurecieron de la misma manera. Para la capa base se utilizó pintura satinada de base oleosa de color amarillo cromo. También se necesitó barniz roble medio y pintura al óleo de color negro y pardo oscuro.

1 Aplicar la capa base
Prepare la superficie, aplique una imprimación y dé dos capas de pintura satinada de base oleosa de color amarillo. Deje secar.

2 Aplicar la capa de barniz ▷
Diluya el barniz de color roble medio con aguarrás en una proporción de tres partes de barniz por una de aguarrás. Aplique generosamente sobre la superficie.

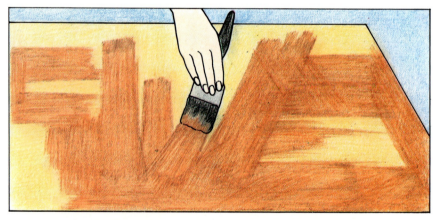

3 Romper la superficie ◁
Inmediatamente después, pase la brocha por el barniz para cubrir la supeficie con bandas diagonales irregulares. Esto produce un fondo irregular, imitando los parches del carey natural. No deje secar.

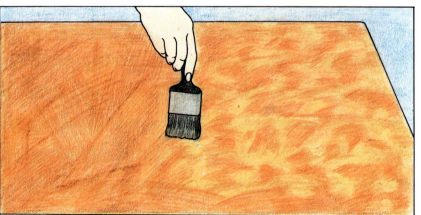

4 *Añadir colores más oscuros* ▷
Diluya la pintura al óleo con un poco de aguarrás. Después, y todavía trabajando en diagonal, añada trazos de color pardo oscuro a la superficie húmeda. Luego añada manchas de negro. También puede añadir toques de barniz roble oscuro sin diluir.

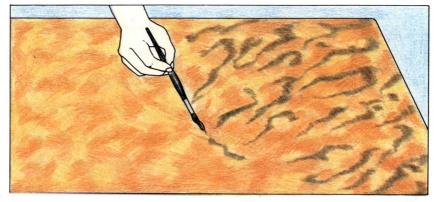

5 *Suavizar el efecto* ◁
Suavice y mezcle las manchas de color con el barniz, pasando con cuidado una brocha limpia y seca sobre la superficie. Trabaje en la misma dirección diagonal que antes. Suavícelo más pasando la brocha verticalmente, trabajando incluso más ligeramente. Luego repita el proceso en diagonal una vez más.

6 *Picar la superficie* ▷
Si quiere romper el diseño puede picar la superficie mientras aún está húmeda. Moje un pincel pequeño y redondo en aguarrás y pique ligeramente la superficie.

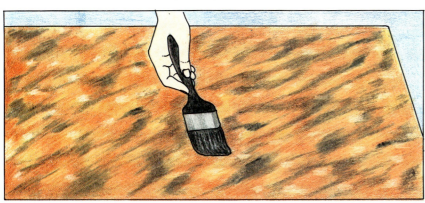

7 *Suavizar el picado* ◁
Use de nuevo una brocha seca para suavizar cualquier línea marcada creada por el picado, trabajando en diagonal como antes. Ahora la superficie ya debería parecerse a la del carey. Si no está satisfecho, añada un poco más de pintura al óleo y suavícelo como antes.

8 *Aplicar el barniz protector* ▷
Cuando el trabajo esté totalmente seco, termine con varias capas de barniz claro con brillo. Cuantas más capas aplique, más lujoso y brillante será el resultado final.

EFECTOS CON PINTURA

37

EFECTO CAREY

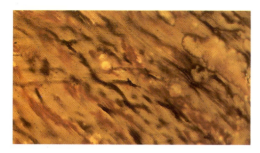

△ *Carey con un toque de rojo*

△ *Técnica de carey verde y azul*

△ *El efecto del carey carmesí y roble*

△ *No se olvide de cómo es el original*

El método para crear carey dorado oscuro se puede adaptar para lograr toda una gama de careys de color natural. Todo lo que tiene que hacer es cambiar los colores usados para la capa base, el barniz y los trazos.

• Tablas de prueba. Es una buena idea probar diferentes efectos primero —particularmente cuando experimente con colores de fantasía— antes de empezar con el trabajo definitivo. Haga una serie de tablas de prueba como las de la izquierda y anote los colores que use para posterior referencia.

Un carey pálido se consigue con barniz roble claro y pintura al óleo de color pardo y amarillo ocre sobre una capa base amarillo pálido. El barniz roble oscuro sobre amarillo brillante o rojo ladrillo con pardo y pintura al óleo le dará careys más ricos y oscuros. La muestra de arriba a la izquierda, está pintada sobre una base de color amarillo canario. Se usó un lavado de barniz de color roble medio, con manchas y trazos rojo pálido y pardo oscuro. El amarillo brillante, asomando por entre los ricos tonos al óleo, crea un efecto cálido y brillante.

• Efectos de fantasía. Además, puede adaptar la técnica del carey para lograr una amplia gama de efectos de fantasía.

Intente imitar carey sobre otros colores que no sean amarillo —un azul brillante o un verde esmeralda—. Con estos colores use un barniz de color roble medio o claro y tonos negro y rojo castaño mezclados a partir de pinturas al óleo bermellón y rojo pálido. Para un efecto aún más inusual, use uno de esos barnices coloreados que están disponibles en unos 40 tonos.

Las dos muestras de la izquierda se han creado de esta manera:

• La muestra azul y verde. Una capa base de gris y azul pálidos, barniz de poliuretano verde lima y pinturas al óleo azul cerúleo, verde viridio y gris Paynes.

• La muestra carmesí y roble. Una capa base de rosa claro cálido, barniz de color roble medio y pintura al óleo carmesí Alazarín, rosa y blanco.

> ### Consejo
>
> **MARCOS DE CAREY**
> Convierta un simple marco de cuadro de madera en algo único y especial dándole un tratamiento de carey. Esto le dará una oportunidad ideal para experimentar y practicar la técnica. Los tonos oscuros quedan bastante bien en los marcos. Puede hacer una serie de marcos en distintos efectos, incluyendo los de fantasía, en vez de las tablas de prueba.
>
> De igual modo puede experimentar con otros objetos pequeños como cepillos de madera para el pelo o pequeñas bandejas.

Un aspecto tradicional ▷
Un aspecto tradicional exige un trabajo muy cuidado; las paredes con un lavado de color, las puertas veteadas, los arquitrabes y cornisas de carey, junto con los objetos decorativos, crean una confusión extravagante en este salón.

Pintar líneas rectas

La única cosa remotamente difícil de pintar es conseguir un borde recto. Por ejemplo, pintar los marcos de las ventanas y las barras de las vidrieras es bastante difícil de hacer con pureza. Pero la pintura debería extenderse al cristal (tanto dentro como fuera) unos 3 mm para sellar la junta entre la masilla y el cristal para que la condensación o la lluvia no puedan colarse entre los dos y pudrir los marcos. Lograr una línea recta sobre el cristal es incluso más difícil de hacer a pulso, especialmente si se es un principiante. El resultado final suelen ser bordes temblorosos que parecen hechos por aficionados.

Surgen problemas similares cuando se pintan las paredes o los techos de distinto color, las rozas o si se quiere cada lado de una puerta de un color para que pegue con los colores de las habitaciones que comunica. Aquí, por lo menos, hay un ángulo marcado entre las superficies —uno interno entre paredes y techos o rozas y uno externo en los bordes de la puerta— pero puede seguir siendo complicado lograr una línea recta de pintura.

Otra zona donde probablemente podría querer pintar líneas rectas, es, si se está siendo creativo, por ejemplo, decorando paredes o muebles con bandas de distintos colores. Aquí, incluso una mano firme puede no ser lo suficientemente buena para lograr los resultados esperados. Necesita un poco de ayuda.

HERRAMIENTAS Y MATERIALES

Hay varias herramientas que hacen que pintar líneas rectas sea más fácil, y también hay un material de incalculable valor.

- Una brocha dentada. Básicamente es una brocha fina que tiene las cerdas cortadas en ángulo en vez de en línea recta. Se usa sobre todo para pintar ángulos internos y se utiliza pasando el borde con las cerdas más largas por el ángulo. Sin embargo, aquí también se necesita un pulso firme, así que, su uso estaría vetado al principiante.

- Placa para pintura. Es una lámina de metal o plástico que se sujeta de forma que el borde marque la línea hasta donde se quiere pintar; al mismo tiempo cubre la superficie que se quiere proteger. Conseguir buenos resultados es cuestión de práctica, ya que es muy fácil pasarse del borde o que la pintura pase por debajo de la placa y escurra por donde no se quería pintar.

La placa para pintura es más útil para trabajos como pintar rozas, ya que protege la alfombra mientras se trabaja.

La ayuda de las bandas
Bandas de blanco sobre paredes azul Wedgwood forman unos llamativos marcos para las ventanas, el cuadro y el tocador.

• Almohadilla para pintura. Diseñada para pintar por el ángulo que se forma entre la pared y el techo, o la pared y las rozas, y que tiene unas pequeñas ruedas guía en uno de los lados. Pase estas ruedas por la superficie que no esté pintando mientras la almohadilla aplica la pintura en la zona que sí se pinta. El resultado será una línea recta siempre y cuando la superficie por la que corran las ruedas lo sea. Si no lo es —que es lo que suele suceder—, la línea de pintura seguirá su contorno y puede parecer un poco ondulada.

• Cinta adhesiva. La ayuda más versátil de todas para el tipo de trabajos descritos antes es la cinta adhesiva; una cinta con poco poder adhesivo usada para cubrir esas superficies que no se quieren pintar. Péguela con un borde a lo largo de la línea donde acaba el color y luego pinte hasta esa línea, dejando que la pintura tape un poco de la cinta adhesiva. Despegue la cinta con cuidado para dejar un borde perfectamente recto.

Si está pintando con colores oscuros y quiere meter un segundo color justo hasta el borde con el primero, pegue la cinta a lo largo del borde de la zona que acaba de pintar (cuando la pintura esté seca) y repita el proceso.

Para usar la cinta adhesiva con éxito, primero asegúrese de que está bien pegada a la superficie que está cubriendo, o la pintura se escurrirá por debajo del borde. Pasar por la cinta un rodillo para juntas antes de empezar a pintar solucionará este problema. Segundo, no deje la cinta pegada durante demasiado tiempo, ni intente quitarla demasiado pronto. Espere hasta que la pintura esté seca al tacto y luego despéguela tirando de ella con un movimiento regular. Tercero, si necesita cubrir una zona recién pintada, espere hasta que la pintura esté seca (una noche para el barniz, cuatro horas para la emulsión) antes de poner la cinta adhesiva. De otro modo, la pintura podría levantarse.

Puede comprar cinta adhesiva de distintos anchos; 25 mm es la más usada. Pero si va a utilizar una pistola de pintura para pintar secciones de color, o si va a pintar una pared con un rodillo, que emiten una fina lluvia de pintura, use cintas más anchas para proteger las zonas adyacentes.

• Dispensador. También disponible en el mercado. Hay un dispensador manual que aplica una tira de papel marrón sobre la superficie que se está cubriendo, pegándose automáticamente con cinta adhesiva normal a medida que se pasa el dispensador por la superficie (véase *Consejo*, página 42).

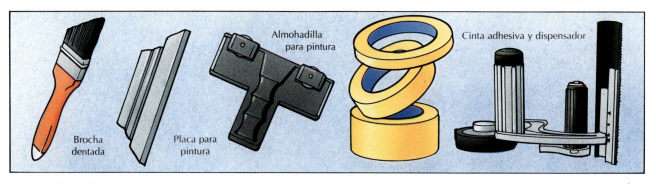

Brocha dentada · Placa para pintura · Almohadilla para pintura · Cinta adhesiva y dispensador

SE NECESITA
☐ Equipo de pintura
☐ Una brocha dentada (opcional)
☐ Cinta adhesiva, un rodillo para juntas y una cuchilla afilada
☐ Una placa para pintura o
☐ Una almohadilla especial para pintura con ruedas guía

CUBRIR LAS VENTANAS
Cuando aplique la capa final a los marcos de las ventanas asegúrese de que la pintura se extiende unos cuantos milímetros por el cristal. Esto asegura que la masilla está completamente sellada y a prueba de agua. Pegue cinta adhesiva en el cristal, ligeramente separada de la madera, para facilitar el trabajo y obtener un acabado perfecto.

1 *Preparar la superficie*
Empiece por lavar bien la pintura, usando un fungicida o lejía casera diluida (una parte por cuatro de agua) para eliminar el moho. Lije con papel abrasivo fino impermeable, usándolo húmedo, para preparar las superficies para la nueva pintura. Aclare y deje secar. Finalmente limpie los cristales.

2 *Pegar el primer trozo de cinta adhesiva* ▷
Corte un trozo de cinta adhesiva un poco más largo que el ancho del cristal y péguelo a éste paralelo al borde superior, a unos 2 ó 3 mm del ángulo. Presiónelo con la mano y use un cortatramas para cortar los bordes de la cinta y que sea 2 ó 3 mm más corta por cada lado que el ancho del cristal. Luego levante un extremo de la cinta unos 40 mm.

3 *Añadir el siguiente tramo*
Aplique el segundo tramo de cinta sobre uno de los bordes laterales del cristal, solapándolo bajo el extremo despegado del primer tramo. Presione y corte como antes.

Aplique el tercer tramo sobre el borde inferior del cristal de forma que el extremo se solape bajo el final del segundo tramo. Corte el borde limpiamente como antes.

4 *Terminar con la cinta adhesiva* ◁
Finalmente, pegue el cuarto tramo de cinta en su lugar y córtelo como antes. Luego, pegue el extremo levantado del primer tramo sobre el extremo pegado del cuarto tramo. La razón para pegar la cinta con esta secuencia es que hace mucho más fácil despegar la cinta una vez que se ha terminado de pintar (véase el paso 6).

Repita el proceso para los siguientes cristales.

5 *Pintar el marco de la ventana*
Compruebe que los extremos de la cinta estén firmemente pegados al cristal. Luego empiece a pintar usando una brocha estrecha normal o una brocha dentada. Primero pinte cada borde pegado con cinta adhesiva y luego pinte el resto de la barra central o el marco más próximo antes de pasar a la siguiente sección. No aplique la pintura demasiado espesa y extiéndala bien (a menos que use pintura en gel) o se formarán desagradables surcos.

6 *Quitar la cinta adhesiva* ▷
Cuando haya acabado, deje la pintura hasta que esté seca al tacto (al menos 4 horas para la pintura con brillo; 2 horas para la satinada). Luego use la punta de un cortatramas para levantar el último extremo de la cinta que se pegó. Hágalo con cuidado de no estropear la pintura que aún no esté completamente seca. Una vez que lo haya levantado lo suficiente, quite la cinta tirando del extremo hacia el centro del cristal.

Según se acerque a las esquinas, los solapamientos que formó levantarán los tramos siguientes limpiamente. Sólo hay que cambiar el ángulo de movimiento para que siempre tire de la cinta en ángulo hacia el centro del cristal.

Pintar las puertas

Si va a pintar los dos lados de una puerta de distinto color, se encontrará con dos largos bordes donde el color cambia. Esto significa que tendrá que tener un cuidado especial cuando la pinte.

1 *Decidir qué colores usar* ▷
La convención es pintar el borde de apertura de la puerta (el más cercano al picaporte) del mismo color que el lado que se abre hacia la habitación, y el borde de las bisagras del color del otro lado. Con esto, al abrir la puerta, el borde visible y el lado coincidirán en cada habitación.

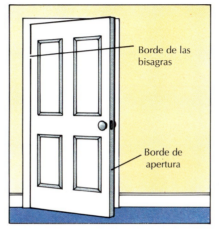

2 *Preparar la puerta*
Empiece por dejar la puerta abierta. Desatornille siempre el pomo o cualquier objeto similar; se convierte en una pérdida de tiempo y resulta complicado pintar a su alrededor, y normalmente se acaba cayendo pintura sobre los pomos, sin importar el cuidado que se tenga. Luego limpie la pintura existente como para las ventanas, lave, lije suavemente, aclare y deje secar.

3 *Pintar el borde de la puerta* ◁
No es necesario cubrir con cinta adhesiva un ángulo externo como el del borde de la puerta antes de empezar a pintar; este ángulo tan marcado sirve de guía siempre y cuando se aplique la pintura correctamente. Mueva siempre la brocha por la superficie hacia el borde donde la pintura cambia de color, aplicando muy poca presión cuando las cerdas lleguen a este punto. Luego deje que las cerdas pasen del borde y aplique la pintura de forma normal con un suave brochazo final paralelo al borde. Si pasa una brocha cargada por la esquina, saldrá una gruesa capa de pintura de las cerdas y el resultado serán unas desagradables gotas y unos pegotes de pintura.

4 *Pintar el lateral de la puerta*
Pinte primero un borde de la puerta y luego su lado correspondiente. Espere a que el primer color esté seco al tacto antes de cambiar de color y de pintar el otro lado y su borde (si fuese necesario). Mantenga a los niños y a las mascotas lejos hasta que la pintura esté completamente seca.

A continuación, vuelva a poner el pomo de la puerta, usando tornillos nuevos si los antiguos están deformados. Deje la puerta entreabierta toda la noche, o de otro modo, la pintura que aún no esté seca puede pegarse al marco y arruinar el acabado.

Pintar las rozas

Si las paredes están pintadas (mejor que empapeladas) es una buena idea cubrir con cinta aislante la pared cuando pinte las rozas. Además, si tiene madera pulida, suelos de vinilo o alfombras que no se pueden levantar, también debería protegerlos.

1 *Cubrir la pared*
Cubra la junta entre las rozas y las paredes pegando cinta adhesiva en la superficie de la pared antes de empezar a pintar. Por supuesto, si las está pintando antes de empapelar, esto no será necesario; simplemente aplique la pintura unos 12 mm sobre la superficie de la pared de forma que algún extremo irregular del papel deje entrever una zona de yeso desnuda.

2 *Cubrir el suelo*
Use cinta adhesiva a lo largo del ángulo entre las rozas y el suelo si tiene un solado resistente —vinilo, corcho, contrachapado o similar—. Si tiene alfombra es mejor usar una placa para pintura para apartar las fibras de las rozas mientras las pinta. Mueva la placa a medida que complete cada sección. Tiras de cartón fino insertadas bajo las rozas servirán igual, y puede dejarlas en esa posición hasta que acabe, para evitar que las fibras se peguen a la pintura fresca. Otra solución es comprar placas especiales para alfombras, que se pueden colocar de la misma forma que las placas para pintura y también se pueden dejar hasta que la pintura esté seca.

Pintar diseños

La cinta adhesiva es el perfecto aliado para pintar bandas de color o crear diseños geométricos en las paredes o los muebles. No olvide que la cinta adhesiva puede levantar la pintura recientemente aplicada si se usa para pintar un segundo color antes de que el primero esté totalmente seco. Esto significa esperar toda la noche para la pintura con brillo y por lo menos 4 horas para la emulsión. Use tiza, un listón y una escuadra para transferir los diseños que quiera a las paredes.

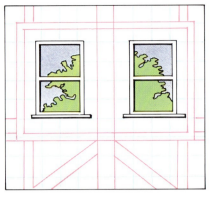
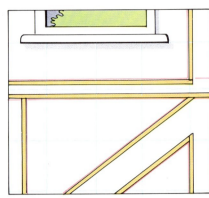

1 Planificar el diseño
Planifique su diseño sobre un papel primero, a menos que sea muy simple. Es mejor usar papel cuadriculado de forma que pueda aumentar la escala del plano para cubrir la superficie que quiera decorar. Para una sencilla banda de color o una figura simple puede aplicar cinta adhesiva y pasar el diseño directamente a la pared.

2 Transferir el diseño a la pared △
Con el diseño sobre papel cuadriculado, decida cuánto necesita agrandarlo y dibuje una cuadrícula en la pared. Si el diseño final tiene que ser diez veces más grande que el original dibujado en el papel cuadriculado de 1 cm², entonces cada cuadro será de 10 cm². Transfiera el diseño a la pared cuadro a cuadro.

3 Aplicar las primeras tiras de cinta adhesiva △
Piense en que orden aplicará las bandas y las zonas de color. Recuerde que hay que esperar a que una zona esté seca para pegar cinta adhesiva sobre ella y pintar la zona adyacente. Aplique el primer lote de cinta adhesiva, alineando su borde con el diseño, y empiece a pintar.

4 Quitar la cinta ▷
Cuando haya terminado de pintar todas las zonas de un mismo color espere a que la pintura esté seca al tacto y quite la cinta tirando de ella, teniendo cuidado con la zona recién pintada. A menos que se trabaje con emulsión de pintura, es mejor esperar hasta la mañana siguiente antes de aplicar más cinta adhesiva sobre la pintura fresca y seguir con el diseño.

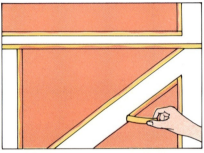

5 Repetir el proceso
Siga aplicando cinta adhesiva, pintando y dejando secar la pintura y después quite la cinta de todo el diseño. Elimine cualquier marca de tiza.

Rayas sorprendentes ▽
Rayas cortas y anchas alrededor del borde de la pared de una chimenea forman un diseño simple pero muy efectivo.

Consejo

Pintura en spray. La cinta adhesiva normal es adecuada para los trabajos de pintura, pero si va a usar una pistola a presión para un acabado rápido y de calidad, necesitará una cinta adhesiva más ancha para evitar que las gotas de pintura lleguen donde no deben. Puede evitar esto pegando tiras de papel de periódico o polietileno con cinta adhesiva, pero esto es muy delicado. La respuesta es un dispensador llamado «Paper Taper», que automáticamente aplica una tira de papel marrón (de 150 a 300 mm de ancho) a la superficie que quiere cubrir y lo pega con cinta adhesiva a la vez que usted lo mueve a lo largo de la pared o la puerta.

Usar estarcidos ya preparados

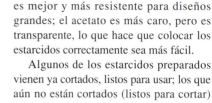

Un estarcido es esencialmente una plantilla decorativa a través de la cual la pintura se extiende por la superficie de debajo. Se puede usar para añadir la cantidad de diseño que se quiera; un borde simple de un solo color, por ejemplo, o un diseño global más complicado de varios colores. El verdadero encanto del estarcido es el aspecto simple de algo hecho a mano, así que no se preocupe si comete algún fallo.

Los estarcidos ya preparados están disponibles en sencillos estilos populares con pájaros y motivos florales. También puede crear sus propios estarcidos para complementar el mobiliario ya existente.

• Comprar estarcidos. La mayoría de los estarcidos están hechos de cartón para estarcidos o láminas de acetato. El cartón es mejor y más resistente para diseños grandes; el acetato es más caro, pero es transparente, lo que hace que colocar los estarcidos correctamente sea más fácil.

Algunos de los estarcidos preparados vienen ya cortados, listos para usar; los que aún no están cortados (listos para cortar) son más baratos pero menos convenientes. Se pueden pedir a proveedores especializados y también se encuentran en algunas tiendas de manualidades y bricolaje.

• El fondo. Casi cualquier superficie sirve, siempre y cuando esté limpia, suave y en buen estado; evite las superficies irregulares ya que la pintura tiende a escurrirse.

Si pinta paredes para estarcirlas, use emulsión de pintura. Use pintura de base oleosa con un ligero brillo, como la pintura satinada, sobre madera; la de brillo no es una buena base para pintura nueva.

• Gamas de color. Ensaye varias alternativas en un trozo de papel primero. Luego pinte un estarcido de prueba y fíjelo con cinta adhesiva a la superficie que vaya a estarcir para ver si el efecto funciona.

PINTURAS Y BROCHAS

• Pintura. Las mejores pinturas para estarcir son las de base acuosa. Se secan rápido, por lo que se puede trabajar más deprisa.

Las pinturas acrílicas de base acuosa son ideales y vienen en una amplia gama de colores. La emulsión de pintura normal es casi tan buena como éstas. Un cuenco de prueba debería ser suficiente para un pequeño trabajo de estarcido.

La pintura satinada de base oleosa es la más adecuada para estarcir sobre madera pero tarda más tiempo en secar.

Una brocha para estarcir, con cerdas duras cortadas en recto, le da un acabado atractivo suavemente punteado. Una buena alternativa es un pincel de cerdas de jabalí con el extremo despuntado.

Compre una brocha para cada color que vaya a estarcir: brochas pequeñas para diseños pequeños y brochas más grandes para diseños grandes.

El barniz claro de poliuretano protege los estarcidos en objetos de madera y suelos. Necesitará dos capas de barniz para los muebles y cinco para los suelos. Un acabado satinado sirve en la mayoría de los casos.

Brocha para estarcir

Un aspecto coordinado
Se ha usado un único motivo para decorar las paredes y los muebles.

ESTARCIR CENEFAS

Un estarcido se puede usar para añadir decoración de la misma manera que una cenefa de papel.

Para medir y marcar un diseño de cenefa horizontal, siga estos pasos. Esté preparado, sin embargo, para hacer ajustes visuales: pocas paredes son absolutamente regulares y raramente las esquinas son ángulos rectos.

1 *Marcar una línea vertical* ▷
Use una plomada y un lápiz para marcar una línea vertical en la pared, justo por debajo del techo o por encima del marco de los cuadros o de las rozas, dependiendo de la posición en que quiera la cenefa.

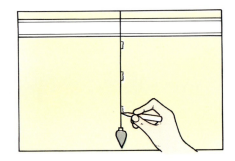

2 *Marcar una línea horizontal* ▷
Usando el ángulo del techo, del marco de los cuadros o de las rozas como base, mida la línea vertical y marque con tiza o lápiz el punto en el que colocará el borde superior del estarcido. Si la cenefa va a estar a la altura del techo, la parte superior del estarcido debería estar unos milímetros por debajo de éste para dar cabida a cualquier alteración. Si va a estar a la altura de las rozas o del marco de los cuadros, la parte inferior del estarcido debería quedar unos milímetros por encima de ellos por la misma razón.

Coloque un cartabón o una regla en T en este punto y marque una guía horizontal en ángulo recto con la línea vertical. Use una regla metálica para continuar la línea por la pared alrededor de la habitación.

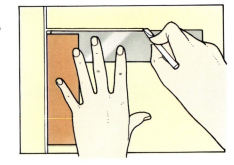

MARCAR LA POSICIÓN DE LOS ESTARCIDOS

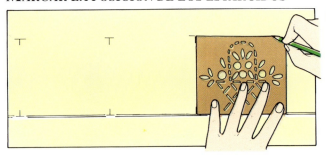

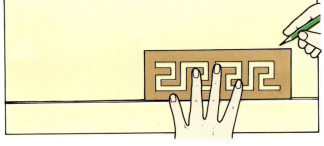

Un diseño con un motivo regular △
Un motivo regular queda mejor si se separa a intervalos regulares. Mida la longitud de cada pared y divídala por el largo del estarcido para sacar el número de motivos completos que encajarán en la pared.

Dibuje en papel cuadriculado cómo encajará el diseño del estarcido en la pared, teniendo en cuenta cualquier espacio entre los motivos. Luego marque la posición de los dibujos a lo largo de la guía horizontal pintando con lápiz las esquinas de cada estarcido. Trabaje desde el centro de la pared en ambas direcciones para distribuir los dibujos regularmente.

Un patrón continuo △
Con un patrón continuo, como el de los motivos griegos del dibujo, marque ligeramente con lápiz en la pared la primera y la última de las zonas recortadas de la plantilla. Trabajando en la dirección de las agujas del reloj alrededor de la habitación, mueva el estarcido de forma que coincidan la última marca de la pared con la primera zona recortada de la plantilla. Marque ahora la última zona recortada de la plantilla y continúe alrededor de la pared.

Si va a usar dos o más colores, también necesitará marcar con lápiz las esquinas del primer estarcido como referencia para los siguientes.

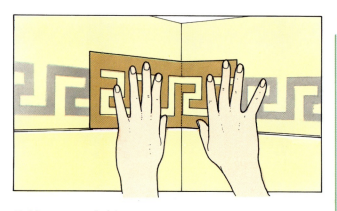

Doblar una esquina △
Con un patrón continuo, es probable que necesite estarcir las esquinas. Puntee ligeramente la plantilla a lo largo de una guía horizontal con la parte de atrás de la hoja de un escalpelo; luego dóblelo suavemente por la línea punteada. Pinte los estarcidos de las esquinas en último lugar, pero marque con lápiz la posición de cada uno antes de continuar por la pared.

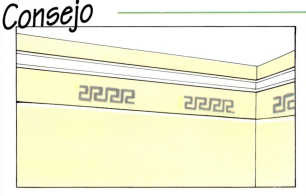

Consejo

PINTAR UNA CENEFA DE ESTARCIDOS
Al mismo tiempo que trabaja a lo largo de la guía, asegúrese de no poner nunca el estarcido sobre la pintura fresca. Para evitar que la pintura se corra, pinte los estarcidos alternativamente y rellene los huecos después, cuando la pintura se haya secado por completo.

Lavado y sombreado de color

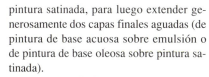

El lavado y el sombreado de color son las técnicas de pintura más sencillas que emplean los decoradores profesionales. Son relativamente fáciles de aplicar (el lavado es más fácil que el sombreado) y dan efectos variados y muy distintos a las marcas (más definidas) que se consiguen con el esponjado o el trapeado.

El lavado de color presenta un acabado informal y acogedor. Use una emulsión de pintura aguada sobre una base de emulsión para un acabado de temple antiguo pero sin sus inconvenientes. (El temple no tiene un acabado lavable y se tiene que eliminar antes de volver a decorar. También tiende a quitarse si se frota la pared.) La capa base debería ser blanca o casi blanca, y usar un tono más oscuro para lavar sobre ella. Para un acabado más sofisticado use pintura satinada para la base y lave sobre una barniz de base oleosa para dar más brillo. De nuevo, el barniz se tiñe de un tono más oscuro que la capa base.

La técnica en cada caso es la misma: se le da a la pared una capa de emulsión o de pintura satinada, para luego extender generosamente dos capas finales aguadas (de pintura de base acuosa sobre emulsión o de pintura de base oleosa sobre pintura satinada).

El sombreado de color es una técnica más precisa. Se aplican bandas de barniz coloreado sobre la capa base y luego con cuidado se puntea para conseguir un efecto graduado. Lo normal es empezar con el color más oscuro a la altura de las rozas y acabar con el tono más pálido al llegar al techo, dándole a la habitación un aire de amplitud y frescor. Sin embargo, puede invertir el proceso si quiere disimular la excesiva altura de una pared.

También puede dar énfasis al centro de la pared sombreándola desde el centro con tonos claros hacia el exterior con tonos más oscuros. El sombreado es también una técnica muy popular para decorar las puertas paneladas de la casa y los muebles de la cocina.

ELEGIR LOS COLORES

Ya que el propósito del sombreado es crear un efecto antiguo, suave y artificialmente desgastado, es mejor elegir colores suaves y pasteles, dando la impresión de haber usado tonos más fuertes que se han decolorado. Por ejemplo, melocotón, aguamarina, verde manzana, amarillo suave o rosa pálido para las paredes, tonos que reflejan los bellos colores de la naturaleza.

Aplique la capa final sobre una base blanca para un efecto translúcido, o una versión más pálida del mismo color para un efecto más rico.

Si está sombreando puede usar tonos más fuertes, aunque no queda bien usar una gran variedad de tonos y sombras en una habitación muy pequeña. Si está sombreando las paredes en distintos tonos del mismo color, consulte las tablas del fabricante sobre mezclas especiales para sacar posibles ideas. Estas gamas añaden distintas cantidades de tinte a unos cuantos colores básicos para producir colores similares en tonalidades diferentes. Para sombrear con dos tonos distintos, es importante elegir dos colores que peguen (café y crema, azul y lila, etc.)

Un toque cálido
Añada suavidad a las paredes simples con un lavado de melocotón sobre un fondo crema. La suavidad conseguida da un aspecto cálido a una habitación que de otra manera resultaría formal.
Las paredes muy sencillas resaltan perfectamente la chimenea y los cuadros.

Preparación

Para cualquier acabado, siempre se deben preparar con cuidado las paredes —en especial si se pretende usar una pintura con un acabado de brillo como la pintura satinada, que resalta cualquier imperfección—. Pero, una de las ventajas de una técnica rústica como el lavado de color es que la superficie no tiene que estar del todo lisa.

El sombreado de color requiere atención, y es importante que la capa base sea regular, para que los parches de las paredes no absorban las bandas de barniz irregularmente, formando trozos más oscuros.

Retire siempre el papel viejo antes de poner en práctica cualquiera de estas técnicas, llene las grietas y líjelas de manera normal (véase *Preparar las paredes*). Ponga papel de tela si fuera necesario.

Si vuelve a decorar las paredes que ya tienen un acabado de base oleosa, por ejemplo de pintura satinada o con brillo, líjelas un poco para prepararlas para la siguiente capa. Lave y aclare las paredes pintadas.

Si las paredes están desconchadas, raspe bien la pintura levantada. Termine con una capa de imprimación estabilizadora para conseguir una superficie porosa regular. Use también una imprimación estabilizadora si ha lavado cualquier temple.

Herramientas y equipo

• **Lavado de color.** Además de pintura, brochas y rodillos o almohadillas para aplicar la capa base, las únicas herramientas y materiales que necesitará son una brocha ancha para paredes (100 mm), una cazoleta para pintura y el barniz o el lavado. Para un lavado de color mate necesitará emulsión de pintura diluida con agua, y para un barniz satinado tendrá que mezclar el barniz a partir de un 50% de pintura satinada, un 20% de aguarrás y un 30% de barniz oleoso (véase *Efectos especiales con pintura*). Para un acabado más translúcido, use una mezcla de un 30% de pintura satinada, un 30% de aguarrás, un 30% de barniz y un 10% de barniz de acabado mate.

• **Sombreado de color.** Para el sombreado de color necesitará mezclar varias tandas de pintura (4 ó 5), así que use varias cazoletas para pintura y jarras vacías para mezclar el barniz. El barniz debe estar hecho a partir de un 70% de barniz oleoso, un 20% de pintura satinada y un 10% de aguarrás. Los tonos de pintura se mezclan primero. Para sombrear de un color oscuro a uno claro, añada cantidades progresivas de pintura satinada blanca.

También necesitará un rodillo de pintura, una bandeja para aplicar las sombras y una brocha de puntear para borrar los bordes.

Mezclar un lavado de color

• **Usar emulsión.** Vierta un poco de emulsión en una cazoleta para pintura y dilúyalo con agua siguiendo las instrucciones del fabricante (lo normal son una parte de agua por cuatro de pintura) y remueva bien.

• **Usar un barniz.** Aunque el barniz usado para el lavado de color es menos espeso que la receta normal usada para el sombreado de color y otras técnicas decorativas como el trapeado de rodillo y el punteado, el método empleado para mezclar el barniz es el mismo: mezcle la pintura y el barniz oleoso, remueva bien con un palo limpio y luego añada la cantidad apropiada de aguarrás para diluir el barniz lo suficiente como para que resulte fácil trabajar con él.

SE NECESITA
Para la capa base
☐ Pintura para la capa base (emulsión o satinada)
☐ Una brocha para bordes
☐ Un rodillo y una bandeja para pintura
☐ Líquido detergente y agua templada para limpiar las brochas y los rodillos después de usar la emulsión, o aguarrás para limpiar después de usar pintura satinada (y barniz de base oleosa)

Para el lavado de color
☐ Un barniz a partir de un 50% de pintura satinada, un 20% de aguarrás y un 30% de barniz de base oleosa (para usar sobre pintura satinada, véase arriba)

o

☐ Emulsión de pintura aguada (para usar sobre una base de emulsión)
☐ Una brocha para pared de 100 mm
☐ Una cazoleta para pintura

Para el sombreado de color
☐ Varias tandas de barniz hecho con un 70% de barniz oleoso, un 20% de pintura satinada y un 10% de aguarrás
☐ Jarras vacías para mezclar colores
☐ Cazoletas para pintura para mezclar el barniz
☐ Un rodillo y una bandeja
☐ Una brocha para puntear
☐ Aguarrás y muchos trapos

El lavado de color en las paredes

1 Aplicar la capa base △
Aplique una o dos capas base de pintura blanca o ligeramente coloreada (puede usar tanto emulsión como pintura satinada) dejando secar entre capas si aplica más de una. Como las paredes no tienen que estar pintadas con perfecta regularidad, una capa de pintura suele ser suficiente en la mayoría de los casos. Trabaje la pintura cuidadosamente en todas las direcciones usando trazos diagonales como en el dibujo.

2 Aplicar el primer lavado △
Moje la brocha en emulsión aguada o barniz mezclado y pinte la pared con movimientos irregulares, trabajando rápido para evitar que la pintura gotee o se corra. Si se empiezan a formar gotas y churretes, trabájelos rápidamente antes de que empiecen a secarse. Deje parte del fondo sin cubrir pero tenga cuidado de suavizar cualquier línea bien definida. Deje secar la emulsión durante 4 horas y el barniz durante al menos 12 horas.

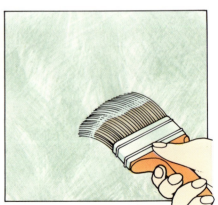

3 Aplicar el segundo lavado △
Repita el proceso sobre el lavado previo para cubrir la capa base de nuevo. Deje secar como antes.

4 Acabado protector
Si quiere una superficie resistente, acabe con una capa de barniz de poliuretano satinado o mate (añada una gota de pintura satinada blanca para evitar que amarillee).

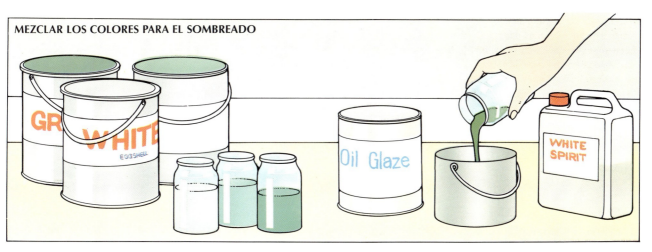

MEZCLAR LOS COLORES PARA EL SOMBREADO

1 *Mezclar los colores* △
Mezcle dos tonos de pintura satinada para conseguir el número deseado de tonalidades. Es una buena idea utilizar tarros de mermelada vacíos o jarras de café, de forma que pueda ver los colores y comprobar que están bien mezclados. Los cuatro o cinco tarros que mezcle deben estar regularmente degradados. También puede utilizar pintura satinada coloreada y blanca.

2 *Mezclar el barniz* △
En las cazoletas para pintura, mezcle el barniz oleoso con aguarrás, asegurándose de que todas las mezclas tienen las mismas proporciones. Luego añada la pintura mezclada al barniz para conseguir una mezcla de un 70% de barniz oleoso, un 20% de pintura y un 10% de aguarrás. Remueva bien para asegurarse de que todos los ingredientes se mezclan.

• Nota: Cuanto más aguarrás añada, antes se secará la pintura, así que cíñase a la receta ya que los bordes de las bandas de color desaparecerán con más dificultad si la pintura se seca demasiado rápido.

EL SOMBREADO DE COLOR EN LAS PAREDES

1 *Aplicar la capa base*
Aplique una o dos capas de pintura satinada del tono más suave como capa base, dejando mucho tiempo para que la pintura se seque (consulte las instrucciones del fabricante en la lata). Es esencial conseguir un acabado regular, así que en la mayoría de los casos se necesitarán dos capas.

2 *Marcar las bandas*
Decida el ancho de las bandas de color. La anchura dependerá de la altura de la pared y el número de colores. Por ejemplo, en una pared de 3 m, con cuatro tonalidades de color, cada banda debería medir 75 cm de ancho. Use un lápiz para marcar una fina línea en la pared para definir las bandas de color, para tener una guía de su anchura cuando empiece a aplicar los colores.

3 *Aplicar la primera banda* △
Vierta la tanda de barniz más oscura en la base de la bandeja para el rodillo y pinte una banda horizontal a lo largo de la pared por encima de las rozas. (Esto es para paredes sombreadas de oscuro a claro, de abajo a arriba. Para otros efectos empiece con el tono más oscuro en la parte superior de la pared o alrededor de ésta, como prefiera.)

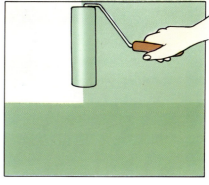

4 *Aplicar la siguiente banda de color* △
Limpie el rodillo y la bandeja y vierta el segundo color en ésta. Aplique la segunda banda por encima de la primera, de manera que los bordes coincidan. Aplique los colores en una rápida sucesión, de forma que la primera capa no tenga tiempo de secarse.

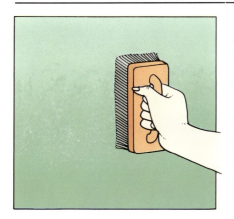

5 *Suavizar el efecto* ◁
Con la brocha para puntear, puntee cada banda de arriba a abajo, moviendo la brocha suavemente arriba y abajo para conseguir el efecto deseado. Limpie la brocha con frecuencia usando trapos limpios, sin pelusas, para evitar que el barniz se apelmace en las cerdas. Puntee con cuidado sobre las juntas de las bandas para extender el color y difuminar los bordes donde éstas se unen. Limpie la brocha entre banda y banda usando aguarrás o similar.

6 *Repetir la técnica*
Aplique la siguiente capa y siga repitiendo hasta llegar al techo. Es importante trabajar rápido y estar relajado para conseguir un acabado tan suave y regular como sea posible. Recuerde que siempre puede repetir toda la operación si no está totalmente satisfecho con el resultado.

TÉRMINOS USUALES EN PINTURA

- **Barniz**
El barniz tradicional es casi transparente, brillante, se tiñe del color adecuado y se diluye con aguarrás. Seca con lentitud, por lo que tendrá tiempo suficiente para trabajar en el acabado, y afianza los patrones decorativos definitivamente.

- **Efecto *trompe l'oeil***
Término francés usado para describir un dibujo que engaña al ojo.

- **Esponjado**
Técnica que consiste en hacer manchas en una superficie valiéndose de una esponja natural previamente sumergida en pintura.

- **Fosilizado o picado de piedra**
Es una técnica que emplea pequeños puntos de color para producir un aspecto salpicado. El efecto se suaviza con un disolvente, y se lleva a cabo mejor sobre superficies horizontales que evitan el goteo de la pintura. Los puristas tienen piedrecitas y trozos de roca a su lado mientras trabajan para reproducir su apariencia, pero el fosilizado también se puede realizar en tonos pastel para lograr un acabado de fantasía.

- **Imprimación**
Consiste en pasar por la superficie a pintar una capa selladora.

- **Latigueado**
Es una variante del picado que combina trazos y puntos, ideal para cubrir superficies rápidamente. Permite cargar la brocha con más pintura y ser menos preciso.

- **Lavado de color**
Se hace utilizando una emulsión de pintura aguada sobre una base de emulsión. La técnica consiste en darle a la pared una capa de emulsión o de pintura satinada, para luego extender generosamente dos capas finales aguadas (de pintura de base acuosa sobre emulsión o de pintura de base oleosa sobre pintura satinada).

- **Marmolado**
Es una técnica de pintura que imita al mármol. Debe ser utilizada con moderación, ya que un efecto tenue siempre es mejor que uno recargado. También es necesario prestar atención a la forma que tienen las vetas del mármol que se quiera imitar, ya que así se conseguirá un mayor realismo.

- **Pintar con spray**
Se puede utilizar de diversas maneras, pero siempre debe tenerse en cuenta que lo que produce es un punteado. Para utilizarlo, se cubre con cinta adhesiva la superficie que no se quiera pintar y luego se aplica la pintura respetando la distancia de rociado que aconseje el fabricante.

- **Pintar porcelana**
Tanto la porcelana como el cristal que se quieran pintar deben estar limpios y sin grasa; así que antes de aplicar la pintura lave, aclare y seque las piezas y después límpielas con aguarrás.

- **Pintura rugosa**
Está indicada para paredes y techos. Su acabado rugoso disimula las imperfecciones de la pared. Es muy difícil de lavar o quitar.

- **Pintura de base acuosa**
Estas pinturas, llamadas también emulsiones, incluyen materiales como el acrílico y el vinilo. Son con los que se trabaja más fácilmente: no se necesita capa de apresto, son fáciles de aplicar, se secan rápido y las herramientas se pueden limpiar en agua. La mayoría de las emulsiones son lavables.

- **Pinturas de base oleosa**
Son pinturas que necesitan una cuidadosa aplicación y en su mayoría deben limpiarse con aguarrás (o un disolvente similar). Tardan mucho tiempo en secar y en superficies desnudas es esencial aplicar una imprimación y una capa de apresto. Son más caras pero mucho más resistentes que las emulsiones. Se pueden fregar y aguantan bien la humedad y la condensación, por lo que son ideales para cocinas y baños.

TOQUES DE COLOR
Paredes y madera

«La decoración con pintura, una gratificante forma de renovar su hogar»

«Los motivos más originales con las técnicas más sencillas»

PINCELADAS DE COLOR

A través de esta práctica guía podrá encontrar las fórmulas para crear usted mismo los acabados de sus muebles, el diseño innovador para empapelar sus paredes, la forma de alicatar su cuarto de baño...

Para poder crear efectos de pintura en madera es necesario preparar previamente la superficie. El veteado o el peinado son dos formas de tratar la madera que darán a sus muebles un aspecto elegante y original. Con los estarcidos podrá recrear el motivo que más se ajuste a sus preferencias, con el color que usted desee o como complemento de otra parte de la habitación; no hay límites para desarrollar la imaginación e inventar. En cada sección encontrará una lista detallada de todos los materiales y herramientas que necesita, que podrá encontrar en cualquier tienda especializada.

El empapelado se presenta a veces como una solución económica y práctica para disimular los defectos de una pared o dar un toque de colorido en una habitación donde la pintura le ofrecería un campo mucho más limitado.

La decoración de los techos y las cornisas es una de las tareas más difíciles, que debe desarrollar con especial cuidado. Otra de las opciones que tiene a su alcance es el empapelado con tela, que le proporcionará calidez y suavidaz a un ambiente.

El alicatado, sin embargo, es más recomendable en otro tipo de superficies y habitaciones, como el baño o la cocina, para hacerlo de forma correcta debe seguir cuidadosamente una serie de consejos e indicaciones.

Todo ello aparece descrito a continuación con una gran sencillez y lujo de detalles, para que pueda convertir su hogar en el lugar acogedor y cómodo que siempre soñó.

Los efectos de la pintura en madera

La mayoría de los acabados rotos que se aplican a las paredes se pueden usar con igual, si no mayor, éxito en la carpintería y los muebles. Dos técnicas de pintura que favorecen particularmente a la madera son el veteado y el peinado. Ambos añaden una profundidad y una textura interesantes y merece la pena el esfuerzo que conllevan.

El veteado

Este suave efecto de vetas en la madera con finas líneas gradadas se consigue pasando una brocha de cerdas largas por barniz húmedo para revelar parte del color más pálido de la capa base de debajo.

Éste es uno de los efectos con pintura más difícil de hacer bien en una superficie grande, ya que requiere un buen pulso. Así que, aunque pueda producir unos elegantes resultados en las paredes, es una buena idea dominar la técnica primero en superficies más pequeñas como muebles, espejos o marcos de cuadros.

El veteado también queda bien en la carpintería, especialmente cuando se combina con otros tratamientos de pintura en las paredes (como el esponjado o el trapeado), pero es demasiado delicado para ser efectivo en los suelos.

Las brochas adecuadas para el veteado, hechas de cerdas largas y flexibles, son las más fáciles de usar y dan un acabado muy profesional, pero son muy caras.

Para la carpintería y los muebles, puede sustituirlas por una pequeña brocha ovalada para barniz o una brocha normal para pintura y lograr muy buenos resultados. Una brocha de 100 ó 125 mm, una brocha grande para empapelar o una brocha de pintor para limpiar el polvo también se pueden usar para vetear las paredes.

El peinado

Es similar al veteado pero más llamativo y tosco, y más fácil de manejar por un principiante. En este caso, un objeto duro y con forma de peine se pasa por la pintura mojada para hacer líneas regulares verticales o diagonales, o un diseño como de ondas y olas. El tamaño y la escala del diseño viene determinado por el tamaño, la separación entre las púas y hasta cierto punto por el material del peine.

Las fuertes líneas creadas por el peine hacen de ésta una excelente técnica para grandes zonas pintadas como los suelos. Quizás porque carece de delicadeza, raramente se usa el peinado en los muebles y la carpintería, aunque puede ser muy efectivo si se usa con convicción.

La elección de las herramientas es muy amplia. Se pueden encontrar peines ya hechos de acero y goma de varios tamaños y formas, y son relativamente baratos. Si le resulta difícil encontrarlos hay otras alternativas. Un peine para pelo rizado puede servir o puede fabricarse su propio peine con un material rígido adecuado.

Gamas de color

Para que destaque, el veteado o el peinado deben ser más oscuros que el color base; bien un tono más oscuro del color base, bien un tono más oscuro que el blanco o el crema. Es mejor elegir un color más fuerte que el que necesita para la capa final, ya que el resultado suele ser más pálido.

Textura peinada
Los peines especiales de acero se usan a veces para enfatizar las vetas de la madera. Aquí, el panelado con listones verticales y las rozas se han peinado en azul oscuro sobre un azul más pálido que se deja entrever ligeramente.

PREPARACIÓN Y PINTURAS

Prepare las superficies de madera y aplique una imprimación a la madera desnuda si es necesario. Después, lije suavemente la superficie con papel de lija para prepararla para la capa base.

Si va a vetear las paredes, prepárelas de la manera habitual, empapelando si el yeso es irregular o está agrietado.

La capa base para el veteado o el peinado debería ser de una o dos capas de pintura satinada de base oleosa. La pintura satinada normalmente no necesita capa de apresto, pero debe aplicar una imprimación a la madera desnuda.

La capa final para el veteado es el tradicional barniz oleoso transparente que se tiñe del color adecuado y se diluye con aguarrás hasta que alcanza una consistencia apropiada.

El barniz también es válido para una superficie peinada. O puede usar pintura satinada de base oleosa: bien directamente de la lata, bien diluida con hasta un 25% de aguarrás; pero asegúrese de que la pintura es lo suficientemente espesa para cubrir la capa base adecuadamente.

Después de que el acabado de pintura se seque, es aconsejable protegerlo con varias capas de barniz de poliuretano claro mate o semi-brillo.

Madera veteada ▷
El veteado es un acabado elegante particularmente adecuado para habitaciones formales. Aquí, un delicado barniz verde sobre un fondo pálido enfatiza las líneas horizontales de las rozas.

SE NECESITA
- Sábanas para el polvo/periódicos
- Cinta adhesiva
- Trapos/toallas de papel
- Guantes de goma
- Aguarrás
- Disolvente para limpiar las brochas

Para la capa base
- Una imprimación y/o capa de apresto
- Pintura satinada de base oleosa
- Una brocha de 50-75 mm para la carpintería y los muebles; de 100 mm para suelos/paredes
- Una brocha de 19 mm para carpintería/muebles

Para la capa final
- Barniz oleoso transparente; una cazoleta blanca de plástico; tintes universales/pinturas al óleo para teñir el barniz; pintura blanca de base oleosa (para colores suaves); un plato pequeño o un cuenco; una cuchara vieja; una brocha de mango estrecho y largo para mezclar; papel inservible para probar el barniz
o
- Pintura satinada de base oleosa

Para el acabado
- Una brocha para vetear (o una brocha para barnizar de 50-75 mm o una brocha normal para madera; una brocha para empapelar o una brocha para pintar paredes de 100-125 mm)
- Barniz de poliuretano mate o semi-brillo para proteger el acabado, y una brocha para barniz
o
- Una brocha de 50-100 mm para aplicar la capa final
- Un peine comprado o casero

Brochas para vetear

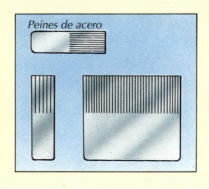
Peines de acero

Peines de goma

VETEAR LA MADERA

Borrar finas líneas de barniz húmedo para que se asome una capa base más pálida le da un acabado ligeramente rugoso que combina bien con la carpintería y las paredes que están decoradas con otros acabados de pintura.

• **La misión de la brocha.** El punto más importante cuando se vetea la madera es seguir siempre la dirección de ésta. Así que, las rozas, por ejemplo, y otras piezas horizontales de madera, se pintan y se vetean horizontalmente.

Con las puertas, siga la secuencia normal para pintar. Si la puerta está panelada como la de la derecha, pase la brocha verticalmente en las molduras verticales y en los paneles interiores, las secciones verticales del centro y del exterior y ambos lados del marco de la puerta; pase la brocha horizontalmente en los moldes y las secciones horizontales y la parte superior del marco. Trabaje en una sección cada vez y cubra las zonas adyacentes con cinta adhesiva.

1 Aplicar el barniz
Use una brocha bastante estrecha para aplicar una fina capa regular de barniz en la dirección de la madera. No intente cubrir un área demasiado grande de una vez o el barniz se secará antes de que pueda vetearlo.

2 Vetear el barniz
Pase una brocha estrecha por el barniz húmedo en la dirección de la madera. Después de cada brochazo, limpie la brocha con un trapo o un trozo de papel.

Mantenga los brochazos tan firmes y regulares como le sea posible. Esto le será más fácil de hacer si sujeta la brocha ligeramente y sólo roza el barniz húmedo con las cerdas; si sujeta la brocha con rigidez y presiona demasiado, puede que las líneas salgan torcidas.

3 Repetir la técnica
Deje de vetear la primera sección de barniz muy cerca del borde húmedo. Luego aplique barniz en la siguiente sección de manera que se sobreponga un poco con la primera, y continúe veteando el barniz húmedo para conseguir un efecto de líneas regulares.

Si pinta una puerta panelada, cada sección debe secarse antes de repetir los pasos 1 y 2 en la sección adyacente.

4 El barniz
Deje secar el barniz veteado por completo. Esto normalmente lleva al menos dos días. Luego aplique una o dos capas de barniz de poliuretano claro mate o semi-brillo para proteger el acabado decorativo.

Esto es muy importante en las puertas de madera y en los armarios, ya que sufren un gran desgaste diario.

Consejo

ADORNAR UNA PUERTA PANELADA

Para añadir interés visual, puede enfatizar la estructura de una puerta panelada marcando las juntas entre las secciones horizontales y verticales después del veteado, pero antes de barnizarlas.

Usando una regla metálica y un cuchillo despuntado dibuje ligeramente una línea por los bordes de las juntas entre las secciones horizontales y verticales de la puerta. Luego use un lápiz con punta para dibujar las líneas marcadas o aplique una línea fina de pintura satinada en un tono un poco más oscuro que el color veteado. Enfatice las molduras dibujando los ángulos internos de la misma manera.

VETEAR LAS PAREDES

El método para vetear las paredes es prácticamente el mismo que para la carpintería, pero, como la superficie es mucho más grande, se necesitan dos personas para hacer el trabajo: una para aplicar el barniz y la otra para vetearlo antes de que se seque. También necesitará brochas más anchas.

Para que las líneas del veteado queden rectas, use una plomada y una tiza para marcar, a intervalos, guías verticales por la pared.

1 Aplicar el barniz
Empezando en una esquina de la habitación, use una brocha ancha para aplicar una capa fina y regular de barniz en tiras de 50-60 centímetros de ancho de arriba a abajo de la pared.

2 Vetear el barniz
Pase la brocha de vetear (o un sustituto adecuado) por el barniz de arriba a abajo de la pared, haciendo menos presión con la brocha al final de cada trazo para evitar pegotes de barniz. Limpie las manchas con un trapo mojado en aguarrás.

Si las paredes son demasiado altas para vetearlas de un solo movimiento, vetéelas desde el techo hasta la altura de la cintura de arriba a abajo; luego vetee de abajo a arriba desde las rozas y pase una pluma por la junta. Disimule las juntas para evitar marcas por la pared.

EL PEINADO

Este es un acabado atrevido que permite una amplia gama de efectos llamativos, y es una buena idea experimentar durante un tiempo con peines diferentes. Por ejemplo, puede crear todo tipo de efectos peinando primero en una dirección y luego cruzando esas líneas con otras. Si pretende realizar mucho peinado, merece la pena hacerse un libro de muestras y anotar los distintos diseños que se van consiguiendo.

1 *Aplicar la pintura o el barniz*
Trabaje en secciones que se puedan peinar fácilmente mientras están húmedas y aplique una capa espesa y regular de pintura o barniz en la dirección de la madera. Si va a pintar las tablas del suelo, empiece en la esquina más alejada de la puerta y trabaje en un par de tablas al mismo tiempo.

2 *Peinar la pintura o el barniz* ▷
Pase el peine firmemente por la pintura o el barniz húmedos para crear un diseño de líneas rectas, ondas, semicírculos o lo que quiera.
    Limpie el peine con un trapo con frecuencia. Si va a cubrir un área bastante grande, envuelva el peine en un trapo para que empape la pintura que escurra.

3 *El barniz*
Una vez que la capa del peinado está seca, proteja el acabado con al menos dos capas de barniz de poliuretano claro. Tres capas de barniz dan una mayor protección a los suelos.

Consejo

Hágase su propio peine cortando muescas en forma de V en un trozo de cartón, plástico o goma, o algún material semirrígido parecido. Un peine cortado de un enjugador para limpiar cristales,

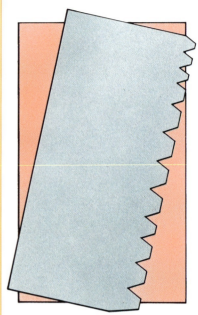

por ejemplo, es particularmente fácil de usar en los suelos debido a su mango.
    Corte varios peines con púas de distintas anchuras para alterar la escala del diseño, asegurándose

de que las púas están lo suficientemente separadas para que el peinado se note. Intente, también, cortar púas de diferente anchura en un mismo peine para un efecto interesante.
    Si no quiere hacerse un peine, puede adaptar un peine de pelo o improvisar con objetos como un aplicador para adhesivo de azulejos, disponible en cualquier tienda de bricolage.

Crear estarcidos

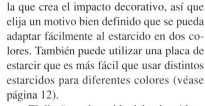

Aunque hay una gran variedad de estarcidos ya preparados que se pueden comprar, fabricarlos uno mismo le da la oportunidad de crear un diseño único que encaje perfectamente con el estilo de una habitación. Este capítulo le ofrece una guía detallada para que pueda crear todo tipo de estarcidos.

• Diseñar ideas. Puede inventar sus propios diseños o puede copiar los motivos de casi cualquier sitio. Los libros, por ejemplo, contienen ilustraciones de flores, animales y personajes de cuentos infantiles. Las inscripciones son otra buena alternativa, o también puede copiar un diseño que le guste de un papel, una tela o un bordado.

No sea demasiado ambicioso en un principio. Más que el detalle, es la forma la que crea el impacto decorativo, así que elija un motivo bien definido que se pueda adaptar fácilmente al estarcido en dos colores. También puede utilizar una placa de estarcir que es más fácil que usar distintos estarcidos para diferentes colores (véase página 12).

• El diseño y el sentido del color. Algunos diseños tendrán que ser agrandados para su uso, mientras que los diseños muy grandes tendrán que ser reducidos. Esto se puede hacer dividiendo el diseño ya dibujado en una cuadrícula y volviendo a dibujarlo en la escala adecuada sobre papel cuadriculado. Es más fácil si se dispone de una fotocopiadora para conseguir el diseño del tamaño necesario.

El equilibrio entre los colores es muy importante al estarcir, así que experimente primero con gamas de colores alternativas en trozos de papel. Luego, para asegurarse de que el tamaño y el color son adecuados, pinte un estarcido de prueba en un trozo de papel y péguelo con cinta adhesiva a la superficie que vaya a estarcir.

HERRAMIENTAS Y EQUIPO

Necesitará brochas para estarcir y pinturas, preferiblemente de base acuosa. Para el estarcido en sí necesitará lo siguiente:

• Material para estarcido. El tradicional cartón para estarcir es como el cartón normal pero tiene una superficie engrasada que no absorbe la pintura; es resistente, por lo que es ideal para diseños complicados o estarcidos muy grandes.

Las láminas de acetato son más caras, pero tienen la ventaja de ser transparentes, lo que le permite, no sólo encajar perfectamente los diseños con las marcas de la pared, sino alinear distintos estarcidos para diseños multicolores. También es más fácil de cortar, pero es necesario manejarlo con cuidado, ya que puede que se parta en las esquinas muy cerradas o en las curvas.

El cartón y el acetato están disponibles en cualquier tienda de manualidades.

• Un rotulador de punta fina. Para marcar el diseño sobre cartón de estarcir; sobre acetato, use un rotulador permanente que no se corra sobre plástico.

• Una plancha para cortar. Un trozo de madera aglomerada o contrachapada es una buena superficie plana sobre la que cortar. Si va a hacer muchos estarcidos, compre planchas especiales para cortar estarcidos en las tiendas de manualidades.

• Un cuchillo afilado. Para cortar el estarcido. Sirve un cortatramas, aunque un escalpelo le dará más control. También necesitará cuchillas de recambio (un cuchillo sin punta puede desgarrar fácilmente el estarcido mientras lo corta).

De punta en blanco
Este aparador pintado de blanco se ha transformado totalmente con un estarcido de guirnaldas estivales y frutas.

PAREDES Y MADERA

SE NECESITA

Para copiar el diseño
☐ Papel de calco
☐ Un lápiz
☐ Papel cuadriculado para agrandar/reducir

Para fabricar el estarcido
☐ Cartón para estarcir
☐ Papel carbón
☐ Una aguja de punto fina
☐ Un rotulador de punta fina
O
☐ Una lámina de acetato
☐ Un rotulador permanente de punta fina

Para cortar el estarcido
☐ Un trozo de madera aglomerada o contrachapada o una plancha para cortar
☐ Un cortatramas y cuchillas de recambio
☐ Un escalpelo para trabajos complicados
☐ Un clavo largo o una aguja de punto fina para taladrar círculos
☐ Papel de lija fina para suavizar los bordes del cartón de estarcir

Para pintar el estarcido
☐ Pintura
☐ Una brocha de estarcir para cada color o una esponja pequeña
☐ Un pincel fino para retocar
☐ Un platito y una cucharilla viejos
☐ Hojas de papel
☐ Un lápiz y una goma
☐ Cinta adhesiva
☐ Aguarrás (si se usa pintura de base oleosa)
☐ Muchos trapos y toallas de papel
☐ Barniz de poliuretano y una brocha para barnizar (opcional)

Consejo

Esponjarlo. Si no quiere comprar una brocha especial para estarcir, corte pequeños trozos de esponja o gomaespuma y úselos para puntear el color en su lugar.

Use un extremo de la esponja para un color, luego déjela secar y use el otro extremo para el segundo color. Asegúrese de no sobrecargarla de pintura.

AGRANDAR Y REDUCIR

Si los motivos sacados de los libros necesitan ser agrandados o reducidos, use cualquiera de los métodos explicados a continuación o haga una fotocopia del tamaño requerido.

Trazar el motivo

Primero, dibuje el motivo en papel de calco como se muestra en el paso número 1.

Luego, con una regla, dibuje un marco alrededor del motivo y divida la zona en pequeños cuadros regulares; una forma fácil de hacerlo es pegar el diseño enmarcado en papel cuadriculado (con pegamento o cinta adhesiva por las dos caras) para que los cuadros sirvan de guía. Por último, corte alrededor del marco del dibujo.

PARA AGRANDAR

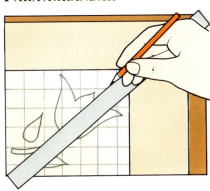

1 Dibujar una diagonal △
Coloque el motivo cuadriculado en la esquina inferior izquierda de una hoja grande de papel de calco (ésta debe ser por lo menos tan grande como el estarcido final).

Dibuje una línea diagonal desde la esquina inferior izquierda del motivo cuadriculado hasta la esquina superior derecha, alargándola por la hoja de papel de calco de debajo.

Quite el calco del motivo.

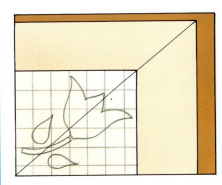

2 Dibujar un marco más grande △
Decida el tamaño del estarcido y marque la altura deseada en el borde izquierdo de la hoja grande de papel de calco, X. Dibuje una línea horizontal desde X para cortar la línea diagonal en Y. Desde Y dibuje una línea vertical hasta el extremo inferior en Z. Ahora tiene un marco a una escala superior.

3 Copiar el diseño △
Divida el marco de mayor escala en los mismos cuadros que el original más pequeño; los cuadros, por supuesto, serán proporcionalmente más grandes.

A continuación, con cuidado, copie el motivo, cuadro por cuadro, en la cuadrícula de mayor escala. Sirve de ayuda marcar primero el lugar donde las líneas principales del motivo cruzan las líneas de la cuadrícula; luego junte las marcas.

PARA REDUCIR

1 Dibujar una diagonal △
Pegue el diseño del motivo a un trozo de papel cuadriculado, dibuje un marco alrededor del motivo y recorte.

Coloque una pequeña hoja de papel de calco —por lo menos del tamaño del estarcido final— en la esquina inferior izquierda del motivo enmarcado. Dibuje una línea diagonal desde la esquina inferior izquierda hasta la esquina superior derecha del motivo enmarcado.

2 Dibujar un marco más pequeño
Decida la nueva altura del diseño y marque la esquina superior derecha del marco más pequeño en el papel de calco como X. Una este punto a los lados laterales e inferior del marco pequeño, Y y Z.

3 Copiar el diseño
Divida esta área en el mismo número de cuadros que el motivo original. Luego copie el motivo cuadro a cuadro en la cuadrícula de escala reducida.

HACER UN ESTARCIDO

Si va a usar acetato y el diseño elegido no necesita ser agrandado o reducido, puede calcar directamente el diseño sobre el material del estarcido.

1 Calcar el diseño
Coloque el diseño elegido sobre una superficie plana y ponga el papel de calco (o el acetato) encima. Si va a calcar tela, estírela bien sobre un cartón y sujétela con alfileres o cinta adhesiva.

Luego use un lápiz blando (o un rotulador permanente sobre acetato) para señalar las partes del diseño que habrán de cortarse, asegurándose de que las secciones que separan un recorte de otro (los «puentes») sean lo suficientemente anchos para que la plantilla sea consistente.

2 El código de color
Si el diseño incorpora más de un color, haga un código de colores con lápices o pinturas y téngalo como referencia mientras pinte.

En cualquier caso, guarde el dibujo de forma que pueda cortar un estarcido nuevo si el primero se estropea.

3 Transferir el dibujo
Coloque el dibujo sobre cartón o acetato dejando un ancho margen alrededor del diseño del estarcido (véase el paso número 6).

Si los motivos se tienen que repetir tan cerca los unos de los otros que parte de uno se cubre cuando se estarce el siguiente (por ejemplo, un extremo), incluya la parte cubierta del diseño en el cartón o el acetato y úsela como guía para alinear los estarcidos.

△ **Cartón para estarcir.** Coloque el diseño (boca arriba) sobre cartón de estarcir, con una hoja de papel carbón entremedias, y sujételo todo con cinta adhesiva.

Repase los contornos del diseño con la punta de una aguja de punto fina. Luego quite el papel de calco y el papel carbón, y dibuje claramente el diseño sobre el cartón de estarcir con un rotulador de punta fina.

• **Acetato.** Sujete el dibujo a una superficie plana con cinta adhesiva. Ponga una lámina de acetato directamente sobre ella, asegúrelo con cinta adhesiva y dibuje los contornos con un rotulador permanente.

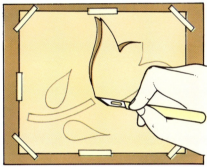

4 Recortar el estarcido △
Practique cortando en un trozo de cartón o acetato inservible antes de empezar el estarcido definitivo.

Luego coloque el estarcido dibujado sobre la plancha para cortar y sujételo con cinta adhesiva si le resulta más fácil. Use un cortatramas o un escalpelo para recortar las zonas que se van a pintar; use un clavo largo o una aguja de punto para puntear pequeños puntos y círculos.

Corte primero las secciones con detalles pequeños y las zonas más grandes las últimas para no debilitar la plantilla.

Mueva siempre la cuchilla hacia usted, aplicando una presión regular durante el largo entero de una línea para lograr unos cortes limpios. Cuando corte curvas, más que mover la cuchilla mueva el estarcido lentamente.

5 Arreglar los bordes
Cuando haya acabado de cortar, utilice cuidadosamente el cuchillo para recortar cualquier borde dentado. Suavice los bordes del cartón de estarcir con papel de lija fino.

Si accidentalmente se desgarra el estarcido, repárelo con cinta transparente autoadhesiva por las dos caras. A continuación, recorte los restos de cinta con un cortatramas, para asegurarse de que no cubre los bordes de los recortes.

6 Cortar el estarcido a medida
Finalmente, corte el cartón o el acetato a medida dejando un marco de al menos 25 mm alrededor del diseño; de otro modo, el diseño sería débil y flojo.

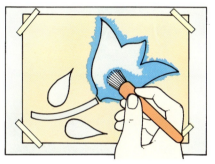

7 Pintar el estarcido △
Pegue el estarcido a la pared con pequeños trozos de cinta adhesiva. (Si presiona la cinta en su brazo para eliminar parte del adhesivo, será menos probable que se dañe la decoración de la pared cuando lo quite.) Moje en la pintura sólo el extremo de la brocha para estarcir, eliminando el exceso en una hoja de papel de forma que la brocha esté casi seca. Luego puntee la pintura en los recortes, trabajando desde los bordes al centro de cada uno.

Si va a usar varios colores, haga todo un color antes de empezar con el siguiente. Puede usar cinta adhesiva para mantener las zonas limpias y separadas: pinte un color, deje secar y cambie la cinta adhesiva sin mover el estarcido de la superficie que se está pintando.

8 Retocar
Cuando haya rellenado todos los recortes, deje secar la pintura durante unos minutos, quite la cinta adhesiva con cuidado y levante la anilla. No la deslice o la pintura se correrá.

Utilice un pequeño pincel para retocar cualquier cosa y dar los toques finales al diseño.

9 Limpiar
Tan pronto como el estarcido esté completo, limpie las brochas de la manera adecuada: agua para las pinturas de base acuosa y aguarrás para las de base oleosa.

Limpie los estarcidos con trapos mojados en disolvente y guárdelos estirados cuando se sequen, separados por pañuelos de papel o papel apergaminado.

PAREDES Y MADERA

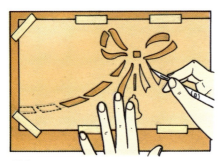  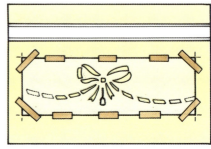

Cómo utilizar estarcidos ya hechos

Cortar los estarcidos △
Los estarcidos sin cortar tienen los contornos dibujados para que los corte.

Sujete el estarcido a una tabla; con un cuchillo afilado o un escalpelo corte las zonas que va a pintar. Corte primero las secciones con detalles pequeños.

• Tómese su tiempo. Para evitar bordes dentados, mueva el cuchillo hacia usted y no pare el corte hasta que no haya terminado un trozo entero del dibujo. Cuando corte curvas, gire la tabla en vez del cuchillo para que el corte sea más limpio.

Si el estarcido está hecho de cartón, al terminar, suavice los bordes irregulares con papel de lija muy fino.

1 Prepararse para pintar △
Si los estarcidos están muy espaciados, una lata de pintura será probablemente suficiente para todo el trabajo.

Ponga una pequeña cantidad de pintura (acrílica o no) en un platito. No importa la pintura que use siempre y cuando esté cremosa y no aguada —la pintura aguada tiende a escurrirse por debajo del estarcido y a manchar—. Si es necesario, diluya la pintura acrílica con un poco de agua y mezcle bien con una cucharilla vieja; diluya la pintura de base oleosa con un poco de aguarrás.

2 Fijar el estarcido △
Haga una marca donde quiere que vaya el estarcido.

Luego alise el estarcido contra la superficie y péguelo con pequeños trozos de cinta adhesiva. Cuando lo pegue sobre pintura o papel, elimine parte del pegamento de la cinta presionándolo contra su brazo unas cuantas veces.

• Registrar las marcas. Si va a usar estarcidos de cartón y más de un color, marque ligeramente con lápiz las esquinas del primer estarcido. De este modo podrá después encajar las esquinas de los siguientes estarcidos con estas marcas.

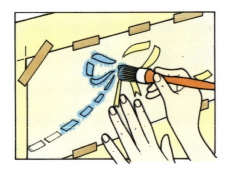 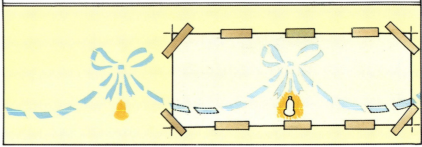

3 Pintar el primer color △
Si va a usar dos o más colores, la regla es estarcir primero un color antes de pasar al siguiente.

Moje sólo el extremo de la brocha en el primer color y elimine el exceso de pintura en un trozo de papel. Luego puntee la pintura en las zonas recortadas, trabajando desde los bordes al centro de cada uno. Para evitar que la pintura se escurra por debajo de los bordes, presione ligeramente el estarcido contra la superficie con la otra mano, o con un cuchillo de hoja ancha si le resulta más fácil.

4 Quitar el estarcido
Deje secar la pintura durante unos minutos. Después, despegue con cuidado la cinta adhesiva y levante el estarcido. No lo deslice o la pintura húmeda se correrá.

5 Terminar el primer color
Complete el diseño en el primer color. A intervalos regulares, limpie el estarcido y la brocha con pañuelos de papel o con un trapo humedecido en agua (o aguarrás para la pintura de base oleosa) para evitar acumulaciones de pintura.

6 Pintar el segundo color △
Deje que el primer color se seque por completo; luego empiece de nuevo con el segundo color.

Coloque con cuidado el segundo estarcido. Con acetato, alinee las marcas impresas en el estarcido con el diseño pintado en la pared. Con cartón, encaje las esquinas superiores del estarcido con las marcas de lápiz de la pared.

Sujete el estarcido a la pared con cinta adhesiva y, con una brocha limpia, aplique la pintura como en el primer estarcido. Repita el paso si usa más de dos colores.

SE NECESITA
- ☐ Un cortatramas y cuchillas de recambio
- ☐ Un escalpelo para trabajos complicados
- ☐ Una tabla para cortar, por ejemplo, restos de madera aglomerada o contrachapado.
- ☐ Cinta adhesiva

Para pintar el estarcido
- ☐ Pintura
- ☐ Una brocha para estarcir cada color
- ☐ Un platito y una cucharilla viejos
- ☐ Papel
- ☐ Un lápiz y una goma
- ☐ Cinta adhesiva
- ☐ Aguarrás (si se usa pintura de base oleosa)
- ☐ Muchos trapos y toallas de papel

Para marcar los bordes de la pared
- ☐ Una plomada (o cualquier peso con una cuerda fina)
- ☐ Un cartabón y una regla en T
- ☐ Una regla o un listón
- ☐ Un metro
- ☐ Tiza blanca y lápiz

Limpiar

Cuando el estarcido esté completo, limpie las brochas y la plantilla. Para limpiar la pintura de base acuosa lo único que necesita es agua. Elimine la pintura de base oleosa con aguarrás; lave las brochas en agua jabonosa y aclárelas.

Limpie con cuidado las plantillas con trapos o papel humedecidos en agua o aguarrás, con cuidado de no enganchar algún borde que se pueda desgarrar. Guarde las plantillas apiladas cuando estén secas, separadas por pañuelos de papel o papel apergaminado

El acabado

Cuando la pintura del estarcido esté seca, borre las marcas de lápiz con una goma.

Si va a proteger los estarcidos con barniz de poliuretano, espere de dos a cuatro días para que la pintura se seque antes de aplicar varias capas de barniz.

USAR UNA BROCHA PARA ESTARCIR
No sobrecargue la brocha con pintura: úsela casi seca. Siempre se puede hacer una marca de estarcido más fuerte, pero es difícil suavizarla una vez que se ha aplicado la pintura.

Moje sólo el extremo de la brocha en la pintura y elimine cualquier exceso de pintura pasando la brocha por un trozo de papel. Sujetando la brocha en ángulo recto con la pared que se está pintando, trabaje desde los bordes de la plantilla al centro con un punteado firme, para reducir el riesgo de que la pintura escurra por debajo de los bordes de la plantilla. Gradualmente, construya una suave tonalidad translúcida dejando el centro de los diseños un poco más claros que los extremos para crear un sombreado.

PAREDES Y MADERA

ESTARCIDOS MULTICOLORES

Si un diseño relativamente complicado se tiene que estarcir en varios colores, puede ser más fácil cortar un estarcido separado para cada color. En este caso, necesitará registrar marcas en las plantillas de forma que pueda alinearlas unas encima de las otras mientras pinte.

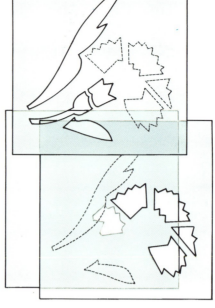
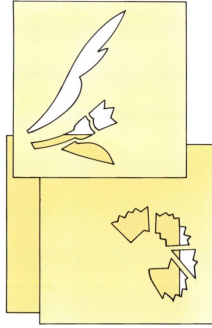

Aplicar el color sabiamente △
El motivo del clavel se estarce en verde primavera y dos tonos de rosa.

Un estilo prestado ▽
La inspiración puede venir de cualquier sitio. Aquí, el tema del lazo de claveles se tomó de una tapicería, al igual que los suaves colores. El gran lazo estarcido hace una bonita forma.

• Acetato. A medida que dibuje las distintas áreas de color en las diferentes láminas de acetato, trace unas líneas punteadas de otras partes del diseño de manera que pueda comprobar la posición exacta de cada estarcido cuando empiece a pintar.

• Cartón para estarcir. Recorte el diseño y las láminas del mismo tamaño antes de transferir las distintas partes del diseño. Deje un margen alrededor del diseño.

Encaje las esquinas del diseño y los cartones mientras transfiere las áreas de color a los estarcidos. Al empezar a pintar, marque con un lápiz las esquinas superiores del primer estarcido de forma que se puedan alinear los siguientes.

Empapelar

El papel puede transformar una habitación con color, diseño y textura. También puede ser la mejor solución para disfrazar unas paredes no del todo perfectas. Por lo tanto, si éste es su primer intento de empapelar, aquí le mostramos cómo hacerlo paso a paso.

• Preparación. La superficie que vaya a decorar debe estar limpia y tan suave como sea posible. Es mejor quitar los papeles antiguos y reparar el yeso estropeado.

Selle el yeso nuevo con una fina capa de cola. Esto le dará a la superficie cierto deslizamiento que hará más fácil colocar el papel en su lugar y asegurará una buena unión. El encolado se puede hacer tanto varios días como aproximadamente una hora antes de empapelar.

Aplique la cola (con un adhesivo moderado) con una brocha vieja y elimine cualquier gota a medida que trabaja con un trapo húmedo (es difícil eliminarlo cuando se seca).

• Revestimiento de papel. El revestimiento de papel simple se puede usar para mejorar un yeso irregular o agrietado y proporcionar una superficie limpia para el nuevo revestimiento. Viene en distintos grados: como guía, utilice un grado suave bajo revestimientos de papel normales y uno más duro para superficies resistentes y revestimientos de papel con relieve. También hay un grado llamado Acabado Extra Blanco pensado para pintar sobre él.

• Elegir el papel. Evite los papeles finos y baratos —se pueden arrugar y rasgar fácilmente cuando se cuelguen—. La mejor elección es un papel de un peso medio, bien liso, bien en relieve o con un pequeño diseño (es mucho más difícil encajar un diseño grande). Los revestimientos de papel con relieve son muy útiles para cubrir paredes irregulares.

Este capítulo explica todos lo pasos para colgar cualquier papel corriente que necesite cola. También existen papeles con cola ya incluida. Son más caros pero menos engorrosos de usar: se cortan los tramos de papel como los de papel normal pero sólo necesitan ser empapados en agua durante unos minutos antes de colgarlos.

HERRAMIENTAS Y EQUIPO

Para colgar papel corriente necesitará:

Una mesa para marcar y encolar los trozos de papel. Una mesa de tijera para encolar es muy útil y práctica, pero también servirá cualquier mesa de 2 m de largo.

Engrudo (producto similar a la cola para preparar paredes desnudas). Aunque puede comprarse, la mayoría de colas para papel se pueden diluir para hacer engrudo siguiendo las instrucciones del fabricante.

La cola para papel viene normalmente en polvo para mezclar con agua. Cualquier cola sirve para el papel normal; para vinilos y otros revestimientos lavables use una cola con fungicida.

Un cubo de plástico para mezclar la cola (una cuchara de madera o un palo para remover).

Una brocha de encolar para aplicar la cola al papel. Una vieja brocha de 100 mm es ideal.

Una brocha de empapelar con cerdas suaves para alisar el papel en la pared. Para papeles lavables se puede utilizar en su lugar una esponja.

Una cinta métrica para medir la altura de la pared y los trozos de papel. Una de acero retráctil es muy útil.

Una plomada para colgar el papel verticalmente. Cualquier pesa pequeña atada a una cuerda servirá.

Unas tijeras de hoja larga para cortar los trozos de papel y unas de hoja corta (o un cortatramas) para recortar.

Un rodillo para juntas para suavizar los bordes de los trozos de papel firmemente a la pared. No lo use sobre papeles gofrados.

Una esponja o muchos trapos para limpiar cualquier salpicadura de cola.

Una escalera de mano lo suficientemente alta para llegar a la parte superior de la pared sin esfuerzos. Dos escaleras y una plancha sería lo ideal.

Para el papel ya encolado necesitará un barreño de plástico para empapar los trozos de papel enrollado (normalmente viene con el papel). Un tubo de pegamento de látex es muy útil para terminar cualquier borde que se haya quedado sin pegar.

Repartir el trabajo

El trabajo de empapelar es mucho más fácil si son dos los que lo comparten. Una persona trabaja en la mesa de encolado mientras la otra cuelga el papel.

SE NECESITA
☐ Papel
☐ Revestimiento de papel (si es necesario)
☐ Cola
☐ Engrudo (si es necesario)
☐ Una cinta métrica metálica y un lápiz
☐ Una plomada (o una pesa que cuelgue de una cuerda mediana)
☐ Una mesa para encolar
☐ Unas tijeras de hoja larga para cortar los trozos de papel
☐ Unas tijeras pequeñas o un cortatramas para recortar
☐ Un cubo de plástico
☐ Una brocha de encolar (o una brocha de 100 mm)
☐ Una brocha de empapelar (o una esponja para papeles lavables)
☐ Una esponja y trapos viejos para limpiar
☐ Un rodillo para juntas
☐ Dos escaleras y una plancha

¿CUÁNTOS ROLLOS NECESITA?

Número estimado de rollos que se necesitan: mida la altura de la pared desde las rozas a la cornisa o al techo y mida también la anchura de las paredes. Esta tabla está calculada para el papel estándar que se vende en rollos de aproximadamente 10,05 m de largo y 530 mm de ancho.

PAREDES (altura desde las rozas)	DIMENSIONES DE LAS PAREDES DE LA HABITACIÓN (puertas y ventanas incluidas)																
	9m	10m	12m	13m	14m	15m	16m	17m	18m	19m	21m	22m	23m	24m	26m	27m	28m	30m
2,15-2,30m	4	5	5	6	6	7	7	8	8	9	9	10	10	11	12	12	13	13
2,30-2,45m	5	5	6	6	7	7	8	8	9	9	10	10	11	11	12	13	13	14
2,45-2,60m	5	5	6	7	7	8	9	9	10	10	11	12	12	13	14	14	15	15
2,60-2,75m	5	5	6	7	7	8	9	9	10	10	11	12	12	13	14	14	15	15
2,75-2,90m	6	6	7	7	8	9	9	10	10	11	12	12	13	14	14	15	15	16
2,90-3,05m	6	6	7	8	8	9	10	10	11	12	12	13	14	14	15	16	16	17
3,05-3,20m	6	7	8	8	9	10	10	11	12	13	13	14	15	16	16	17	18	19

Compre todo el papel al mismo tiempo, comprobando que los números de lote sean los mismos para evitar variaciones de color.
Si el papel tiene un diseño grande repetido, compre un rollo extra.

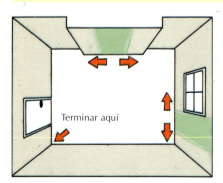

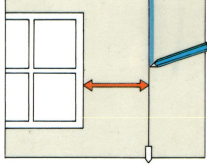

3 Medir el largo
Mida la línea guía vertical y añada 100 mm extra para poder recortar el papel en las partes superior e inferior. (Use esta medida para cortar el resto de los trozos de papel.)

Extienda sobre la mesa un trozo de papel boca arriba y mídalo. Si tiene un diseño llamativo asegúrese siempre de que un diseño completo quede en la parte superior de la pared donde será más notorio.

1 Planear el punto de partida △
Empiece al lado de la ventana más larga y trabaje apartándose de la luz, de manera que si cualquiera de los bordes se sobrepone no proyectará una sombra y no será tan obvio.

Los papeles con diseños grandes, sin embargo, deberían centrarse sobre un foco principal como una chimenea y los trozos siguientes deberían colgarse trabajando hacia afuera en las dos direcciones.

2 Marcar una guía vertical △
Desde el marco de la ventana mida una distancia de 15 mm menos del ancho de su papel. Luego use una plomada y un lápiz para marcar una línea guía vertical por todo el largo de la pared contra la que colgará el primer trozo de papel.

Esto le asegura que estará colgado completamente alineado y dejará margen a cualquier irregularidad en el borde del marco de la ventana.

4 Cortar el papel a medida
Marque con lápiz una línea a lo largo del papel (compruebe que forma un ángulo recto con los bordes) y corte por aquí con las tijeras de hoja larga.

5 Encajar el diseño
Antes de cortar los siguientes trozos de papel con un diseño en línea recta, encájelos con el primer trozo. Escriba con un lápiz «Arriba» en la parte de atrás para evitar colgar los diseños boca abajo. Guarde los restos para tramos cortos (sobre las puertas, etc.).

Si el papel tiene un diseño en pendiente (en diagonal), en vez de un diseño en línea recta, trabaje con el papel de dos rollos. Si corta trozos alternos de cada rollo —1,3,5 del primero; 2,4,6 del segundo, etc.— el diseño debería encajar más económicamente. Numérelos según los vaya cortando para tenerlos en orden.

6 Encolar el papel ▷
Extienda el primer trozo boca abajo sobre la mesa, con el extremo superior del papel alineado con el borde de la mesa y el extremo lateral tapando minimamente el lado de la mesa más alejado de usted. Empiece a encolar desde el centro, trabajando hacia afuera y alejándose de su posición para extender la cola regularmente hasta los extremos más alejados.

Luego mueva el papel hacia usted de manera que el papel tape el borde frontal de la mesa y encole hacia usted para conseguir una buena capa de cola en todos los extremos.

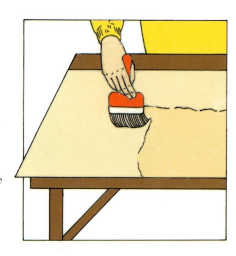

7 Doblar la sección encolada △
Cuando la sección de papel que está sobre la mesa se ha encolado, dóblela por la mitad con los lados encolados juntos. Mueva la sección doblada por la mesa de forma que cuelgue por el borde y encole el resto del papel de la misma forma.

8 Levantar el papel △
Cuando el encolado esté completo, doble la segunda mitad, dejando un trozo de unos 50 mm en el medio.
Hay que dejar algunos papeles durante unos minutos para que la cola empape o se arrugarán al colgarlos (siga las instrucciones de la etiqueta del rollo). Deje este papel a un lado y, mientras, encole el trozo siguiente.
Cuando el papel esté listo para colgar, cuélgueselo del brazo, como en el dibujo, para llevarlo hasta la pared.

9 Colgar el papel △
Utilice una escalera para llegar a la parte superior de la pared. Desdoble la mitad superior del papel dejando la mitad inferior aún doblada. No deje caer el papel de golpe porque podría rasgarse.
Sujetando la parte superior del papel entre el pulgar y los otros dedos, coloque el extremo superior de forma que sobrepase el techo o la cornisa unos 50 mm. Deslice el papel hasta esta posición, alineando el lateral derecho con la línea guía vertical de la pared.

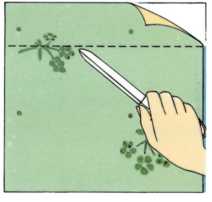
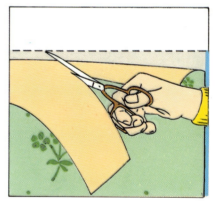

10 Pasar la brocha por la pared △
Use la brocha de empapelar (o una esponja para los papeles lavables) para presionar el papel contra la pared. Pase la brocha por el centro, y luego firmemente hacia afuera hacia los bordes. Si salen burbujas o arrugas, quite el papel suavemente para dejar salir el aire y vuelva a pasar la brocha de la misma manera. Desdoble la mitad inferior y pase de nuevo la brocha.

11 Recortar los bordes △
Presione el borde superior contra el ángulo de la pared con el techo o la cornisa con la hoja de unas tijeras. Quite ese trozo de papel, corte a lo largo de la raya y use la punta de una brocha de empapelar para puntear el final del papel de vuelta a su lugar. Si es necesario, añada más cola en el extremo superior primero.
Recorte el borde a la altura de las rozas de igual forma, y sobre el marco de la ventana si lo cubre.
Quite resto de cola del techo o de la carpintería con una esponja húmeda.

12 Colgar el segundo trozo ▷
Cuelgue el segundo trozo de la misma manera, uniendo los extremos. Encaje el diseño, si es que hay uno, deslizando el papel hacia arriba o hacia abajo con las palmas de las manos. Pase una brocha y recorte como antes.

13 Usar un rodillo para juntas △
Para suavizar los bordes, pase por las uniones un rodillo para juntas unos 20 minutos después de colgarlo. No enrolle los papeles gofrados; puntee las juntas con una brocha de empapelar en su lugar.

Doblar una esquina ▷
Las esquinas de las habitaciones raramente son ángulos rectos, así que un trozo de papel que doble una esquina debería colgarse en dos tiras. Mida la distancia desde el último trozo de papel a la esquina en varios lugares. Para esquinas internas, añada 15 mm a la medida más ancha; para esquinas externas, como el repecho de una chimenea, añada 35 mm.

Corte un trozo de papel de este ancho y cuélguelo con el borde cortado hacia dentro (o alrededor) de la esquina. Mida el ancho del resto del papel y luego mida esta distancia desde la esquina. Cuelgue una plomada desde este punto y marque la pared. Encole y cuelgue el papel, solapando el trozo que dobla la esquina (cualquier ligero desajuste en el diseño no se notará).

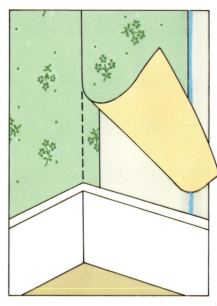

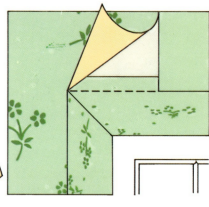

Empapelar el receso de una ventana △
Empapele primero el interior del receso, doblando una pestaña de 15 mm sobre la pared de alrededor. Luego empapele la pared de alrededor de la ventana, cortando el papel con la misma forma.

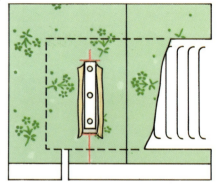

Empapelar alrededor de puertas y ventanas △
Cuelgue el trozo de papel de manera normal, pero déjelo colgar sobre la superficie de la puerta cerrada. Recorte el papel con la forma del marco, dejando unos 25 mm superpuestos, y corte una diagonal de 15 mm en la esquina.

Coloque con la brocha el papel en el ángulo entre la pared y el marco, marque una línea con la parte de atrás de unas tijeras y recorte.

Si es posible, centre trozos cortos sobre las puertas y las ventanas con trozos enteros en los laterales.

Empapelar alrededor de interruptores y enchufes △
Empapele sobre interruptores y enchufes y después use un cortatramas para hacer cortes diagonales a las esquinas (o varios cortes si es circular). Vuelva a colocar las pestañas en su posición y recorte los bordes.

Si la placa es desmontable, desconecte la general y desatorníllelo. En lugar de recortar las pestañas, simplemente escóndalas detrás del plato. No use este método con papel de aluminio.

Empapelar sobre radiadores △
Deje que el papel cuelgue sobre la parte frontal del radiador y corte una abertura desde la parte inferior del papel de forma que éste pueda pasar por ambos lados del soporte del radiador. Luego haga cortes horizontales de 15 mm en la parte superior e inferior del soporte. Esconda el papel detrás del radiador y suavice alrededor de las fijaciones del soporte.

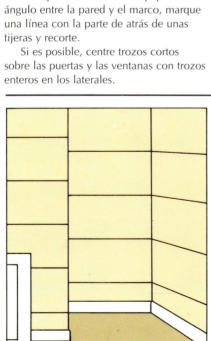

REVESTIMIENTOS DE PAPEL
Si hay que pintar sobre el revestimiento de papel, cuélguelo verticalmente como el papel normal.

Si hay que cubrirlo con otro revestimiento, cuélguelo horizontalmente para evitar que las juntas verticales coincidan en las dos capas. Use la misma cola que para el revestimiento final.

Empiece a la altura del techo y trabaje hacia abajo, uniendo bien las juntas. Deje secar durante 24 horas. Si los bordes se solapan, frótelos suavemente con papel abrasivo de grado medio.

Consejo

UN BORDE LIMPIO
Después de decorar, cuelgue una cenefa de papel a la altura del techo para arreglar los bordes. Si una cornisa acaba en un techo inclinado (por ejemplo, en una escalera) recorte el extremo de la cenefa y péguelo sobre el lado más corto para resaltar el ángulo.

Decorar techos

Aunque empapelar un techo no es uno de los trabajos más fáciles del mundo, se encontrará con muy pocas más dificultades de las que conlleva empapelar las paredes de una habitación. Sin embargo, el trabajo se sigue manejando mejor entre dos personas: una sujetando el peso del papel mientras la otra lo coloca. Si va a empapelar una habitación entera, empiece con el techo y siga con las paredes. Si además va a poner una roseta en el techo (página 22), es mejor colocarla después de empapelar que tener que empapelar a su alrededor.

• Elegir el papel. Evite el papel fino y barato porque puede arrugarse y rasgarse con facilidad cuando se le encola. Elija un papel de peso medio, liso o con un pequeño diseño por toda la superficie para que no tenga que preocuparse por hacerlo coincidir.

Si el techo está en malas condiciones, pero quiere darle un acabado de pintura, un papel ligeramente rugoso es una buena elección. Los papeles con mucho relieve o los papeles gofrados son difíciles de manejar a la altura del techo.

• Preparación. Prepare el techo para decorarlo de la misma manera que prepararía una pared enyesada, pero no se preocupe por las grietas finas porque el papel las tapará. Si el techo está recién enyesado, trátelo con una generosa capa de engrudo (cola de empapelar diluida en agua).

Antes de empezar a empapelar el techo quite cualquier accesorio de la luz.

• Por dónde empezar a empapelar. Lo normal es trabajar hacia adentro desde y paralelamente a la ventana principal de la habitación, para que cualquier borde solapado no destaque. Pero, es más fácil trabajar en ángulo recto a la ventana si esto significa que estará utilizando trozos de papel más cortos y manejables (por ejemplo, en una habitación larga y estrecha).

Herramientas y equipo

Se necesitan las mismas herramientas para empapelar el techo que para el empapelado básico (véase *Empapelar,* páginas 15-18).

También puede necesitar un destornillador para quitar las lámparas del techo: es más fácil que empapelar a su alrededor.

• El acceso. Para más seguridad y comodidad, necesita una plataforma resistente que se pueda colocar a la altura adecuada directamente debajo de cada trozo de papel. No merece la pena hacer equilibrios sobre sillas o pequeñas escaleras.

Motivos por doquier
Este bonito papel coordinado hace que esta habitación tenga un aspecto acogedor e íntimo.

PAREDES Y MADERA

SE NECESITA
- [ ] Papel
- [ ] Cola
- [ ] Un metro de acero y un lápiz
- [ ] Una cuerda y tizas de colores
- [ ] Una mesa para cortar y encolar
- [ ] Unas tijeras de hoja larga
- [ ] Unas tijeras o un cortatramas
- [ ] Un cubo de plástico para la cola
- [ ] Una brocha de encolar o una brocha normal de 100 mm
- [ ] Una brocha para empapelar (o una esponja para los revestimientos)
- [ ] Un destornillador
- [ ] Trapos viejos o una esponja
- [ ] Un rodillo para juntas
- [ ] Escaleras de mano, planchas, etc.

¿CUÁNTOS ROLLOS?
Calcule el número de rollos que se necesitan midiendo el ancho de todas las paredes de la habitación. Esta tabla está calculada para el papel estándar que se vende en rollos de aproximadamente 10,05 m de largo por 530 mm de ancho.

Ancho de las paredes de la habitación (en metros)	10	11	12	13	14	15	16	17	18	19	20
Número de rollos	2	2	2	3	3	4	4	4	5	5	5
Ancho de las paredes de la habitación (en metros)	21	22	23	24	25	26	27	28	29	30	
Número de rollos	6	7	7	8	8	9	10	10	11	11	

Compre todo el papel de una vez, comprobando que los números de lote sean los mismos para evitar variaciones de color. Si el papel tiene un gran diseño, compre un rollo extra.

1 *Marcar una línea guía* ▷
Decida dónde va a empezar a empapelar.

Luego, en ambos extremos de la pared desde la que empezará a trabajar, mida sobre el techo una distancia de 25 mm menos que el ancho del papel para dar cabida a una pestaña en el ángulo de la pared; márquela con un lápiz.

Pinte un trozo de cuerda con tiza de colores. Pínchelo en los extremos del techo, alineado con marcas de lápices, y presiónelo contra el techo. Quite la cuerda.

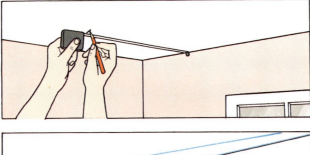
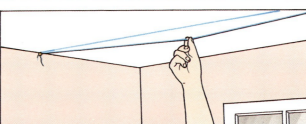

2 *Cortar el papel a medida*
Mida la distancia de pared a pared y corte el primer trozo de papel, dejando 100 mm extra para recortar el papel en cada extremo.

Corte también todos los demás trozos. Si el papel tiene un diseño, haga coincidir los trozos siguientes con el anterior. Numere y marque en la parte de atrás de forma que se cuelgue el papel en el orden correcto y que el diseño esté siempre en la misma dirección.

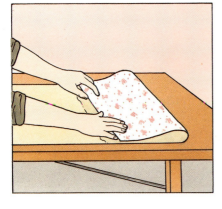
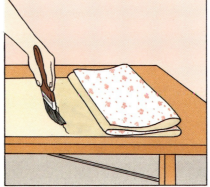

3 *Encolar y doblar* △
Mezcle la cola de acuerdo con las indicaciones del fabricante. Extienda el primer trozo de papel boca abajo sobre la mesa y encole de forma normal, pero dóblelo en forma de acordeón, encole un trozo casi tan largo como la mesa y dóblelo en una serie de pliegues de unos 450 mm de ancho manteniendo el lado encolado hacia el interior de cada pliegue.

Mueva el papel doblado por encima de la mesa, y encole y doble el resto del papel del mismo modo. Cuando llegue al otro extremo del papel, doble el último tramo sobre sí mismo para asegurarse de que la cola no se pegue sobre la parte frontal del papel.

4 *Encolar el techo* ▷
Hay que dejar algunos tipos de papel durante unos minutos para que la cola empape o se arrugarán al colgarlos (siga las instrucciones de la etiqueta del rollo). Deje este papel a un lado y encole el siguiente trozo mientras tanto.

Cuando el papel esté listo para colgar, aplique la cola sobre el techo al principio de cada trozo de papel de forma que no se despegue mientras trabaja a lo largo del resto del techo.

5 *Colgar el primer trozo* ▷
Si trabaja usted solo, coja con cuidado el papel encolado usando un rollo de papel para sujetarlo con una mano mientras pasa una brocha sobre el papel para colocarlo bien con la otra.

Para colgar el primer trozo, empiece en una esquina mirando hacia la pared desde la que trabaje. Despegue el último doblez que hizo, alinéelo con la línea de tiza y pase la brocha firmemente para pegarla sobre los ángulos entre la pared y el techo. Acuérdese de dejar un borde para poder recortar.

Retrocediendo por la plataforma de trabajo, desdoble gradualmente el papel y pase la brocha para eliminar cualquier burbuja de aire. Asegúrese de sujetar el papel doblado tan cerca del techo como sea posible (puede ser agotador pero si se deja caer el brazo, el peso de los dobleces puede despegar el papel recién encolado del techo).

Trabajar en parejas ▷
Si tiene un ayudante, una persona puede sujetar el papel con una escoba limpia desde el suelo mientras la otra camina por la plataforma pasando una brocha por el papel para pegarlo al techo. Esto hace la tarea más fácil y mucho menos agotadora. Cuelgue el papel de la misma manera que se describe arriba.

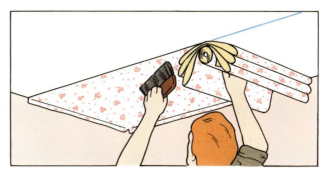

6 *Recortar los bordes* ▷
En ambos extremos, recorte el papel de forma que se meta en la pared o en la cornisa. Si no hay cornisa o si va a empapelar las paredes a continuación, deje una pestaña de unos 10 mm.

Para recortar, marque una línea sobre el papel por el ángulo del techo con la parte de atrás de la hoja de unas tijeras. Retire el papel, corte por la línea y vuelva a pasar la brocha. Termine eliminando cualquier mancha de cola con un trapo húmedo o una esponja.

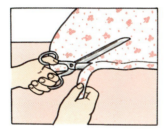

7 *Colgar los otros trozos*
Trabaje alejándose de la pared para colgar los siguientes trozos de papel exactamente del mismo modo que el primero. Ponga los extremos juntos y haga coincidir el diseño si es que hay uno.

Probablemente, el último trozo será más estrecho que los anteriores. Mida y corte a medida antes de encolar y colgar el papel, dejando 25 mm extra de ancho para recortar el extremo lateral contra la pared.

8 *Usar un rodillo de juntas*
Cuando todos los tramos estén colgados, pase por las juntas con un rodillo especial para asegurarse de que los bordes de cada tramo están bien encolados. Coloque un trozo de papel bajo el rodillo para que no deje marcas sobre el revestimiento recién encolado.

No pase el rodillo sobre un papel con relieve o un papel gofrado. Puntee firmemente las juntas con las cerdas de una brocha de empapelar o con un trapo suave.

CORTAR ALREDEDOR DE LOS ACCESORIOS

Antes de empezar a empapelar el techo, corte la electricidad en la general. La caja principal de fusibles suele estar en un armario apartado o en una esquina de la cocina o la entrada; en el interruptor principal se podrá leer «OFF» cuando se desconecte la corriente.

Retire la bombilla y la pantalla, desatornille la cubierta y desconecte el cable (haga primero un dibujo del cableado de forma que pueda volver a ponerlo correctamente). Para proteger el cableado de la cola húmeda, vuelva a atornillar la cubierta antes de empapelar sobre ella.

1 *Agujerear el papel*
Empapele el techo de la forma descrita arriba hasta el punto de luz. Cuando llegue a la cubierta, presione el papel ligeramente sobre ella. Luego agujeree el papel por debajo de la cubierta con un par de tijeras afiladas.

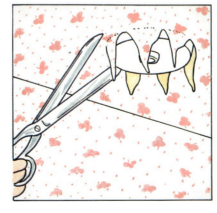

2 *Cortar y recortar* △
Haga varios cortes hacia afuera desde el agujero para revelar la cubierta. Desatorníllela un poco, pase la brocha por el papel de alrededor y recorte hasta que quede lo justo para esconderlo por debajo. Presione los bordes del papel firmemente contra el techo y luego continúe colgando el resto del tramo. Termine volviendo a poner el cableado y la cubierta.

Consejo

CORTAR LAS BURBUJAS DE AIRE

Use un cortatramas o una cuchilla de afeitar para cortar un pequeña cruz en cualquier burbuja que siga ahí un par de días después de empapelar.

Doble las esquinas de los cortes hacia atrás, ponga un poco de cola por detrás y luego vuelva a colocarlas en su sitio presionando firmemente. Elimine cualquier exceso de cola con una esponja húmeda o un trapo.

ROSETAS DECORATIVAS EN EL TECHO

Una roseta para el techo es una pieza central plana y circular, normalmente con un aplique de luz colgado de ella. Los pasos siguientes muestran cómo poner una roseta con un receso posterior para colocar las conexiones eléctricas.

• Comprar una roseta para el techo. Las rosetas de techo se pueden encontrar en una amplia gama de tamaños y diseños. La mayoría están hechas del tradicional yeso fibroso o de materiales plásticos más baratos como el polistireno y el poliuretano. Las de yeso son más pesadas: se tienen que clavar o atornillar a las vigas del techo además de pegarlas en su sitio. Las de plástico son ligeras y sólo hay que pegarlas al techo, aunque es mejor usar tornillos de espiga como apoyo extra. Use siempre el adhesivo y los accesorios recomendados por el fabricante.

1 Encontrar el centro de la habitación
Excepto en habitaciones largas donde se pueden colocar dos rosetas, lo normal es colocar la roseta en el centro del techo. Si aún no hay un aplique de luz en este punto, extienda dos cuerdas en diagonal por el techo de esquina a esquina; donde se crucen, ése es el punto central.

2 Adaptar la roseta
Si se va a usar la roseta con un punto de luz ya existente, podría tener que taladrar un agujero en su centro para sacar el cableado (algunas rosetas vienen ya con el agujero taladrado). Desconecte la corriente de la general y retire la bombilla, el enganche y la pantalla, o, si es necesario, la cubierta.

Detalle en relieve △
Se ha elegido un tono melocotón para las molduras, mientras que el techo está pintado de un tono más pálido del mismo color. Mire abajo para ver cómo se coloca una roseta con un aplique pesado.

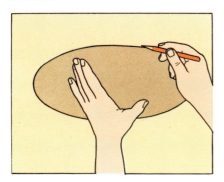

3 Preparar el techo △
Corte una plantilla de papel que sea ligeramente más pequeña que la roseta y úsela para marcar la zona que hay que preparar. Si el techo está pintado, frótelo ligeramente con papel abrasivo para que el adhesivo tenga un buen agarre. Se debe eliminar cualquier revestimiento de papel. Si acaba de empapelar, corte alrededor de la zona marcada con un cortatramas y quite el papel. Si el papel es viejo, intente eliminarlo en seco; empápelo sólo si es necesario ya que se podría dañar el papel de alrededor.

Si va a colocar una roseta de yeso, toque y tantee el techo para localizar las vigas y marcar su posición.

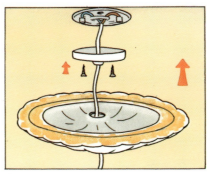

4 Colocar la roseta △
Extienda una capa de cola alrededor de todo el borde exterior de la parte de atrás de la roseta con un cuchillo para masilla. Pase el cable por el agujero de la roseta (volviendo a colocar la cubierta si se ha quitado previamente). Luego presione la roseta firmemente en su lugar; elimine cualquier resto de cola y escurra con una esponja húmeda.

Como apoyo extra, ponga tornillos de espiga en ángulo a través de la parte frontal de una roseta de plástico —tres o cuatro tornillos serán suficientes—. Sujete una roseta de yeso a las vigas del techo con clavos o tornillos inoxidables; por último, rellene los agujeros con masilla normal.

5 Pintar la roseta
Pinte la roseta del mismo color que las paredes o el techo, o acentúe la decoración eligiendo los detalles del relieve en un tono que contraste. Un acabado mate o satinado queda mejor que el brillo, y es menos probable que una emulsión de base acuosa tapone las molduras que una pintura de base oleosa. Aplique dos capas de pintura con un pequeño pincel.

Vuelva a poner el enganche, la bombilla y la pantalla.

COLOCAR APLIQUES PESADOS

☐ Desatornille y quite la placa base y desconecte los cables

☐ Marque la roseta y taladre los agujeros para los cables y los tornillos que sujetarán el aplique de la luz

☐ Aplique la cola, pase los cables por el agujero del centro y vuélvalos a conectar. Presiónelo todo para colocarlo en su lugar

☐ Vuelva a poner la lámpara, atornillando la placa base a través de la roseta hasta las vigas

Empapelar con relieve

Si quiere decorar las paredes y los techos con un color liso en vez de con un diseño, pero le gustaría tener una superficie con relieve en vez de la textura lisa del yeso pintado, entonces, las decoraciones con relieve son la respuesta. Proporcionan una superficie gofrada con un diseño que puede ser regular o no, y están diseñados para poder pintarlos una vez colgados, dando un acabado relativamente permanente. Hay muchas calidades y pesos entre los que elegir.

REVESTIMIENTOS DE BAJO RELIEVE

El tipo menos caro se llama papel de bajo relieve o de gofrado seco, y también se le conoce con el nombre de la marca británica, Anaglypta Original (que ahora se usa como término general). Consiste en dos capas de papel unidas con cola y gofradas pasándolas entre rollos de acero mientras la cola aún está húmeda. La Anaglypta se cuelga con una cola multiusos, y hay que tener cuidado de no rellenar los hoyitos de la parte de atrás del papel o se estirará demasiado. Es muy importante dejar que la cola empape el papel después de encolarlo para que se vuelva flexible y más fácil de manejar; el fabricante recomendará un período de tiempo, pero la media suele ser 10 minutos.

PAPEL DE ALTO RELIEVE

Los revestimientos de mayor gofrado, como la Anaglypta Superdurable, son más caros que la Anaglypta Original, pero son más resistentes y pesados. Realmente no son de papel en absoluto ya que están hechos de fibras de algodón y no de pasta de madera y pueden tener un mayor gofrado que la Anaglypta Original.

El diseño se moldea en el papel mientras aún está húmedo, lo que asegura que el gofrado se mantiene después de encolarlo y colgarlo. Esto significa que estos revestimientos son mucho más fáciles de manejar para un aficionado. (Con algunos de los revestimientos del tipo de la Anaglypta Original fuertemente gofrados el relieve tiende a aflojarse a menos que se tenga mucho cuidado durante el proceso de colgarlo.) Aquí, debería usarse una cola multiusos con fungicida, y se debería dejar empapar cada trozo durante el tiempo que recomiende el fabricante.

VINILOS SOPLADOS

Los revestimientos de vinilo soplado están hechos de una capa moldeada de vinilo unida a un soporte de papel; la Anaglypta Luxury Vinyl y la Anaglypta Fine Vinyl son buenos ejemplos de este tipo de revestimiento. La capa de vinilo se calienta durante el proceso de fabricación para expandirlo ligeramente, dando a las partes elevadas una textura esponjosa.

Como está soplado más que gofrado y tiene un soporte de papel, no hay huecos en la parte de atrás; esto hace el encolado más fácil y no hay necesidad de dejar empapar el trozo de papel antes de colgarlo. Se pueden encontrar papeles de este tipo ya encolados; si no, utilice una cola normal con fungicida. Quitar los vinilos soplados es mucho más fácil que quitar cualquier otro tipo de papel con relieve porque la capa superficial del vinilo se despega del soporte de papel como un revestimiento de vinilo corriente.

LINCRUSTA

La Lincrustra es un revestimiento pesado y sólidamente gofrado hecho de aceite de linaza oxidado y masillas pegados a un soporte de papel; se fabricó por primera vez a finales del siglo XIX. Está destinado principalmente para utilizarlo en el zócalo (por debajo del respaldo de las sillas), sobre todo en las entradas, ya que proporciona un acabado duradero.

Su superficie, similar al linóleo, se engofra mientras aún está blanda y luego se deja secar y endurecer durante unos 14 días. El resultado es un revestimiento muy duradero con un alto relieve que se puede volver a decorar casi indefinidamente. Esto está muy bien, ya que quitarlo puede resultar difícil. Se cuelga con una cola especial llamada cola de Lincrusta. La mayoría de los tipos tienen un borde que se tiene que recortar antes de colgarlo.

DIMENSIONES Y ACABADOS

Todos los revestimientos con relieve vienen en rollos de medidas estándar de 10,05 m de largo por unos 520 mm de ancho, aunque algunas Lincrustas se fabrican en un ancho menor para un manejo más fácil. La Lincrusta también se puede encontrar en paneles de varios tamaños.

La mayoría de los revestimientos de papel se pueden pintar con emulsión o con pinturas de base oleosa (acabado satinado o brillo). La Lincrusta sólo debería pintarse con pintura de base oleosa y queda mejor si se decora con un barniz de base oleosa teñido de color.

Colores brillantes ▷
Un rico acabado en pintura roja es la elección tradicional en un friso incrustado de estilo eduardiano. La pintura brillante enfatiza las pesadas molduras dando luz a las áreas elevadas.

PAREDES Y MADERA

LA PREPARACIÓN DE LA SUPERFICIE

Si piensa colgar revestimientos con relieve sobre yeso desnudo o paredes pintadas, debería lavarlas bien y encolarlas. Sin embargo, debería quitar siempre el papel viejo y los revestimientos de papel. Con la Lincrusta hay que tener mucho cuidado de quitar cualquier tramo de pintura levantada antes de colgar un revestimiento de papel, ya que es probable que la cola lo levante del todo.

Es una buena idea colgar un revestimiento de papel antes de colocar cualquier tipo de decoración con relieve, ya que proporciona una superficie uniformemente absorbente sobre el yeso nuevo o reparado, y ayuda a que la cola se seque sobre superficies no absorbentes. Coloque los revestimientos de papel horizontalmente sobre paredes y techos en ángulo recto con la dirección del papel final. Use una cola con fungicida si va a colgar vinilo soplado o Lincrusta. Para más detalles, véase *Empapelar* y *Decorar techos*, páginas 15-22.

COLGAR LA LINCRUSTA

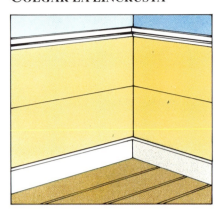

1 Preparar las paredes △
Empiece preparando las paredes: hay que quitar los revestimientos antiguos, lavar la pintura y arreglar las grietas. También hay que quitar cualquier trozo de pintura levantada. Como es difícil recortar la Lincrusta para que encaje en las esquinas poco regulares, es una buena idea colocar unas rozas y un zócalo nuevos para proporcionar unos bordes limpios y suaves bajo los que meter la Lincrusta. Las paredes deberían estar en línea cruzada (empapeladas horizontalmente con revestimiento de papel) para lograr una superficie porosa y regular.

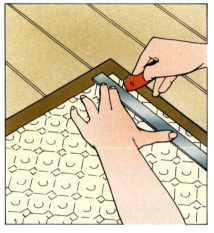

2 Cortar los bordes △
Maneje siempre la Lincrusta con cuidado para evitar dañar o rasgar su superficie. Empiece cortando trozos que encajen en el área que se quiere cubrir: deberían ser 50 mm más largos que el borde más largo. Asegúrese de que el diseño coincide en cada extremo. Recorte el borde usando un cortatramas y un listón de acero; es más fácil hacer esto en el suelo, con una lámina de madera chapada por debajo de los bordes que esté recortando. Corte suavemente los bordes colocando la hoja del cortatramas hacia adentro para asegurarse unas juntas perfectas.

3 Empapar la parte de atrás △
Aplique agua templada con una esponja a la parte de atrás de cada tramo de papel y déjelo secar durante 20 ó 30 minutos. A continuación coloque los tramos de papel espalda con espalda para conseguir mejores resultados. Esto ayuda a que el material se extienda completamente antes de colgarlo, y así se evita que se formen ampollas cuando se cuelgue el papel. Después del período de empape, debe eliminar cualquier exceso de agua con un trapo seco.

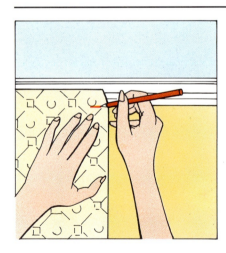

4 Ponerlo recto △
Use una plomada para marcar una línea en la pared como punto de partida y sujete el primer tramo de papel antes de encolarlo para poder marcar la línea de corte a cada lado. Luego recorte por las marcas para que encaje perfectamente con la línea del zócalo, la línea de las rozas o con la línea del techo; deje el borde inferior del tramo de papel para recortarlo después de colgarlo.

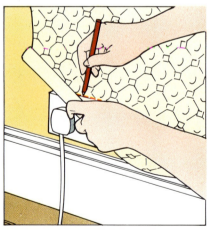

5 Cortar alrededor de los obstáculos △
Si hay otros obstáculos como los enchufes de la luz o las ventanas, haga que un ayudante sujete el tramo de papel en su lugar mientras usted marca sus posiciones. Si el obstáculo está cerca del borde del papel, se puede hacer a mano.

Si no, mida la posición del obstáculo y márquelo en la Lincrusta. Corte por las marcas.

6 Encolar la Lincrusta △
Debe aplicar la cola para Lincrusta en la parte de atrás del primer tramo, usando una vieja brocha de 75 mm.

Si la cola está demasiado espesa como para extenderla fácilmente, remuévala con fuerza. Asegúrese de que toda la superficie está cubierta regularmente y preste gran atención a los extremos.

SE NECESITA
- Revestimiento en relieve
- Revestimiento de papel (si es necesario)
- Cola y engrudo
- Una cinta métrica de acero y un lápiz
- Una plomada
- Una mesa y una brocha de encolar
- Un cubo de plástico
- Unas tijeras y una brocha para empapelar
- Escaleras y caballetes como se indica
- Brochas para pintar y/o un rodillo

Para colgar la Lincrusta
- Un equipo para colgar revestimientos de papel (incluidos en la lista)
- Un cortatramas, un listón de acero y un trozo de madera chapada
- Una esponja y un trapo suave
- Una brocha vieja y cola para Lincrusta

Para el acabado
- Pintura, brochas y/o un rodillo

Para el esmaltado
- Barniz de base oleosa mezclado
- Un trapo blanco para eliminar el esmalte
- Barniz y una brocha

7 Colgar el primer trozo
Cuelgue el trozo de papel en cuanto acabe de encolar, alineando el borde superior recortado con la línea de las rozas, con el zócalo o con la línea del techo y el extremo lateral con la línea de la plomada. Presiónelo en su sitio con un trapo templado y húmedo, trabajando de arriba a abajo.

Mantenga siempre el borde a la altura de la línea de la plomada, y tenga cuidado de no doblar la Lincrusta en el borde inferior. Continúe hasta que la Lincrusta esté pegada en su lugar unos 20 cm por encima de las rozas.

8 Recortar el borde inferior ▷
Marque el nivel de las rozas a cada uno de los lados del borde inferior del papel. Luego coloque una tira de madera chapada contra la pared por detrás del borde inferior y corte por las dos marcas usando un cortatramas y un listón. Presione el borde inferior de nuevo contra la pared.

Elimine cualquier resto de cola de la pintura o de la superficie de la Lincrusta con una esponja a medida que cuelgue cada tramo. Cuelgue los siguientes tramos del mismo modo, uniendo los trozos tan minuciosamente como sea posible.

9 Tratar con las esquinas
Debido a su rigidez, la Lincrusta es muy difícil de colgar en las esquinas a menos que sean bastante redondeadas. Puede que sea posible con algunos tipos de Lincrusta más finos, dependiendo del diseño, pero con esquinas angulosas normalmente es mejor cortar el trozo que dobla la esquina y unir las dos secciones para obtener un mejor acabado.

10 Acabar el trabajo
Deje secar la Lincrusta durante al menos 24 horas, y preferiblemente durante un par de días. Luego limpie la superficie con un trapo limpio mojado en aguarrás para eliminar cualquier marca de grasa de dedos o de suciedad que podrían estropear el acabado de pintura.

DECORAR REVESTIMIENTOS CON RELIEVE

Puede decorar los revestimientos con relieve con cualquier pintura de buena calidad, pero la Lincrusta debería decorarse con una pintura (satinada o de brillo) de base oleosa. Para un acabado brillante, que enfatice la textura del revestimiento, utilice pintura satinada, o elija el brillo para un acabado más fuerte.

Sin embargo, para un acabado más interesante, se puede aplicar un acabado de esmalte: el esmaltado es una técnica que aplica color principalmente en los recesos de la superficie y también ayuda a resaltar su aspecto tridimensional.

El esmalte es un barniz oleoso transparente al que se le añade aguarrás y varios tintes para conseguir un acabado semitransparente. Otra alternativa es colorear el esmalte con pinturas al óleo o con cualquier pintura de base oleosa, como la pintura satinada o el barniz.

Mezcle lo suficiente para completar el trabajo, ya que podría resultar difícil acertar con el tono de otros lotes. Aplique una imprimación a la superficie con una capa de pintura satinada de base oleosa y deje secar antes de esmaltar. Elija un color varios tonos más claro que el barniz. Debería diluirse el barniz antes de usarlo con un poco de aguarrás para que sea más fácil de aplicar.

Antes de empezar a trabajar en la pared, sería buena idea practicar la técnica sobre papel para que se haga una idea de cuánto esmalte aplicar y cuánta presión hacer cuando lo elimine otra vez para conseguir el acabado deseado. Trabaje con un amigo, uno aplicando el esmalte y el otro eliminándolo, para acelerar las cosas y para que el esmalte no se seque irregularmente.

Consejo

Paredes a prueba de niños. En las habitaciones de los niños, la parte inferior de las paredes es la que más se estropea y se ensucia (con los experimentos con las pinturas, con los dedos pegajosos y todo lo demás). Para proteger las paredes tanto como sea posible, coloque un zócalo y cuelgue un revestimiento fuertemente gofrado o papel de vinilo soplado en esa zona. Luego pinte con pintura de brillo.

Esto significa que puede volver a pintar la parte inferior de la pared cuando sea necesario sin necesidad de decorar toda la habitación de nuevo.

APLICAR EL ESMALTE

1 *Aplicar el esmalte*
Empiece aplicando el esmalte en un área de 1 m² aproximadamente. Aplíquelo bien para asegurarse una capa regular, pero no muy espesa o se correrá.

2 *Quitarlo* ▷
Utilice un trapo de algodón limpio, seco, sin pelusas y que no destiña, doblado en forma de almohadilla para eliminar el esmalte de los puntos elevados. Frote ligeramente y luego aumente la presión para conseguir el efecto que desee. Acabe frotando hacia abajo.

3 *Pasar a la siguiente sección*
Repita el proceso en las siguientes secciones, intentando mantener el borde húmedo para que no se noten las juntas.
Recuerde que el frotado final debe hacerse hacia abajo en cada sección para asegurarse un acabado regular.

4 *Proteger la superficie*
Deje secar la superficie esmaltada durante unas 24 horas. Luego aplique una capa de barniz claro —el satinado da un acabado más suave que el brillo— para proteger la superficie y hacerla completamente lavable.

◁ *Surgiendo de las sombras*
La técnica del esmaltado se aprecia aquí claramente: se puede ver cómo la mayor profundidad del color se queda en los recesos de este revestimiento de vinilo soplado. El tono gris azulado elegido le da a la pared un brillo casi metálico.

Diseños para entradas ▷
Se han usado dos diseños diferentes de Anaglypta Original para lograr un gran efecto en esta entrada. Por debajo de la línea del zócalo se ha pintado el diseño con una pintura de acabado satinado que pega con la carpintería. Por encima de la línea, se ha pintado un diseño de cenefa que pega con la pared superior. Este diseño de la cenefa es particularmente efectivo cuando se usa en el techo para imitar una cornisa.

Cornisas y molduras

Una cornisa es un trozo continuo de moldura horizontal entre las paredes y el techo. Moldura es el nombre que se le da al material prefabricado que se usa para hacer una cornisa. Las cornisas tradicionales son con frecuencia elaboradas y ricamente gofradas. Las cornisas modernas son normalmente un simple tramo de moldura cóncavo.

Proporcionan una ruptura decorativa entre las paredes y el techo y esconden algunas imperfecciones. Además se pueden utilizar para esconder tuberías y cables.

Cómo se hacen las cornisas

Las cornisas están hechas de yeso o de madera, de espuma plástica expandida, de cartón-yeso o de polistireno (los tres últimos materiales se venden bajo el nombre de molduras).

- Yeso. Las tan elaboradas cornisas que se encuentran en las casas de época suelen estar hechas de yeso moldeado. Se pueden comprar nuevos tramos de moldura de yeso, pero el material es bastante pesado, caro y difícil para trabajar.
- Madera. Algunas cornisas tradicionales talladas están hechas de madera, pintada o teñida. Es difícil reemplazar este tipo de cornisa sin usar los servicios de un experto tallador. Se puede añadir una simple cornisa de madera a una habitación utilizando tramos de moldura escocia.
- Espuma plástica expandida. Si una cornisa tradicional de yeso está muy estropeada, se podría reemplazar con una reproducción hecha de espuma plástica expandida rígida. Este material tiene un interior ligero, una superficie dura y suave, y viene en muchos estilos. Es muy ligero, fácil de colocar y se puede cortar, taladrar y lijar. Cuanto más elaborado sea el diseño, más costará este tipo de cornisa, pero incluso los diseños más caros son más baratos que en yeso. Este

Elegancia de época
Una cornisa cuidadosamente restaurada añade un toque de auténtica elegancia a este precioso salón azul. Se puede conseguir un efecto similar con una moderna moldura de reproducción.

tipo de cornisa se puede dejar sin pintar o se puede colorear para que haga juego con la gama de colores de la habitación.

• Cartón-yeso. Puede usar una moldura de cartón-yeso para una cornisa simple. Tiene un centro de yeso cubierto por una capa de papel grueso. Viene como un cuadrante cóncavo con la parte de atrás hueca; es bastante pesado y sin decoración en la superficie. Debe pintarse tras colocarlo.

• Polistireno. Disponible en un estilo similar al de la moldura de cartón-yeso. Es ligero y con una superficie levemente rugosa. Fácil de colocar, viene con piezas prefabricadas en forma de ingletes internos y externos, y no es caro. Debe pintarlo después de colocarlo.

TOMAR MEDIDAS

Las molduras que se utilizan para añadir o reemplazar una cornisa se venden por tramos —normalmente de 2 ó 3 m—. Las cornisas de yeso pesado se venden en tramos cortos o se hacen a medida.

Empiece por averiguar las medidas en las que viene la moldura que ha elegido, luego mida el perímetro de la habitación y averigüe cuántos tramos necesitará. Recuerde que tendrá que cortar juntas en forma de ingletes en la mayoría de los tipos, lo que implica disponer de algunos trozos de más.

LA PREPARACIÓN DE LA SUPERFICIE

A menos que esté usando cualquier cosa que no sea una moldura ligera de polistireno, tendrá que eliminar el revestimiento de papel de la zona de las paredes y el techo donde vaya a colocar la moldura. Si no se hace esto la moldura se puede caer. Si la pared está pintada, lávela y frote con papel de lija la zona donde vaya a colocar la moldura para prepararla para el adhesivo.

HERRAMIENTAS Y EQUIPO

• Cortar. Utilice un serrucho para el yeso, el cartón-yeso, la espuma plástica expandida y madera, y un cortatramas para el polistireno.

• Medir. Equípese con una regla metálica. Si va a usar cartón-yeso, yeso, madera o espuma plástica, necesitará una caja de ingletes. Para molduras pequeñas, utilice una caja corriente de ingletes de carpintero. Para algo más grande, haga una caja (véase Paso 5).

• Colocar. Para las molduras ligeras utilice el adhesivo recomendado por el fabricante. Si el diseño es de yeso pesado moldeado, necesitará clavos de mampostería, tacos para pared y tornillos, o tacos para marcos. Éste es un trabajo para dos que trabajen desde dos pares de escaleras de mano con una plancha por encima.

SE NECESITA

☐ Una cinta métrica
☐ Una regla metálica y un lápiz
☐ Un cortatramas o un serrucho
☐ Un rascador de papel
☐ Un caja de ingletes
☐ Adhesivo y un aplicador
☐ Un cuchillo para masilla
☐ Clavos de mampostería, tornillos y tacos para pared o para marcos, un taladro, un destornillador o un martillo para los tipos más pesados
☐ Emulsión de pintura y un brocha

---

1 *Haga una línea guía* ▽
Utilice un tramo de moldura sujeto en el ángulo entre la pared y el techo como guía y marque una línea alrededor de toda la habitación. Use un lápiz blando para hacer la marca. Esto le ayudará a alinear la moldura a medida que la vaya colocando y también le indicará la zona de papel viejo que tiene que quitar si las paredes o el techo están empapelados.

2 *Marcar la superficie* ▽
Si hay que quitar el papel, pase por estas líneas con una regla metálica y un cortatramas, cortando hasta el yeso de debajo. Esto producirá una línea llamativa, pero no se preocupe, ya que quedará cubierta una vez que la cornisa esté en su lugar. Mantenga la línea tan recta como le sea posible y no apriete demasiado con el cortatramas.

3 *Quitar el papel* ▽
Quite en seco tanto papel como pueda de las superficies del techo y las paredes entre las líneas, levantando las juntas entre los tramos de papel. No lo moje a menos que sea extrictamente necesario, ya que se arriesga a dañar el papel que haya por debajo de las marcas. No importa si queda algo de papel viejo o de cola sobre la superficie.

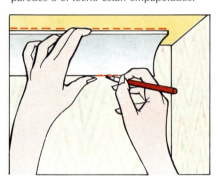
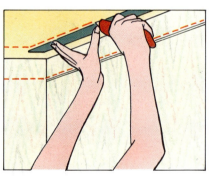
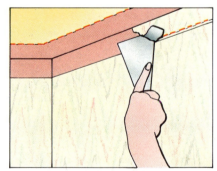

4 *Superficies pintadas*
Si la pared está pintada, lávela usando una solución de agua jabonosa (siga las instrucciones del fabricante) para eliminar la suciedad y la grasa de la superficie. No aplique demasiada agua sobre la pared o se escurrirá y marcará la pintura por debajo de la zona marcada. Deje secar la pared y luego líjela entre las líneas marcadas, con papel de lija de grado medio, o con una lijadora eléctrica. Esto endurecerá la superficie y la preparará para el adhesivo. Lave la pared para eliminar el polvo y déjela secar. Si intenta colocar la moldura sobre una pared húmeda o sucia, el adhesivo no agarrará.

5 *Hacer una caja de ingletes* ▷
Si va a usar una moldura grande o decorada, se puede ahorrar tiempo y evitar errores haciendo una caja de ingletes a la medida de la moldura. Hágala de unos 450 mm de larga (de tramos de madera de unos 19 mm de espesor que se pegan y se atornillan juntos) y lo suficientemente ancha para que la moldura encaje de la misma manera que lo hará en el ángulo del suelo/techo, con el borde de la moldura que descansará sobre el techo apoyado sobre la base y el lado de la pared contra los lados de la caja más cercanos a usted. Utilice un prolongador para marcar dos guías para el serrucho en un ángulo de 45° en direcciones opuestas. Córtelas hasta la base de la caja.

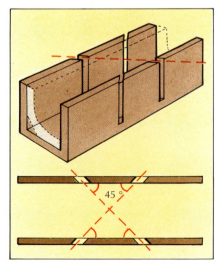

6 Medir y cortar

Empiece en una esquina. A menos que los ingletes estén ya cortados tendrá que cortarlos usted mismo. La manera en que se corte el inglete —de derecha a izquierda o de izquierda a derecha— depende de si la esquina es externa o interna y de qué lado del inglete se esté cortando (véase el Paso 11). Para cortar el inglete correctamente haga dos plantillas usando restos de la moldura. Marque qué lado va a ir contra el techo. Meta una pieza en la caja de ingletes cortando un extremo de izquierda a derecha. Haga un corte paralelo en el otro extremo. Corte los dos extremos del segundo tramo, pero esta vez de derecha a izquierda. Cuando corte la moldura, ponga las plantillas en la esquina apropiada para ver de qué modo cortar. Cuando corte los ingletes para las esquinas exteriores, la moldura deberá ser un poco más larga que la pared.

7 Colocar la primera pieza ▽

Extienda el adhesivo en la parte de atrás del primer trozo. Sujételo en posición sobre la pared y el techo, comprobando que los bordes estén alineados con las líneas guía, y apriete con firmeza. Sujételo así durante un par de minutos para que el adhesivo agarre.

8 Accesorios extra ▽

Para una moldura pesada, coloque clavos de mampostería a intervalos de 600 mm. En las molduras de yeso, coloque las molduras, taladre hasta la pared y coloque tacos de marco (tacos de pared largos con un tornillo en el centro, que se meten en la moldura y se atornillan a la pared).

9 Consiga un acabado limpio ▷

Cuando el tramo está firmemente colocado en su lugar, use un cuchillo para masilla para eliminar cualquier resto de adhesivo que se haya escurrido por los bordes de la moldura. Esto debería rellenar automáticamente cualquier hueco entre la pared o el techo y el borde de la moldura resultado de superficies irregulares. Cuando use el cuchillo para masilla, tenga cuidado de no marcar el borde de la cornisa, la pared o el techo. Si hay cualquier hueco demasiado grande para que el adhesivo lo cubra, rellénelo con masilla fina para interiores y alíselo. La masilla se puede lijar para lograr un acabado perfecto.

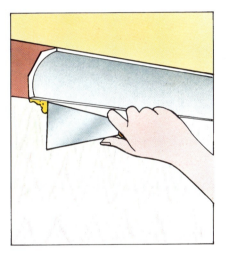

10 Colocar el siguiente trozo

Ahora corte los ingletes y coloque el segundo trozo de moldura en el otro extremo de la misma pared. Si los dos trozos son más largos que la pared, sujete el segundo trozo en su lugar después de cortar el inglete en uno de los extremos y marque el punto donde se sobrepone con el otro trozo. Haga un corte en ángulo recto en este punto, luego aplique adhesivo y presione el trozo en su lugar. Use adhesivo para rellenar la junta entre los dos trozos. Elimine cualquier resto. Si la pared es más larga que los dos trozos de moldura, simplemente rellene el hueco entre el primer y el segundo trozo con uno o más trozos cuadrados si fuera necesario.

11 Tratar las esquinas

Cuando dos trozos de una esquina interna se juntan, puede resultar más fácil poner adhesivo en la junta con el dedo o usar un pequeño trozo de madera. Es importante poner suficiente adhesivo en los trozos de esquina para lograr una junta sin huecos. Todas las juntas de las esquinas deberían acabarse limpiamente con un cuchillo para masilla, para lograr una junta perfecta. Esto es muy importante con las esquinas externas, ya que los huecos se notan más aquí. Elimine los restos de adhesivo de las esquinas antes de que se seque, usando una brocha húmeda o una esponja.

12 Moverse por la habitación

El diagrama de abajo a la izquierda muestra cómo cortar las molduras para que encajen en una habitación normal. Si es posible, evite colocar un trozo corto en el centro del repecho de una chimenea. Si se necesitan trozos cortos en otras paredes, deben centrarse entre los trozos más largos.

LIMPIAR Y RESTAURAR

En las casas antiguas es fácil encontrar una cornisa bellamente moldeada con tanta pintura que el detalle casi ha desaparecido. Es posible restaurar la cornisa (dando por hecho que tenga el tiempo y la paciencia necesaria para embarcarse en una agotadora operación de rascado de pintura).

• Identificar el problema. Empiece intentando identificar la pintura utilizada. Si la superficie tiene brillo, probablemente sea barniz de base oleosa. Si la superficie está mate y opaca, puede que sea temple de base acuosa o pintura satinada de base oleosa. Si la superficie está mate pero en buen estado, probablemente se haya utilizado una moderna pintura de emulsión para la capa base.

• Barniz y pintura satinada. Se pueden eliminar utilizando cola o un gel especial.

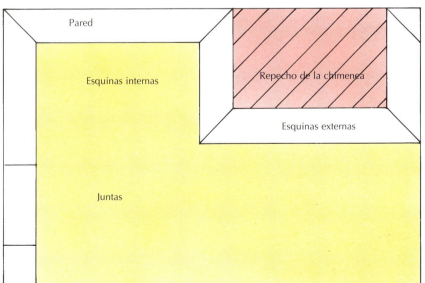

Si usa un gel especial, póngase guantes y gafas protectoras, ya que puede quemar la piel si se derrama. Puede usar un rascador a presión, pero es bastante cansado sujetar la pistola y rascar una cornisa mientras intenta constantemente llegar arriba.

• **Temple.** Intente con agua primero. Si la superficie es temple de base acuosa se quitará. Use un spray para plantas para mantener la superficie húmeda mientras trabaja (véase la ilustración de la derecha).

• **Emulsión de pintura.** Se necesita un producto químico. Algunos de estos productos no funcionan con la emulsión, así que asegúrese de elegir uno que lo haga (las instrucciones del envase lo dirán).

• **Trabaje despacio.** Éste es un trabajo agotador, así que plantéese el trabajo en varios días. Recuerde que se puede encontrar con una combinación de estos tipos de pintura, por lo que tendrá que estar preparado para cambiar de método.

REPARAR LOS DAÑOS

Se puede encontrar con daños en la moldura de yeso mientras quita la pintura. Arregle o restáurelo usando un material de secado rápido como el alabastino o el yeso de París. Si faltan grandes tramos de la decoración, haga un molde usando una zona sin daños como modelo. El mejor material para hacer un molde es un compuesto para impresiones dentales, que se puede conseguir en los establecimientos de material dental. Extienda grasa de silicona en el interior del molde y use una masilla de secado rápido para fabricar la nueva pieza. Cuando esté preparada, péguela con adhesivo de epoxy-resina.

PINTAR LA CORNISA

Una vez que la cornisa está en su lugar o restaurada, se puede pintar. Use emulsión, diluyendo la primera capa sobre yeso o cartón-yeso con un 10% más de agua. Añada una segunda capa cuando la primera esté seca. Para evitar rellenar los adornos en los tipos decorados, aplique dos finas capas y no una capa gruesa.

Puede que se decida a decorar la moldura de nuevo con adornos, usando pintura de color sobre los detalles en relieve. Aplique una capa de fondo por toda la superficie. Aplique la pintura con un pincel pequeño, apoyándose en un bastón —trozo de madera o metal de unos 460 mm con una bola de espuma envuelta en un trapo en un extremo—. Esto le ayudará a mantener el pulso. Los pequeños botes de prueba vendidos por los grandes mayoristas son ideales.

Fíjese en el detalle
Usar una simple moldura moderna para crear una cornisa, añade el toque final esencial a esta habitación. La cornisa y las rozas se han pintado en crema para contrastar con el color azul y para que peguen con el mobiliario.

Consejo

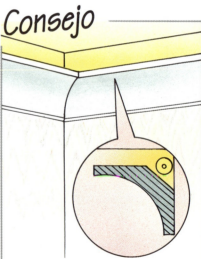

Accesorios ocultos. La mayoría de las molduras modernas son huecas en su parte de atrás, permitiendo que se esconda ahí el cableado. Asegúrese de que la moldura que va a comprar servirá para lo que quiera esconder. Una variación de esta idea es usar las molduras para esconder tubos fluorescentes extrafinos que se reflejen en el techo. La moldura se coloca unos 75 mm por debajo del techo y se pega sólo a las paredes. Esto deja espacio para que la luz brille hacia arriba y para que se puedan cambiar los tubos. Hay molduras especiales que se venden en establecimientos especializados.

Empapelar con tela

Si quiere proporcionar calidez y suavidad a una habitación, las paredes empapeladas con tela pueden muy bien ser la respuesta. De manera similar al revestimiento con lengüetas y surcos, se puede usar la tela para cubrir el yeso en malas condiciones, y para una calidez real puede añadir aislante por debajo de la tela. Sin embargo, puede resultar un asunto bastante caro puesto que la tela cuesta por metro cuadrado más que la mayoría de los revestimientos de papel, y para la técnica descrita aquí, con tela recogida sobre barras de cortinas, los pliegues significan que necesitará incluso más tela.

Meter la tela en las barras significa que puede quitarla para lavarla de vez en cuando. Conlleva una gran labor de costura, particularmente si quiere añadir un volante en un color que contraste.

ELIJA SUS TELAS

Las telas lisas o con pequeños motivos producen los mejores efectos cuando se cubren paredes. Los motivos grandes pueden resultar agobiantes, y hay que ser muy cuidadoso a la hora de hacer coincidir los motivos al unir los tramos. Pliegue la tela en sus manos antes de comprarla para comprobar el efecto. Busque telas que sean lo más anchas y baratas posible; pero evite aquellas que se decoloren (por ejemplo, las telas para vestidos) si la habitación recibe la luz directa del sol.

• Calcular la cantidad de tela. Para calcular la cantidad de tela necesitará dibujar un boceto de cada pared que vaya a cubrir. Divida las paredes en áreas rectangulares, siendo cada rectángulo tan grande como sea posible.

Por ejemplo, en una pared con un par de ventanas, tendrá rectángulos del suelo al techo a cada lado y entre las ventanas, con pequeños rectángulos encima y debajo de éstas. Para cada rectángulo necesitará un panel de tela al menos una vez y media más grande para el ancho. Medir la altura del rectángulo más 8 cm para cubrir las partes superior e inferior.

HERRAMIENTAS Y EQUIPO

Para la tela que se mete en las barras de las cortinas necesitará suficientes barras como para rodear la totalidad de los bordes superior e inferior de cada rectángulo. Si el yeso está en mal estado, o si sus paredes son difíciles para trabajar, le resultará más fácil colocar listones de apoyo de madera antes de poner los soportes de la barra de las cortinas. Use barras metálicas para cortinas de 12 milímetros de diámetro; o, como una alternativa más barata, cables de cortina sujetos con tornillos a los listoness de apoyo.

• Nota. Los radiadores crean problemas: si se pueden quitar, coloque la tela por detrás, y luego vuelva a poner los radiadores, cortando la tela a la altura de los soportes. Si no, tápelos antes con madera. Tenga esto en cuenta cuando realice las mediciones y decida dónde va a colocar los listones de apoyo y las barras de las cortinas.

> **SE NECESITA**
> ☐ Listones de apoyo de 50 x 25 mm
> ☐ Tornillos y tacos
> ☐ Un taladro y un destornillador
> ☐ Tela
> ☐ Una máquina de coser, aguja e hilo
> ☐ Barras para cortinas y soportes

Estampado y plegado
Una manera efectiva de usar tela estampada sobre una pared. Los motivos son delicados y la tela llega hasta un poco antes de la línea del zócalo. Un volante verde lima enfatiza el efecto y hace juego con el verde de la tela y del papel.

PAREDES Y MADERA

MEDIR LA HABITACIÓN

Antes de empezar tiene que medir la habitación para poder averiguar la cantidad de listones de apoyo, el largo de las barras para las cortinas y los metros de tela.

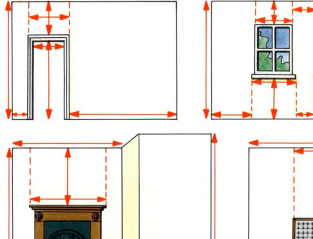

1 *Dibujar planos de las paredes* ▷
Mida cada pared y dibuje un boceto que muestre los grandes obstáculos (ventanas, puertas y demás). Marque las medidas totales, incluyendo las medidas de los obstáculos. Luego divida cada pared en una serie de rectángulos, como se muestra, con las líneas punteadas en los diagramas de la derecha.

2 *Calcular la cantidad de listones de apoyo*
Si piensa colocar listones de apoyo antes de colocar las barras de las cortinas, mida los bordes superior e inferior de cada rectángulo para averiguar el largo total de los listones de apoyo requeridos.

3 *La cantidad de barras de cortinas*
Se necesita la misma cantidad que de listones de apoyo. Ahora ya hay que empezar a pensar dónde van a ir los soportes: colóquelos para que coincidan con las esquinas de los rectángulos. Todo queda mejor si se usa el menor número posible de tramos de barra.

4 *Calcular la tela*
Para cada rectángulo de su boceto necesitará un trozo de tela una vez y media más grande para el ancho del rectángulo más un total de 16 cm para hacer los dobladillos.

COLOCAR LOS LISTONES DE APOYO EN LA PARED

Es más fácil colocar las barras de las cortinas con precisión si primero pone listones de apoyo alrededor de la habitación. Las barras de las cortinas tienen unos agujeros para tornillos muy pequeños, por lo que resulta más sencillo atornillarlas a la madera que al yeso con tacos de pared.

1 *Cortar los tramos de los listones de apoyo*
Consulte su boceto y corte los listones de apoyo en trozos, de forma que cubran cada sección que se vaya a tapar.

2 *Tratar con las esquinas externas* ▷
En las esquinas externas, deje un trozo extra para extender un extremo para que se sobreponga al extremo del trozo adyacente, para un acabado limpio.

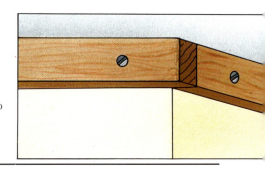

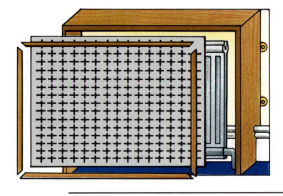

3 *Tapar los radiadores con madera* ◁
Si va a tapar sus radiadores, puede comprar una cubierta ya hecha o construirla usted mismo. Haga una caja abierta de madera blanda y lisa de 25 x 125 mm. Necesitará una pieza para cada lado, adecuada para encajar alrededor de las rozas en la parte inferior, y una pieza que pase por encima del radiador. Pegue y atornille las esquinas, reforzando las juntas con ángulos metálicos si fuera necesario. Para la parte frontal, clave al borde exterior del marco una tela o una plancha de madera contrachapada con perforaciones decorativas, llevándolo hasta unos 10 cm del suelo para dejar que circulen las corrientes de convección. Pegue y clave un reborde alrededor de la tela o de la plancha frontal para lograr un perfecto acabado. Coloque placas de espejo en los bordes posteriores de los paneles laterales de la caja (dos en cada lado) y atornille firmemente toda la estructura a la pared.

4 *Organizar la electricidad* ▷
Ya que hay que sujetar la tela a los listones de apoyo, se quedará un par de centímetros alejada de la pared. El efecto será mucho mejor si consigue que un electricista le reponga los enchufes de forma que se levanten de la pared. También es recomendable moverlos ligeramente, si es necesario, de forma que estén en el extremo de la pared —los interruptores de la luz contra el arquitrabe y los enchufes pegados a las rozas—. Al mismo tiempo, pida al electricista que coloque los listones de apoyo alrededor de los enchufes.

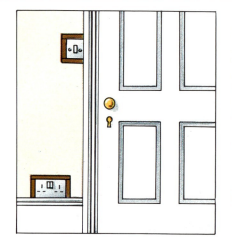

5 *Colocar los cuadros*
Como la tela se queda alejada de la pared, tendrá que poner tacos de apoyo si quiere colgar cuadros. Esto hará que la tela no se deforme al colgarlos. Si sólo hay que colgar un par de cuadros grandes, unos pequeños bloques de madera serán suficientes. Si tiene que colgar series o grupos de cuadros, unas tiras largas de listones de apoyo le darán un poco de flexibilidad a la hora de colgarlos.

6 Preparar los listones de apoyo ◁
Coloque los listones de apoyo a lo largo de los bordes superior e inferior de cada zona que vaya a cubrir. Deberían estar tan cerca de los extremos superior e inferior del rectángulo como fuera posible. Taladre una serie de agujeros, cada 50 cm por debajo del trozo del listón de apoyo. No ponga los tornillos a menos de 3 cm de cada extremo, para asegurarse el espacio para colocar las barras de las cortinas en las esquinas de los rectángulos.

7 Colocar los listones de apoyo
Sujete el listón de apoyo en su sitio, marque la posición de los agujeros en la pared, luego utilice un trozo de mampostería para taladrar los agujeros en la pared en cada punto. Coloque un taco de pared en cada agujero. Meta un tornillo en cada uno de los agujeros finales del listón de apoyo, después atorníllelos en los agujeros tapados con tacos. Añada los tornillos de entremedias.

SUJETAR LA TELA CON LAS BARRAS DE LAS CORTINAS

Cuando se sujeta una tela a las barras de las cortinas hay que hacer una gran cantidad de costura.

1 Colocar las barras de las cortinas en su lugar ▷
Coloque las barras en las partes superior e inferior de cada sección de pared que vaya a cubrir. Si hay más de dos trozos de barras, coloque unos soportes espalda con espalda para que sean continuos. Colóquelos de forma que el centro de cada uno esté a 3 cm de los bordes superior e inferior de la pared.

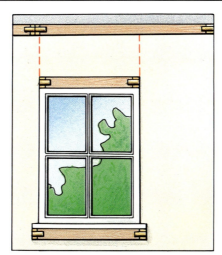

2 Fabricar tramos con cubierta ▷
Corte suficientes trozos de tela para conseguir el ancho que necesite. Una los trozos de tela donde sea necesario con una costura plana, planchada abierta. Doble hacia adentro un doble bajo de 1 cm bajo cada extremo del largo. Para los dobladillos, doble hacia adentro 3 cm, luego otros 5 cm más y plánchelo. Cosa dos líneas simples a máquina, una a 2 cm de la línea del dobladillo y otra a 2,5 cm hacia dentro de ésta. En este paso, corte y remate la tela sin dejar espacio para irregularidades como los interruptores de la luz.

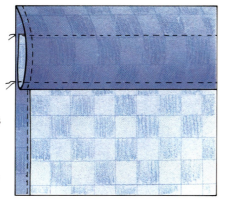

Consejo

SUBA LA TEMPERATURA
Para una calidez extra se puede aislar por detrás de la tela. Esto se puede hacer con láminas de polistireno o con forro de poliester.

Si va a usar polistireno, puede elegir entre distintos rollos, que son bastante finos y se pegan como el revestimiento de papel (además, están pensados para colgarlos detrás del papel) o láminas más gruesas, que están disponibles en paneles de 122 x 244 cm. Asegúrese de que los paneles no son más gruesos que los listones de apoyo. Coloque los paneles en la pared con uno de esos adhesivos especiales para pegar polistireno.

Si va a usar un forro de poliester (disponible en anchos de 80 cm en las tiendas de retales) elija el de más peso y simplemente grápelo a la pared de forma que se cubra por completo toda la zona del interior de los listones de apoyo.

3 Colocar la tela
Cosa los trozos de tela a las barras de las cortinas a lo largo de la parte superior de cada sección. Coloque las barras de forma que los trozos de tela cuelguen. Donde no haya obstáculos (como los interruptores de la luz) introduzca las barras inferiores en los dobladillos y colóquelas en sus soportes. Distribuya la totalidad de la tela regularmente y júntela ligeramente en los extremos para que cubra los soportes, arreglando la tela de forma que no se vea ningún antiestético hueco.

4 Pequeñas irregularidades ▷
Para hacer que la tela encaje perfectamente alrededor de los obstáculos como los interruptores de la luz, los enchufes, las esquinas de la chimenea y demás, tendría que improvisar ligeramente. Donde los enchufes estén cerca de las rozas, coloque un pequeño tramo de barra de cortina. Corte un trozo de la tela que cuelgue por encima del enchufe, dejando 8 cm para hacer un dobladillo. Corte la tela de forma que la pueda doblar para hacer el bajo como antes. Sujete los bordes sin rematar o dóblelos para que quede bien. A la altura de los interruptores de la luz, bien puede cortar la tela y graparla a unos listones de apoyo alrededor del interruptor o puede añadir pequeños tramos de barra de cortina y hacer dobladillos encima y debajo del interruptor.

Cuando haya terminado con todas las irregularidades, acabe de colocar la tela alrededor del extremo inferior de la habitación.

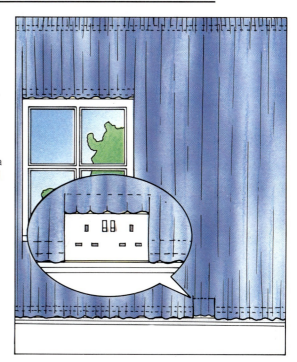

81

Consejo

CABLEADO

Para economizar, use cables tensores para cortinas en vez de las barras. No haga los rectángulos separados por cada cable demasiado anchos o puede que el cable se combe en el centro. Haga el canal del dobladillo ligeramente más estrecho que para las barras de las cortinas (coloque las costuras a 2 y 3 cm del dobladillo). Ponga arandelas en los tacos de apoyo, y donde se encuentren los paneles, coloque dos ganchos en cada arandela, de forma que pueda tirar de los trozos de tela tan cerca como le sea posible.

Asegúrese de que tiene los cables de las cortinas tan tensos como pueda para evitar que se comben.

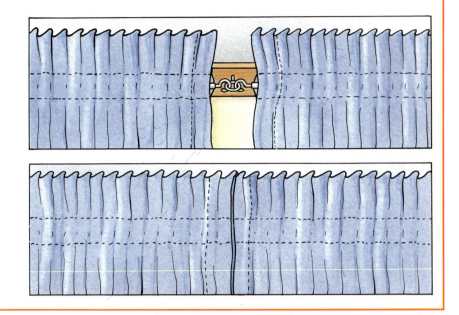

◁ **Liso y plegado**
Una tela en color melocotón claro, finamente recogida, se convierte en el revestimiento perfecto para una habitación clásicamente elegante. De nuevo, la tela acaba en la línea del zócalo. El papel a rayas de debajo de la línea coincide en los tonos melocotón de la tela y recuerda los pliegues verticales de encima.

Alicatado básico

Los azulejos se pueden usar en una gran variedad de situaciones por toda la casa, para conseguir una superficie inmensamente resistente, inmune al moho, a las manchas típicas del hogar y a todo, salvo a un ataque físico determinado. Así que, si ésta va a ser la primera vez que vaya a poner un azulejo, aquí está todo lo que necesita saber sobre el alicatado.

• Un comienzo simple. No sea demasiado ambicioso. Para su primer intento, elija una pequeña zona rectangular apoyada sobre una superficie elevada —la parte de encima del lavabo o a lo largo del extremo de la bañera, o el tramo entre la encimera de la cocina y los armarios de la pared—. Así podrá probar la técnica sin preocuparse de desperdiciar azulejos o de tener que dominar la complejidad de cortar formas difíciles.

• ¿Qué tipo de superficie? Se puede dejar una superficie pintada y en buen estado, pero hay que quitar el papel o los revestimientos de papel —incluso si están pintados—. Se puede alicatar sobre yeso nuevo o sobre cartón-yeso, pero hay que aplicar a la superficie una imprimación de emulsión. No intente alicatar sobre chapa de madera —los azulejos de cerámica se pueden romper sobre una superficie flexible—; en vez de eso, quítela y reemplácela por madera aglomerada o contrachapada. Si la superficie ya está alicatada, se pueden poner azulejos nuevos por encima.

• Elegir los azulejos del tamaño adecuado. Los azulejos vienen en varios tamaños; las medidas estándar son 10 cm^2 y 15 cm^2.

Si está pensando alicatar entre límites fijos como las encimeras o trozos de paredes, elija un tamaño que le evite el engorroso trabajo de cortar los azulejos a medida. La mayoría de los proveedores le venderán un azulejo suelto para que se lo lleve a casa y pueda comprobar las medidas y las combinaciones de colores. Mida con exactitud la zona que quiere alicatar. Luego, una vez que ya conoce el tamaño de los azulejos, puede averiguar cuántos necesitará para cubrirla. Cuente los azulejos cortados como si fueran enteros y compre un 10% extra para cubrir las roturas.

Equipo para alicatar

Necesitará unas pocas herramientas y un pequeño equipo antes de empezar.

El adhesivo para azulejos viene ya mezclado y el tubo suele incluir un aplicador ondulado; compruebe esto antes de dejar la tienda. Calcule 1 l x m^2.

El engrudo para azulejos ya viene mezclado y normalmente incluye un aplicador flexible. 1 kg servirá para unos 6 m^2. En zonas pequeñas puede ahorrar comprando una mezcla de adhesivo y engrudo.

Los cortadores de azulejos van desde una simple herramienta con punta para rayar a los auténticos *kits* para cortar azulejos.

Las tenazas sirven para arrancar trozos de azulejos menores de 2 cm de ancho.

Una lija para azulejos se usa para suavizar las marcas que dejan las tenazas.

Los separadores de azulejos —pequeñas cruces de plástico que se ponen donde va el adhesivo en la esquina de cada aulejo— son opcionales. Si los necesita o no, depende del tipo de azulejo. Muchos azulejos tienen los bordes biselados para crear una separación uniforme entre los azulejos; otros tienen pequeños arrastres en los bordes para crear el mismo efecto. Sólo los azulejos de bordes cuadrados y sin arrastres necesitan separadores.

Un rasador es esencial para comprobar que los azulejos están bien colocados.

Simple pero encantador
Los azulejos decorativos de la cenefa, a juego con otros más baratos, dan un resultado muy efectivo.

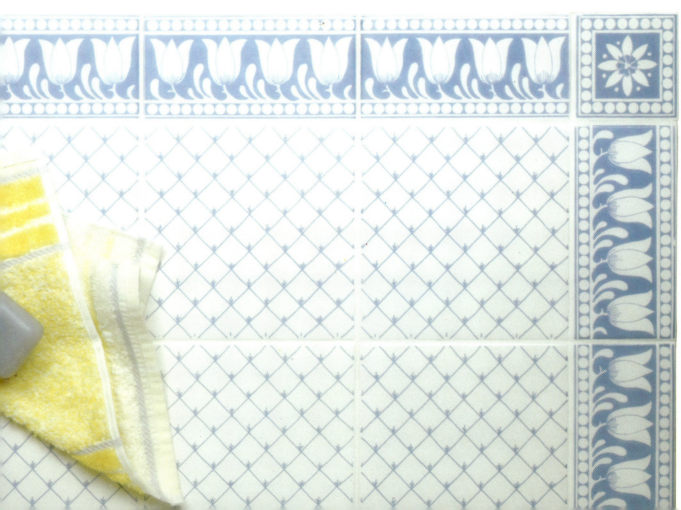

ALICATADO EN PAREDES

1 *Colocar un panel de azulejos* ▽
Con un panel entero de azulejos, como la parte de encima del lavabo (abajo), encuentre el centro del lavabo y márquelo con lápiz en la pared. Luego compruebe dónde acabarán los extremos de los azulejos, bien alineando el borde del azulejo con la línea central (izquierda) o bien marcando el centro de un azulejo y colocándolo para que coincida con el centro del lavabo (derecha).

SE NECESITA	
☐ Azulejos	☐ Una regla metálica o una escuadra
☐ Adhesivo	☐ Un rasador
☐ Un aplicador ondulado para adhesivo	☐ Engrudo
☐ Un cortador para azulejos	☐ Un aplicador flexible para engrudo
☐ Unas tenazas (opcional)	☐ Un puntero (o la punta de un lápiz sin afilar)
☐ Una lija para azulejos (opcional)	☐ Silicona para sellar
☐ Unos separadores para azulejos (opcional)	☐ Un lápiz, un rotulador
	☐ Una esponja y trapos secos

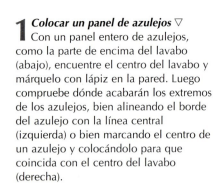

Alicatar de pared a pared ▷
Para alicatar un área de pared a pared (arriba a la derecha), primero coloque una hilera de azulejos sueltos en la superficie que vaya a alicatar, y trabajando desde el centro como para la parte de encima del lavabo, colóquelos de forma que le quede al menos un tercio de azulejo en cada extremo de la hilera. Es mejor cortar dos azulejos en cada extremo que encontrarse con un pequeño fragmento en uno de los extremos.

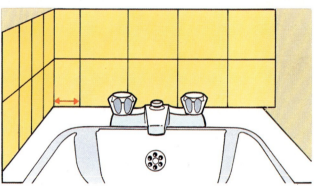

Alicatar alrededor de la bañera ▷
Para alicatar a lo largo de los dos lados de la bañera (derecha), intente tener azulejos enteros en los extremos y cualquier azulejo cortado en las esquinas. Si es necesario, deje que los azulejos de los extremos se pasen de la bañera mejor que tener que cortar un pequeño fragmento en la esquina.

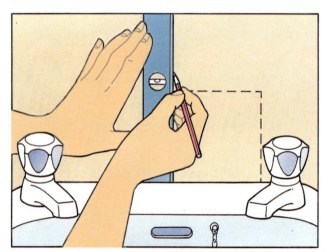

2 *Preparar la pared*
Lave los azulejos ya existentes o las superficies pintadas, rascando cualquier zona con pintura levantada. Quite los revestimientos de papel; si sólo va a alicatar parte de una pared empapelada, marque y quite un trozo de papel 25 mm más pequeño en cada dirección que lo que ocupará el alicatado. Pinte cualquier yeso desnudo o cartón-yeso con emulsión.

3 *Empiece con una superfice nivelada*
Use el borde recto de un lavabo, una bañera o la encimera como guía para colocar los azulejos horizontalmente y que éstos descansen directamente en la superficie.

4 *Marcar el comienzo* ◁
Utilice el rasador para marcar una auténtica línea vertical en el punto donde se va a empezar a alicatar.

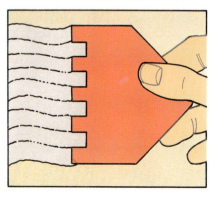

5 *Aplicar el adhesivo* ◁
Ponga un poco de adhesivo para azulejos en el aplicador ondulado y presiónelo contra la pared. Pase el aplicador firmemente por la pared de forma que los dientes le den al adhesivo un espesor uniforme. Aplique el suficiente adhesivo como para colocar seis azulejos en la primera hilera. Asegúrese de que puede ver la línea vertical del comienzo (rasque un poco del adhesivo si es necesario).

6 *Colocar el primer azulejo*
Deje que el borde inferior del azulejo apoye contra la encimera/lavabo, sujetando el azulejo en un ángulo de 45° con la pared (véase el diagrama 7). Alinéelo con la línea vertical y presione el azulejo firmemente contra el adhesivo. Compruebe que está nivelado haciendo uso del rasador; en caso de no estarlo, muévalo ligeramente hasta que lo esté, asegurándose de que aún está alineado.

7 Añadir más azulejos ▷
Complete la primera hilera de la misma manera, juntando los bordes de los azulejos o colocando separadores si se están usando azulejos de bordes cuadrados sin arrastres. Si el alicatado llega a una esquina, deje cualquier pieza para cortar para más tarde (pero rasque el adhesivo de esa zona para que no se seque).

Compruebe que todos los azulejos están pegados los unos a los otros; apriete cualquiera que parezca un poco elevado y levante cualquiera que parezca hundido, poniendo más adhesivo sobre la pared antes de volver a colocarlo.

Añada más hileras de azulejos enteros, comprobando que las líneas verticales están correctamente alineadas. Después de colocar la hilera final, limpie cualquier exceso de adhesivo.

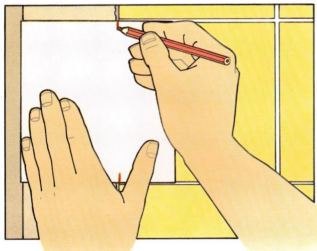

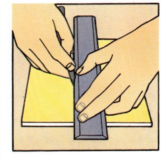

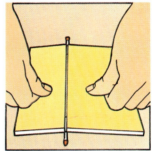

9 Cortar los azulejos △
Corte el azulejo pasando por la línea de la cara barnizada un cortador de azulejos con una regla metálica. Coloque una cerilla por debajo del azulejo en cada extremo de la línea marcada y presione firmemente hacia abajo en cada una de las mitades del azulejo. Se partirá limpiamente siempre y cuando haya marcado el barniz con profundidad con el cortador de azulejos.

Compruebe que cada azulejo cortado encaja en su lugar y luego extienda adhesivo en la parte de atrás y colóquelo en su sitio. Como regla general, coloque el lado sin cortar de un azulejo cortado junto al borde de un azulejo entero. (Si piensa doblar la esquina y seguir alicatando, puede que necesite las otras mitades para la nueva pared, así que no las tire.)

8 Colocar azulejos en una esquina △
Para que los azulejos encajen, déle la vuelta al azulejo para que el lado barnizado esté contra la pared. Colóquelo en la esquina, tapando el azulejo ya colocado de al lado; compruebe que esté alineado. Marque con lápiz las líneas de corte, déle la vuelta y dibuje la línea en la cara barnizada con un rotulador.

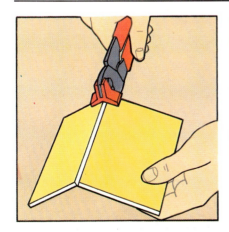

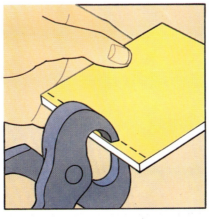

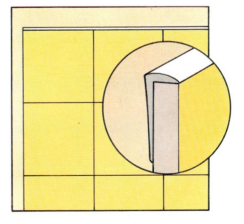

USAR UN *KIT* PARA CORTAR AZULEJOS
Normalmente consisten en un cortador de azulejos, una escuadra que se usa para guiar el cortador, y una herramienta que coge el azulejo marcado con unas tenazas en ángulo recto y lo parte por la línea de corte.

CORTAR UNA TIRA ESTRECHA
Si tiene que cortar de un azulejo una tira de menos de 1 cm de ancho, márquelo de la manera normal y luego use un par de tenazas para morder el exceso de azulejo. Use una lija para azulejos para suavizar cualquier irregularidad que pueda aparecer en el lado cortado.

REBORDE
Se pueden rematar los extremos superiores y laterales con un reborde para azulejos. Ponga los tramos de reborde en una cama de adhesivo antes de colocar la última hilera de azulejos y ajuste el reborde una vez colocados, de forma que encajen sobre el borde de los azulejos.

10 *Quitar los espaciadores*
Si ha utilizado separadores para azulejos, deje secar el adhesivo durante al menos dos horas antes de quitarlos cuidadosamente con la ayuda de un pequeño destornillador. Tenga cuidado de no mover los azulejos. Rasque cualquier resto de adhesivo de los azulejos en este punto.

11 *Aplicar el engrudo* ▷
Deje que el adhesivo se asiente durante toda la noche. Cargue un poco de silicona en el aplicador flexible y páselo por las separaciones entre los azulejos, metiéndolo entremedias. Use una esponja húmeda para eliminar cualquier exceso cada vez que complete una zona de seis azulejos.

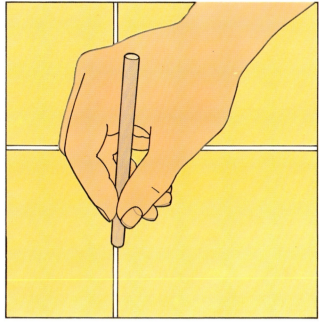

12 *Dar el toque final* △
Pase el extremo de un puntero por cada línea de engrudo para dejar la superficie ligeramente cóncava. Deje secar el engrudo tanto tiempo como indique el fabricante, luego limpie la superficie del azulejo y sáquele brillo con un trapo seco.

13 *Sellar la parte de encima del lavabo* ◁
Evite las juntas que gotean usando un sellador de silicona flexible para rellenar pequeños huecos (de hasta 6 mm) entre los azulejos y la parte superior de lavabos y bañeras. No utilice engrudo ya que no tiene elasticidad y podría rajarse con el movimiento. Asegúrese primero de que la superficie está limpia y seca. La mayoría de los selladores se aplican directamente desde un tubo. Aplique una presión regular y siempre aleje el tubo de usted a lo largo de la junta. Recorte el exceso de silicona con una cuchilla, suavícelo pasando un dedo húmedo por la junta y deje secar.

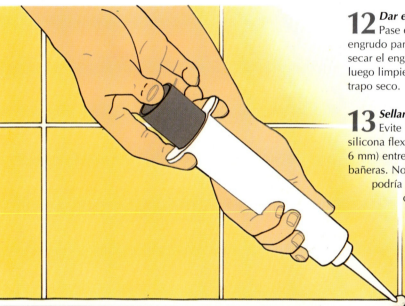

Consejo

ENGRUDO DE COLORES

La mayoría del engrudo para azulejos es blanco. Sin embargo, si quiere añadir un toque extra de color, puede usar engrudo de colores o extender una pintura especial tan pronto como el engrudo blanco original se haya secado. Si coincide con el color de los azulejos le dará un aspecto uniforme a la zona alicatada; si es un color que contrasta enfatizará el alicatado.

La pintura para engrudo también se puede usar para iluminar el engrudo viejo que ya empieza a tener un aspecto pobre.

Los colores que puede encontrar incluyen rojo, verde, rosa y azul, además de una gama de colores neutros como el gris, el marfil y el beige.

Alicatar una superficie de trabajo

Los azulejos de cerámica son una atractiva y práctica superficie de trabajo para la cocina o el baño. Son sólidos, fáciles de limpiar y duran mucho tiempo. Se puede rematar el borde de la superficie de trabajo con con un reborde de azulejos a juego o con un simple borde de madera.

A veces, alicatar una superficie de trabajo es más fácil que alicatar una pared: la zona es relativamente pequeña y la superficie es horizontal y no vertical. Pero, como los azulejos tienen que ser del tipo más grueso y cortar algunos se hace inevitable, es aconsejable hacer un ensayo en una pared antes, como la parte de encima del lavabo.

• Tipos de superficie. Un alicatado ya existente o una superficie de plástico laminado pueden alicatarse de nuevo si están limpias, suaves y bien pegadas. Si no está satisfecho con la superficie, reemplácela por una lámina de chapa de madera.

Elimine los rebordes de plástico o metal: deje uno de madera y alicate encima.

• Elegir los azulejos. Las encimeras necesitan azulejos lo suficientemente resistentes para soportar golpes fuertes y sartenes calientes. Cualquier cosa de más de 5 mm de grosor vale, pero tenga en cuenta que cuanto más gruesos sean los azulejos, más difíciles serán de cortar. Se pueden usar azulejos más ligeros y finos en las superficies del baño. En general, un acabado mate es mejor que uno demasiado brillante.

Los azulejos de pared ofrecen la mayor gama de diseño y color. Los especiales para encimeras son más limitados, pero vienen con azulejos a juego para el borde frontal: hay tramos rectos, pares de azulejos con ingletes para las esquinas internas y piezas especiales para las esquinas externas.

Los azulejos de mosaico son otra opción: son pequeños y fáciles de colocar, pero por la misma razón son más delicados de cortar. Puede utilizar baldosas de cerámica para suelos, pero son muy gruesas y difíciles de cortar; los azulejos de cantera son más difíciles y, si no tienen brillo, hay que sellarlos después de ponerlos.

• ¿Cuántos azulejos? Los azulejos de cerámica normalmente miden 10 y 15 cm^2. Para asegurarse de que compra el azulejo del tamaño necesario y evitar tener que cortar demasiado, puede comprar unos cuantos para experimentar —la mayoría de los proveedores le venderán azulejos sueltos—. Otra alternativa es usar plantillas de cartón y añadir 1 mm alrededor contando con las juntas.

Mida el ancho y el largo de la zona que quiere alicatar. Cuando conozca el tamaño de los azulejos que va a usar, calcule cuántos necesitará. Compre suficientes para cubrir la zona con azulejos enteros, más algunos extra por si comete algún fallo.

HERRAMIENTAS Y EQUIPO

El adhesivo tiene que ser resistente al agua. Si la superficie de trabajo es irregular, aplique una espesa capa de adhesivo para cubrir cualquier anomalía.

El engrudo debe resistir al agua. Sobre las encimeras alicatadas use un engrudo epoxy que no es tóxico y resiste el óxido.

Un cortador de azulejos, con una rueda para marcar una línea de corte y tenazas en ángulo recto para morder el azulejo, es la mejor herramienta para cortar los azulejos más gruesos y las tiras finas de azulejos.

Una simple herramienta con punta para rayar es más barata y servirá igual siempre y cuando los azulejos no sean demasiado gruesos y no haya que cortar demasiado.

Unas tenazas para azulejos, con la boca de tungsteno, para cortar trozos pequeños, y de más fácil uso sobre azulejos gruesos que unas tenazas corrientes.

Una lija de azulejos o papel de lija fuerte para suavizar los bordes cortados.

Una cocina al día
Los azulejos dan un aspecto lujoso y proporcionan una superficie duradera y fácil de limpiar. Aquí se ha usado un reborde de azulejos redondeados a lo largo del borde de la encimera para un acabado limpio y profesional.

SE NECESITA
- Azulejos
- Azulejos para el reborde o un reborde de madera, más adhesivo y clavos de espiga
- Adhesivo resistente al agua
- Un aplicador ondulado para adhesivo
- Separadores de azulejos sin arrastres
- Un cortador de azulejos
- Tenazas para azulejos o tenazas corrientes
- Una lija para azulejos o papel de lija
- Engrudo epoxy resistente al agua
- Un aplicador de engrudo flexible o un trapo
- Sellador de silicona
- Listones de madera de unos 25 x 50 mm
- Un martillo y clavos de espiga
- Una regla metálica
- Un lápiz y un rotulador
- Trapos viejos o una esponja

1 Planear la disposición ▽▷
Averigüe la mejor disposición para el alicatado colocando los azulejos sueltos por toda la superficie y retocándolos hasta que queden bien. Si usa azulejos de bordes cuadrados y sin arrastres coloque los separadores entre medias para dejar sitio para las juntas.

Mantenga los azulejos cortados en la parte de atrás de la encimera y evite los trozos pequeños difíciles de cortar.

• El borde frontal. Cómo piensa acabar el borde frontal de la superficie de trabajo determinará cómo tiene que colocar el resto de los azulejos.

Si quiere un borde alicatado (izquierda), tenga en cuenta el ancho de los azulejos del reborde cuando coloque el resto de los azulejos enteros.

Si quiere poner un reborde de madera (derecha), pegue los azulejos enteros al borde frontal de la superficie.

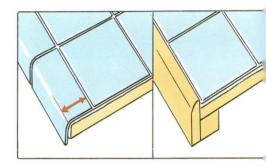

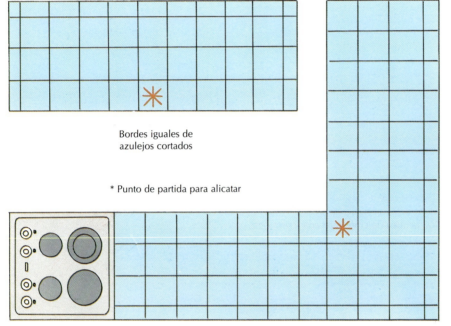

Bordes iguales de azulejos cortados

* Punto de partida para alicatar

• Alicatar un espacio rectangular. Encuentre y marque el centro del borde frontal de la encimera. Luego, haga coincidir el centro de un azulejo con esta marca y ponga una hilera de azulejos sueltos a lo largo de todo el borde frontal. Si la encimera está abierta en ambos extremos, ajuste los azulejos de forma que tenga un borde de azulejos cortados de igual tamaño en cada extremo. Si está abierta sólo en un extremo, ponga aquí azulejos enteros y corte los azulejos que están pegados a la pared.

Una vez que haya decidido la disposición, marque la posición del azulejo del centro de la fila frontal con un asterisco (*) como punto de partida para el alicatado.

• Alicatar en forma de L. Para una encimera en forma de L, coloque un azulejo en la esquina interna (*) y marque los bordes con lápiz para saber dónde va a comenzar. Como no se puede ajustar el punto de partida, tendrá que cortar azulejos para que encajen en los bordes exteriores.

2 Preparar la base
Lave el laminado o el alicatado ya existente y frótelo con papel abrasivo con objeto de prepararlo para el nuevo adhesivo de azulejos. Levante los azulejos que estén sueltos o irregulares y vuélvalos a colocar con adhesivo nuevo; rellene cualquier grieta o agujero con masilla de celulosa. Pinte una base de chapa de madera nueva con varias capas de apresto para sellarla.

El borde frontal de la encimera debería ser del mismo ancho, o un poco menos ancho que la anchura del acabado final elegido por usted. Si no lo es, pegue y atornille un listón de madera a la parte interior del borde frontal, asegurándose de que no obstruye ningún cajón o puertas de armario que estén debajo.

3 Empezar con un borde recto ▷
Use un listón de madera por todo el frontal de la superficie de trabajo como guía para colocar la primera hilera de azulejos en línea recta. De otro modo, es probable que la disposición acabe ladeada.

Si va a poner un reborde de azulejos (arriba a la derecha), marque una línea por todo el frente de la encimera que respete el ancho del reborde de azulejos —se ponen los últimos—. Sujete una pieza del reborde, con el lado más corto en vertical, contra el borde de la superficie de trabajo; haga una serie de marcas de lápiz por el borde superior del azulejo y únalas con una línea recta. Luego clave un listón de madera suelto hasta la marca de lápiz y úselo como la guía para colocar los azulejos enteros.

Con un reborde de madera (abajo a la derecha), clave el listón al borde de la encimera de forma que se levante sobre la superficie el grosor de un azulejo.

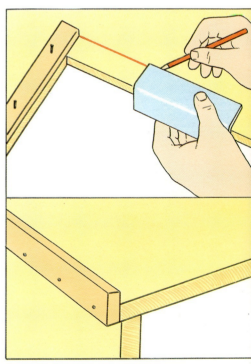

4 Empezar a alicatar ▷
Con su punto de partida en mente aplique suficiente adhesivo con un aplicador ondulado para colocar cuatro o cinco azulejos a lo largo del borde frontal.

Ponga el azulejo (*), pegándolo contra el listón y presione hasta que quede en su lugar. Añada el siguiente azulejo a su lado —pegando los bordes o poniendo separadores si es necesario— y continúe a lo largo de la hilera hasta que no pueda colocar más azulejos. Compruebe que todos los azulejos están alineados entre sí; si la disposición empieza a ladearse y no se corrige, el error se irá haciendo progresivamente peor.

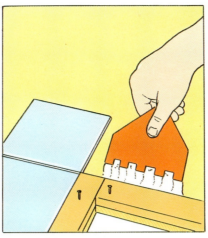

5 Añadir más azulejos ◁
Extienda más adhesivo y continúe poniendo más hileras de azulejos, trabajando hacia la pared tan lejos como pueda llegar. Deje los azulejos cortados para el final, pero elimine cualquier resto de adhesivo en la zona donde irán colocados antes de que se seque.

De vez en cuando, presione los azulejos con un listón para asegurarse de que la superficie está nivelada.

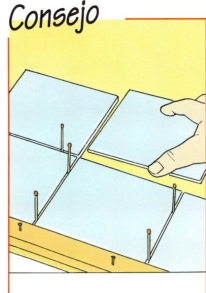

Consejo

SEPARADORES DE AZULEJOS
Sustituya los separadores especiales para azulejos por cerillas cuando coloque azulejos de borde cuadrado sin arrastres. Use dos a cada lado del azulejo y quítelas antes de aplicar engrudo a las juntas.

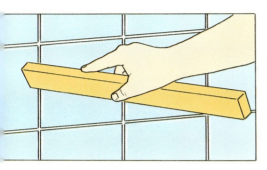

6 Marcar los azulejos de los extremos
Marque y corte los azulejos de los extremos individualmente, para asegurarse de que encajan en los huecos entre los azulejos enteros y la pared, por ejemplo.

Para marcar un azulejo hacer que encaje, sujételo con el lado barnizado hacia abajo, con un borde contra la pared, y marque dos puntos en el lado del azulejo donde estará la línea de corte. Luego déle la vuelta al azulejo y use una regla y un rotulador para dibujar una línea sobre el lado barnizado.

7 Cortar los azulejos de los bordes
Sujete firmemente una regla metálica contra la línea de corte y márquela profundamente con un cortador de azulejos.

Los azulejos gruesos y los trozos muy pequeños de azulejos, se cortan mejor usando un par de tenazas para azulejos con extremos en ángulo recto. Otra alternativa es colocar dos cerillas bajo cada extremo de la línea de corte marcada y presionar firmemente hacia abajo con la punta de los dedos —si nota resistencia marque la línea más fuerte e intente de nuevo—. Si los azulejos de los bordes son casi del tamaño completo, marque una línea de la forma normal y corte el exceso de azulejo con unas tenazas o unos alicates. Suavice los bordes con una lija para azulejos o con papel de lija.

Compruebe que cada azulejo encaja, luego extienda el adhesivo sobre la superficie de trabajo y ponga el azulejo en su lugar con el lado cortado hacia la pared. Si el espacio es estrecho, normalmente es más fácil aplicar el adhesivo a la parte de atrás del azulejo que sobre la superficie.

8 Colocar el reborde ▽
Una vez que la encimera ha sido completamente alicatada, quite el listón y remate el borde con un reborde especial de azulejos o con moldura de madera.

• Un reborde alicatado. Extienda adhesivo en la superficie de trabajo y en la parte de atrás de los azulejos, y colóquelos de forma que las juntas estén alineadas con las que hay entre los azulejos enteros.

Para poner los azulejos, empiece en una esquina interna con los azulejos en inglete. Luego trabaje hacia fuera de la esquina colocando las piezas rectas del reborde: si es necesario, corte los azulejos para que encajen marcando en profundidad la superficie con un cortador de azulejos y cortando el resto con unos alicates o unas tenazas especiales. En las esquinas externas, ponga una pieza especial para esquinas (puede que haga falta cortar un pequeño trozo de la superficie de trabajo para que el azulejo encaje limpiamente).

• Un reborde de madera. Corte la moldura para que encaje. Péguela con adhesivo para carpintería y refuércela con clavos de espiga, metiendo las cabezas hacia adentro y rellenando los huecos con masilla para madera. Siga los pasos 9-11 en la página siguiente y selle la madera con dos o tres capas de barniz o píntela para que haga juego con los azulejos.

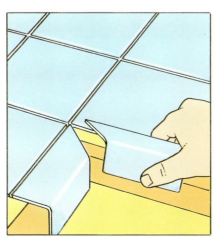
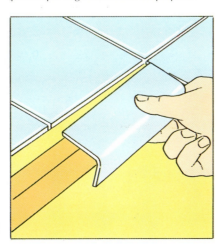
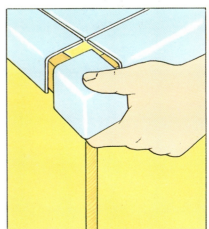

9 *Quitar los separadores de azulejos*
Si está usando separadores para azulejos (o cerillas), deje el adhesivo durante una o dos horas para que se asiente firmemente antes de quitarlos suavemente con un pequeño destornillador.

Quite cualquier resto de adhesivo de la superficie de los azulejos con un trapo húmedo, con cuidado de no descolocar los azulejos.

CORTAR FORMAS EXTRAÑAS

La mayoría de los azulejos cortados tendrán unos simples bordes rectos, pero puede que tenga que hacer unos cuantos cortes extraños para encajar azulejos alrededor de esquinas externas u obstáculos redondos como las pilas o los calentadores. No encaje los azulejos demasiado justos alrededor del calentador (deje un espacio para la junta como siempre, de forma que, cuando la temperatura cambia, puedan expandirse y contraerse sin rajarse).

Cortar una curva ▷
Haga una plantilla de cartón o papel del tamaño del azulejo. Sujétela en su lugar contra el objeto curvado y haga una serie de cortes en el borde con unas tijeras o un cortatramas, de manera que se pueda doblar en la forma de la curva.

Luego corte la forma curvada en la plantilla, ponga ésta en el azulejo y marque el borde como antes. Marque una cuadrícula de líneas en la zona de la curva y arranque pequeños trozos con alicates o tenazas para azulejos hasta llegar a la línea. Suavice el borde cortado con una lija para azulejos.

10 *Aplicar el engrudo*
Deje los azulejos 24 horas antes de aplicar el engrudo. Usando un aplicador flexible o un trapo, extienda el engrudo por entre las juntas de los azulejos (excepto donde los azulejos de la superficie se junten con la pila o la pared).

Quite las manchas de engrudo de los azulejos con un trapo húmedo antes de que se seque y pase un puntero de punta redonda por cada junta para alisar el engrudo y dejar la superficie ligeramente cóncava. Deje secar el engrudo y saque brillo a los azulejos con un trapo seco y suave.

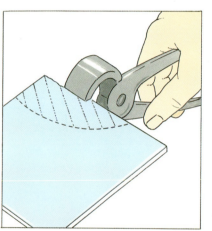

11 *Utilizar un sellador* △
Use un sellador flexible de silicona para sellar las juntas donde los azulejos se unan con la pila o el lavabo, y para rellenar el hueco entre la superficie de trabajo y la pared.

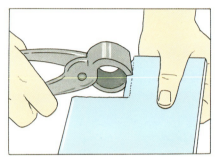

Cortar azulejos en esquina con forma de L △
Empezando en un lado de la esquina, ponga el azulejo que se va a cortar encima del último azulejo entero pegado a la pared. Luego ponga otro azulejo encima, con el borde contra la pared. Dibuje una línea de corte en el azulejo de enmedio, usando el azulejo de encima como guía.

Mueva los azulejos alrededor de la esquina y repita en el otro lado del ángulo. Junte las dos líneas para formar L —márquelas con un cortador de azulejos—. Marque una cuadrícula de líneas sobre la zona del azulejo a cortar y muérdala con unos alicates o unas tenazas.

◁ *«Patchwork»**
Se puede juntar una extraña colección de azulejos para lograr un gran efecto, siempre y cuando estén relacionados de alguna manera (por el color, el diseño o el estilo).

Aquí, una bonita colección de azulejos antiguos en tonos leonados cálidos, forma un vivo «patchwork» de diferentes motivos florales sobre una encimera de cocina. Busque azulejos similares en mercadillos y tiendas locales de segunda mano.

---

* *Mezcla de azulejos con alguna relación.*

Alicatar una habitación

La mejor manera de practicar sus habilidades en el alicatado, si nunca lo ha hecho antes, es cubrir una zona pequeña como la parte de encima del lavabo o una encimera. Véase *Alicatado básico* y *Alicatar una superficie de trabajo,* páginas 35-42, sobre las técnicas básicas para disponer la zona y colocar, cortar y aplicar engrudo a los azulejos.

Cuando esté tratando con una zona más grande —una pared entera o una habitación completa— se usan las mismas técnicas; la gran diferencia es la mera escala del trabajo, lo que convierte la disposición preliminar en la parte más importante. El problema es que a menos que tenga unas paredes absolutamente rectas, habrá un número de obstáculos alrededor de los que alicatar. Tiene que decidir cómo hacerlo de la mejor manera posible con los azulejos cuadrados, sin tener que cortar finas tiras imposibles para rellenar todos los huecos.

Si quiere alicatar formas extrañas como los recesos de las ventanas o los alrededores de la bañera, es esencial un cuidado extra si quiere conseguir resultados buenos.

Por último, puede querer añadir rebordes decorativos —de metal, madera o plástico— para rematar las zonas recién alicatadas. Y luego está el problema de volver a colocar los diversos apliques de pared que tuvo que quitar en un principio.

HERRAMIENTAS Y EQUIPO

Necesitará el mismo *kit* básico de herramientas que el que necesitó para alicatar zonas pequeñas (véase *Se necesita*, en la página siguiente). Además, para alicatar una pared entera necesitará algunos listones largos de madera que hagan de apoyo y guía, clavos de mampostería y un martillo con pinzas que le permita colocarlos provisionalmente en las paredes, y un rasador para asegurarse de que los listones están colocados en una posición horizontal. También necesitará gran cantidad de azulejos, incluso para una pared pequeña. Mida con exactitud, contando todos los azulejos tanto partidos como enteros, y dejando un 10% extra para roturas. Asegúrese de que tiene suficiente adhesivo y engrudo para acabar el trabajo; no hay nada más molesto que quedarse sin adhesivo cuando quedan unos azulejos por pegar. Use siempre adhesivo y engrudo resistentes al agua para zonas húmedas como el baño y la cocina.

Los azulejos de cerámica deben ponerse dejando un pequeño hueco alrededor por si se expanden. Antiguamente, esto se conseguía usando azulejos con una pequeña protección o arrastres en cada lado, o insertando separadores al colocarlos.

Muchos azulejos hoy en día son de tipo universal, sin arrastres separadores pero con bordes biselados con los que se logra el mismo efecto. Están barnizados en dos bordes adyacentes y se pueden usar en bordes descubiertos o en esquinas. Esos azulejos antiguos, con uno o dos bordes redondeados y barnizados (azulejos RE y REX), son muy difíciles de encontrar.

Algunas gamas de azulejos baratos tienen bordes desiguales y pobremente barnizados, con sólo unos pocos azulejos de cada caja que tengan dos bordes completamente barnizados. Si necesita azulejos con los bordes barnizados de buena calidad para rematar paredes parcialmente alicatadas y esquinas externas, tenga cuidado con este punto.

Si necesita taladrar agujeros en sus azulejos, asegúrese de que tiene unos afilados clavos de mampostería, enchufes y algo de cinta adhesiva para taladrar con pulcritud.

Rayas estratégicas
Este alicatado bien planeado tiene unos azulejos rayados que se alinean con la línea del alféizar de la ventana y crean un efecto de rozas a nivel del suelo. Un reborde de madera en un azul a juego completa el cuadro.

Planear la disposición

Si está pensando alicatar una pared o una habitación completas, la cosa más importante que tiene que hacer es planear con exactitud dónde irán los azulejos. Tendrá que observar con cuidado cada pared y cualquier característica como ventanas y puertas para ayudarle a decidir cómo colocar los azulejos.

Un alicatador con experiencia usará un listón marcado con el ancho de los azulejos para averiguar esto, pero para un principiante es más fácil usar los azulejos en sí para una sencilla disposición.

SE NECESITA
- ☐ Azulejos
- ☐ Adhesivo para azulejos
- ☐ Un aplicador ondulado para adhesivo
- ☐ Separadores para azulejos
- ☐ Un reborde de azulejos (opcional)
- ☐ Engrudo (blanco y coloreado)
- ☐ Un aplicador flexible para engrudo
- ☐ Una cinta métrica de acero
- ☐ Tramos de listón de madera (de unos 38 x 12 mm)
- ☐ Clavos y un martillo con pinzas
- ☐ Un rasador
- ☐ Un cortador de azulejos
- ☐ Tenazas para azulejos, alicates o un serrucho especial
- ☐ Un puntero para darle forma al engrudo
- ☐ Un lápiz y un rotulador
- ☐ Esponjas y trapos
- ☐ Sellador de silicona
- ☐ Un taladro, clavos de mampostería y cinta adhesiva si es necesario
- ☐ Una sierra y una caja de ingletes para colocar un reborde de azulejos

1 *Planear una pared recta* ▷
Sobre una pared recta e ininterrumpida es bastante simple. Se empieza en el centro de la parte inferior de la zona que se va a alicatar y se trabaja hacia fuera y hacia arriba desde este punto.

Mida la pared y marque con lápiz el punto central. Centre el primer azulejo en esta marca —puede ponerlo contra la pared o sobre el suelo—. Ponga más azulejos en cada dirección hasta que no pueda encajar más. Si los huecos que quedan a cada lado son muy pequeños, mueva la marca central a la derecha o a la izquierda hasta que sean por lo menos del ancho de un cuarto de azulejo.

Esto es no sólo porque las piezas estrechas quedan feas, sino porque son difíciles de cortar. Si sus azulejos tienen los bordes cuadrados, inserte trozos de cartón entre ellos para representar las separaciones de las juntas.

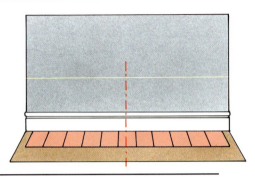

2 *Planear las verticales*
Una vez que haya establecido cómo irán los azulejos horizontalmente, compruebe qué va a pasar verticalmente. Sujete un azulejo contra una de las paredes laterales a la altura de las rozas o el suelo. Marque con lápiz las medidas del azulejo hasta el punto final. Si esto acaba en una pieza estrecha y rara en el techo, o si la línea superior de un alicatado parcial no está donde quiere que esté, use un azulejo cortado en la parte inferior de la pared en vez de un azulejo entero.

3 *Tratar una ventana* ▷
Si hay una ventana, centre los azulejos horizontalmente sobre ella más que sobre la pared: algunos trozos estrechos resultan inevitables y son menos llamativos en las esquinas. Cuando planee la disposición vertical, coloque los azulejos de forma que los completos coincidan con la línea del alféizar, pero no si esto significa tener piezas muy estrechas cortadas en la parte superior. Repita el proceso en otras paredes; tenga cuidado de empezar desde la misma línea inferior en cada una.

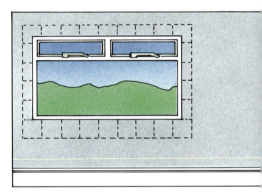

Preparar para alicatar

Para alicatar grandes zonas hay tres cosas vitales. Primero, las paredes tienen que estar en buen estado y lisas. Segundo, las hileras de azulejos deben estar exactamente horizontales. Si no lo están, los errores se acumularán a medida que alicate la pared, tirando las verticales fuera del alineamiento con desastrosos resultados. Y si está alicatando alrededor de una habitación, niveles desigualados significarán que sus hileras no coinciden en el punto de partida y el punto final. Tercero, los azulejos necesitan algún apoyo mientras el adhesivo se asienta. Sin él, la totalidad de la pared alicatada puede desplomarse.

1 *Preparar las paredes*
Para conseguir una superficie en buen estado sobre la que alicatar, elimine cualquier revestimiento. A continuación rellene cualquier grieta o hendidura con masilla de celulosa. Se puede alicatar sobre un alicatado ya existente siempre que esté firmemente pegado a la pared y las nuevas juntas caigan en lugares diferentes.

2 *Fijar los listones* ▷
Para poner los azulejos horizontalmente y sujetarlos mientras el adhesivo se seca, tiene que colocar una hilera de listones por la pared (o por toda la habitación) justo por encima de las rozas o a la altura del suelo, asegurándolos con clavos de mampostería parcialmente clavados de forma que los pueda quitar más tarde. La altura precisa la dictará su disposición, pero suele estar entre medio y tres cuartos del ancho de un azulejo por encima de las rozas o del suelo. No confíe en éstos últimos como niveladores; probablemente no lo serán. Primero marque el nivel con lápiz, usando su rasador, y luego clave los listones y compruebe que están alineados a medida que avanza.

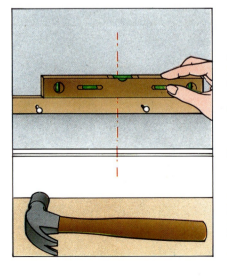

3 *Alicatar sobre azulejos*
Si va a alicatar sobre azulejos ya existentes tendrá que taladrar agujeros a través de éstos para los clavos de mampostería que sujetarán los listones en su lugar. Taladre pequeños agujeros en un listón, sujételo contra la pared y taladre a través de un agujero del listón hasta el azulejo. Clave este extremo en su lugar, luego mueva el listón, compruebe que está horizontal con el rasador, taladre a través de su otro extremo y clave.

ALICATAR LA PARED

Con todos los listones en su sitio puede empezar a alicatar.

1 Encontrar el punto de partida
Consulte su marca de lápiz para ver dónde está su punto de partida: el centro de la pared o algún otro punto. Transfiera la marca al listón. Puede colocar un listón guía vertical en un lado, pero no es estrictamente necesario; una línea base horizontal le asegurará que sus verticales sean también verdaderas siempre y cuando coloque los azulejos con cuidado.

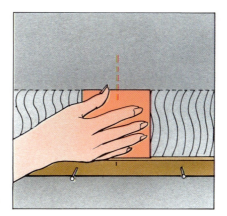

2 Aplicar el adhesivo ◁
Aplique una banda de adhesivo a la pared y coloque la primera hilera de azulejos enteros, añadiendo separadores de azulejos en las esquinas superiores si es necesario. Luego suba por la pared colocando azulejos enteros hasta alcanzar un obstáculo como una ventana. Siga alicatando por la pared a cada lado de la ventana hasta que llegue al borde del alicatado parcial o a la última hilera completa de azulejos enteros por debajo del techo. Acuérdese de dejar espacio para objetos como una jabonera o un espejo.

3 Colocar cualquier reborde
Si va a usar un reborde de plástico o de metal para rematar una zona parcialmente alicatada, ponga su parte de atrás sobre adhesivo antes de colocar la hilera superior de azulejos (consulte la página siguiente). No coloque azulejos cortados en los bordes superior y laterales en este punto.

4 Alicatar sobre aberturas ▷
Cuando hay que colocar azulejos sobre una ventana se necesita otro listón de apoyo. Póngalo en la pared sobre la abertura, con el borde superior en línea con el borde superior de los azulejos enteros que puso anteriormente a cada lado de la abertura. Luego siga alicatando como antes, colocando azulejos enteros hasta la altura del techo. Deje todos los listones en su lugar durante al menos 24 horas para dejar que el adhesivo se endurezca.

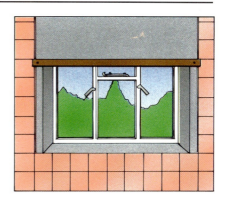

5 Colocar los azulejos cortados ◁
Al día siguiente, quite los clavos de mampostería que sujetan los listones en su lugar, usando un martillo con pinzas, y quite los listones. Quite también cualquier separador en este punto. Marque y corte los azulejos para que encajen en el espacio entre las rozas o el suelo y colóquelos en su lugar. Es más fácil aplicar el adhesivo a la parte de atrás de cada pieza cortada con el aplicador ondulado que intentar aplicarlo sobre la estrecha sección de la pared.

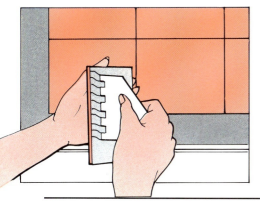

Luego coloque los azulejos cortados a cada lado de la pared, y entre la última hilera de azulejos enteros y el techo si el alicatado es completo, colocando el borde cortado de cada azulejo contra el techo.

Si ha alicatado más de una pared, ponga las piezas cortadas en cada pared. Asegúrese de que hay un ligero hueco entre las piezas cortadas adyacentes para dejar sitio a un posible movimiento de la estructura de la casa. Si las piezas están muy juntas esto podría rajarlas.

6 Alicatar recesos de ventanas ◁
El paso siguiente es alicatar cualquier receso de una ventana, estanterías o cajas que escondan las tuberías. Empiece cortando azulejos para rellenar el hueco que quedó en la parte frontal de la pared entre la última hilera de azulejos enteros y los bordes de los recesos. Luego coloque azulejos enteros en el alféizar, en los laterales y en la parte superior de la abertura, de forma que sus bordes barnizados se solapen limpiamente con

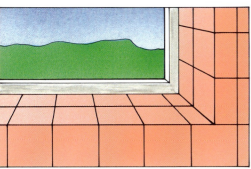

los bordes cortados de los azulejos que acaba de poner. Si el receso es poco profundo, córtelos en los bordes traseros para que encajen. Si va a alicatar el techo o la parte superior del receso, puede que necesite fijar un apoyo temporal —un listón y accesorios acuñados entre la parte superior y el alféizar—. Finalmente, en un receso profundo, coloque las piezas cortadas entre los azulejos enteros y el marco de la ventana para completar el receso.

7 Alicatar esquinas externas ◁
Un solapamiento similar al del receso de una ventana se forma en las esquinas externas. La regla aquí es tener el azulejo con el borde expuesto y barnizado en la pared más prominente.

Si va a alicatar tres superficies adyacentes —alrededor de una bañera totalmente alicatada—, la superposición en la esquina externa no se puede acomodar sin dejar un hueco igual al espesor de un azulejo que se coloque en la parte superior. No se notará cuando se

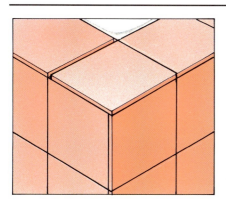

rellene con engrudo. Coloque los azulejos como se muestra en el dibujo, de forma que el azulejo de la esquina horizontal cubra los bordes de los dos azulejos verticales de la hilera superior que se han puesto debajo suyo.

93

ACABAR EL TRABAJO

Después de haber completado todo el alicatado, hay que añadir los rebordes, el engrudo y los accesorios para dar los retoques al acabado.

1 Añadir el reborde

Se pueden rematar limpiamente zonas alicatadas y esquinas externas con rebordes especiales de metal o plástico que dejan un borde pulcro y redondeado. Córtelos a medida con un serrucho de dientes finos, cortando los bordes en una caja de ingletes si ha alicatado una ventana o una apertura similar. Coloque el reborde en adhesivo para azulejos antes de colocar la última hilera de azulejos que lo precedan y ponga éste en su lugar, de forma que se seque a la misma altura que el borde de los azulejos.

2 Añadir accesorios ▷

Si va a añadir accesorios de cerámica a juego como jaboneras y toalleros, deje espacios en el alicatado normal y limpie el adhesivo. Al día siguiente, cuando coloque los azulejos cortados, aplique un poco de adhesivo en la parte de atrás del accesorio y póngalo en su sitio. Utilice cinta adhesiva para sujetarlo mientras el adhesivo se seca.

3 Aplicar engrudo a los azulejos

Deje el alicatado toda la noche para que el adhesivo se seque. Luego aplique el engrudo a todas las juntas usando un aplicador flexible de plástico. Limpie el exceso de engrudo con un trapo húmedo mientras trabaja y redondee las líneas del engrudo con un puntero. Cuando el engrudo esté seco, limpie la superficie

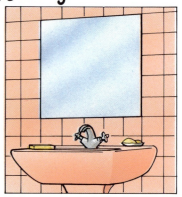

de los azulejos con un trapo limpio y seco para eliminar las manchas.

Es mejor no aplicar engrudo en los ángulos internos, ya que cualquier movimiento en la estructura de la casa podría agrietarlo. Use un sellador de silicona en su lugar, ya que se mantiene flexible.

4 Reemplazar los accesorios

Si tiene accesorios atornillados a la pared y los quiere reemplazar una vez terminado el alicatado, pegue cinta adhesiva en el azulejo y marque sus posiciones de sujeción. La cinta adhesiva evita que el taladro se escurra. Utilice una broca de mampostería con mucha punta y un taladro con velocidad lenta, presionando hasta que el taladro perfore el barniz del azulejo. Después taladre el agujero hasta la profundidad requerida. Quite la cinta adhesiva, meta un taco de pared y coloque el accesorio. En una zona húmeda como el cubículo de la ducha ponga una gota de sellador de silicona alrededor del tornillo para evitar que el agua rezume por detrás de los azulejos.

Consejo

Colocar un espejo. Si quiere tener espejos en el baño puede simplemente atornillarlos a la pared alicatada con tornillos para espejos. El único problema es que el vapor puede afectar la capa plateada si alcanza la parte de atrás del espejo. Para solucionar esto, coloque el espejo a la altura de los azulejos. Para asegurarse de que encaja perfectamente (y ahorrar azulejos) deje un espacio para el espejo cuando alicate, luego mida la zona y encargue un espejo de ese tamaño. Péguelo a la pared con adhesivo de resina epoxy. Selle la junta entre el espejo y los azulejos con un sellador de silicona. Ponga cinta adhesiva en el borde del espejo mientras aplique el sellador para que no se escurra y manche la superficie.

◁ **Cuidadosamente coloreado**
Los azulejos multicolor utilizados aquí enfatizan la importancia de colocarlos de forma correcta alrededor de una ventana. Los azulejos alternantes rosa, gris y verde no sólo están centrados en la ventana, sino que el color rosa dominante aparece en el centro y en las cuatro esquinas.

TÉRMINOS USUALES EN DECORACIÓN

- **ALICATADO**

Se pueden colocar azulejos en diferentes lugares de la casa cubriendo con ellos una pared entera o sólo un trozo.

Superficies. Se puede alicatar sobre yeso nuevo o sobre cartón-yeso aplicando antes una imprimación de emulsión a la superficie. No intente alicatar sobre chapa de madera, ya que son superficies flexibles y en ellas los azulejos de cerámica pueden romperse. Sí en cambio se obtienen buenos resultados sobre madera aglomerada o contrachapada. Si la superficie ya está firmemente alicatada, se pueden poner azulejos nuevos por encima.

Adhesivo para azulejos. Viene ya mezclado y el tubo normalmente incluye un aplicador ondulado. Calcule un litro por cada metro cuadrado.

Cómo cortar los azulejos. Hay herramientas específicas para ello que van desde una barra simple con punta para rayar, hasta auténticos *kits* profesionales.

- **CORNISAS Y MOLDURAS**

La cornisa es un trozo de material que une la pared con el techo. Hoy se venden molduras prefabricadas de madera, yeso o poliestireno que se acoplan a ese espacio. El coste de las de este último material varían según lo elaborado que sea el diseño. Son ligeras y fáciles de colocar, por lo cual resultan especialmente adecuadas para sustituir un trozo de moldura de yeso que se haya estropeado.

- **ESTARCIDOS**

El estarcido es una técnica de pintura que consiste en utilizar una plantilla decorativa a través de cuyos calados se extiende la pintura.

Brocha para estarcir. Debe ser de cerdas duras, cortadas en recto; con eso se consigue un acabado atractivo, suavemente punteado. Una buena alternativa es un pincel de cerdas de jabalí con el extremo despuntado. Compre una brocha para cada color que vaya a utilizar. Los diferentes tamaños irán en relación a las dimensiones del diseño.

Fijado del estarcido. Decida dónde quiere colocarlo y marque ligeramente con un lápiz la posición para poder dibujar fácilmente el borde. Luego alise el estarcido contra la superficie y péguelo con pequeños trozos de cinta adhesiva. Si lo hace sobre pintura o papel, *gaste* un poco el pegamento de la cinta presionándolo contra su brazo unas cuantas veces antes de fijarlo a la pared.

- **EMPAPELAR CON RELIEVE**

Las superficies sólidas que no se pueden alisar quedan muy bien cuando se las cubre con un revestimiento de papel. Los papeles con relieve y los revestimientos rugosos son también muy útiles para disfrazar un yeso agrietado y desigual.

- **LINCRUSTA**

Es un revestimiento pesado y gofrado hecho de aceite de linaza oxidado y masillas pegados a un soporte de papel. Se usa principalmente en el zócalo, sobre todo en las entradas, ya que proporciona un acabado duradero. Su superficie es similar al linóleo y se engofra mientras aún está blanda. Luego se la deja secar y endurecer durante unos 14 días. El resultado es un revestimiento inmensamente duradero con un alto relieve que se puede volver a decorar casi indefinidamente. Es difícil de quitar.

- **MURALES**

Los dibujos o escenas pintados sobre una pared, pueden dar un toque especial a su decoración. Para la habitación de un niño, puede seleccionar uno o varios personajes de dibujos animados y para habitaciones más formales, puede inspirarse en cuadros famosos, postales o sencillamente en sus fotos de viaje.

- **PAPEL DE AGLOMERADO DE MADERA**

También conocido como papel arraigado, consiste en partículas de madera entre dos finas láminas de papel que le dan un aspecto grumoso, como el de las gachas. Es ideal para cubrir el yeso en mal estado.

- **RASADOR**

Herramienta que sirve para comprobar que los azulejos están bien colocados.

- **ROSETAS PARA EL TECHO**

En su mayoría están hechas del tradicional yeso fibroso o de materiales plásticos más baratos como el polistireno y el poliuretano, mucho más ligeras, que sólo se pegan y no necesitan ser atornilladas (aunque es mejor usar tornillos de espiga como apoyo extra). Use siempre el adhesivo y los accesorios recomendados por el fabricante.

CORTINAS Y ACCESORIOS
Creación y diseño

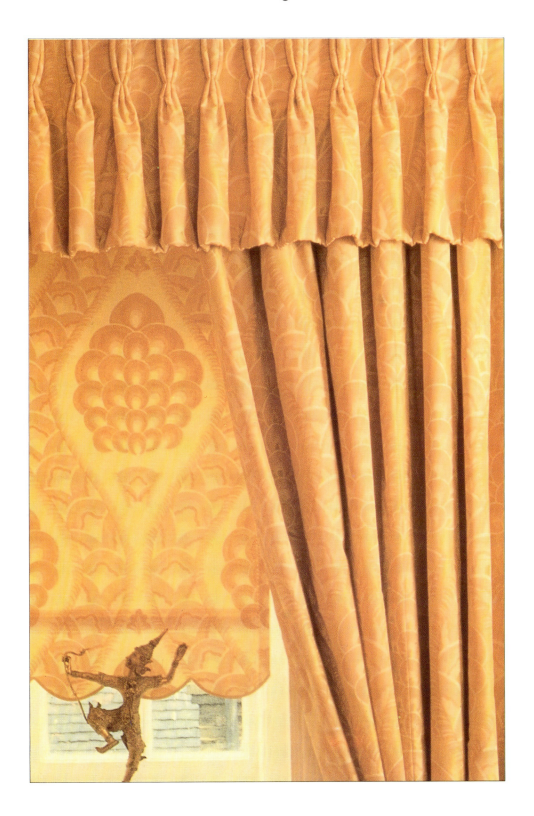

«Decorar sus ventanas con un estilo innovador transformará cualquier ambiente»

«Los pequeños detalles añaden un toque de personalidad y color»

RECREAR CON TELAS

Este libro es imprescindible en la biblioteca de aquellas personas mañosas que no se sientan satisfechas con la uniformidad de las cortinas confeccionadas en serie y los accesorios que se adquieren en las tiendas. Aunque jamás se haya dedicado a confeccionar unas sencillas cortinas, con este libro pronto adquirirá seguridad para conseguir elaborados estilos. En las fotografías a todo color podrá contemplar los resultados y en los dibujos de las labores paso a paso verá cómo crearlos.

Cortinas y accesorios empieza con una sección sobre el tratamiento de las ventanas, con instrucciones para confeccionar cortinas básicas, con forro y sin forro, así como cortinas de tul y encaje, y económicas cortinas tipo café. A continuación veremos cómo crear cualquier estilo en las cortinas, con bandós, guardamalletas, recogecortinas, festones y faldones, todo ello con detalladas instrucciones paso a paso. Por añadidura, existen guías ilustradas para elegir el tipo adecuado de cortinas para ventanas específicas, pudiendo seleccionar telas, guías de deslizamiento y barras, y hacer frente a los problemas relacionados con las ventanas.

Cortinas y accesorios le servirá de ayuda para crear elegantes cortinas y accesorios a gusto del consumidor, como si hubieran sido encargados a un decorador de interiores.

Cortinas sencillas sin forro

Las cortinas sin forro son ideales para cocinas, baños y salas de juego, o para cualquier ventana donde el aislamiento y la ausencia de luz tengan menor importancia que el lavado fácil y la versatilidad. Utilice telas transparentes para filtrar la luz solar, o pruebe con un encaje decorativo sobre una persiana sencilla y práctica que pueda bajarse para conseguir calidez e intimidad.

Los forros recambiables incorporados a las cortinas de algodón limitan el paso de la luz y aíslan mejor, pudiéndose lavar independientemente de la cortina principal.

La confección de una cortina sin forro sigue la misma técnica básica que la de cualquier otra. La cinta situada en la parte superior contiene ranuras para los ganchos en los que se cuelga la cortina de una guía o una barra.

• Medición. Antes de medir las cortinas, es fundamental fijar la guía o la barra a la pared para poder tomar las medidas exactas correspondientes a la altura y la anchura. La guía o barra se fija en el saliente de la ventana o fuera del mismo y justo encima del marco. Cuando no se fija en el saliente, la barra deberá prolongarse unos 15 cm a cada lado del marco para poder retirar las cortinas y dejar paso a un máximo de luz. La altura de la barra dependerá de la longitud de la cortina.

• ¿Qué longitud deben tener las cortinas? La longitud de las cortinas se divide en tres categorías: hasta el alféizar, justo por debajo del alféizar (quedando por encima de un radiador, por ejemplo), y hasta el suelo. La longitud elegida dependerá del tamaño y la forma de la ventana, el estilo del mobiliario y el efecto visual deseado.

• Selección de la cinta. El tipo de cinta que elija influirá en el aspecto de las cortinas y determinará el ancho de la tela. Las cintas de serie llevan poca tela y, una vez fruncidas, confieren una amplitud muy adecuada a las cortinas ligeras y sin forro. Las cintas para cortinas con pliegues más cónicos o fruncidos necesitan más tela.

Rayas finas
Una sencilla cortina sin forro con plisado cónico es una buena opción para este baño. Es de confección rápida y fácil de lavar.

Existe una cinta especial para forros recambiables que puede utilizarse con cualquier cortina decorativa.

Utilice cinta de fibra sintética con telas transparentes y sintéticas y cinta de algodón con telas naturales.

• Selección de la tela. Las telas para muebles, transparentes y ligeras, son ideales para las cortinas sin forro. Los algodones, ya sean lisos o estampados, ofrecen una extensa gama de colores. Existe asimismo un amplio abanico de telas semitransparentes, normalmente de fibras sintéticas, desde el delicado tul y la gasa, hasta los diseños de encaje y entrelazados.

Si es posible, compre una tela lo suficientemente ancha como para poder confeccionar una cortina sin costuras. Consulte la página siguiente para saber la cantidad de tela necesaria.

• Dibujos repetidos. Para un principiante, la mejor opción son las telas lisas y los estampados pequeños; evite los dibujos grandes y las rayas horizontales, con los que tendrá que prestar especial atención a la hora de cortar y casar la tela.

• Hilo de coser. El hilo de coser deberá tener el mismo contenido en fibra que la tela. El hilo de poliéster es adecuado para las telas sintéticas y el de algodón para las telas naturales.

¿Cuánta tela necesita?

Para calcular el total de tela que necesita para todas las cortinas, forradas y sin forrar, siga el método indicado a continuación. Una calculadora de bolsillo le servirá de ayuda.

• Para obtener el ancho. Mida la longitud de la guía o barra y multiplíquela por 1,5 ó 2, consiguiendo así el largo de la cinta estándar (y por 3 para otras cintas; consulte las instrucciones del fabricante).

Añada 2,5 cm para la tolerancia del dobladillo lateral (5 cm en cortinas interiores).

Añada 10-15 cm a cada ancho si las cortinas van a quedar superpuestas sobre un brazo transversal central.

Divida la cifra total por el ancho de la tela para conseguir el total de anchos de tela necesarios. Redondee al ancho superior, si procede.

• Para obtener el largo. Mida desde la guía o barra hasta la distancia deseada (el alféizar, el radiador o el suelo). Añada 4 cm para el dobladillo superior (en una cinta estándar) y 15 cm para el dobladillo inferior. En el caso de telas transparentes, duplique las medidas de los dobladillos.

• Para obtener la cantidad total. Multiplique esta cifra por el número de anchos de tela, dividiendo a continuación dicha cantidad entre el número de cortinas necesarias.

Si la tela presenta un dibujo repetido, añada un dibujo completo por cada ancho de tela.

Si la tela lavable encoge, compre 10 cm adicionales por metro. Lávela antes de cortarla, o cósala con toda la tolerancia del dobladillo inferior. La cortina se puede colocar después del primer lavado.

SE NECESITA
Tela de la cortina
☐ Cinta de la cortina
☐ Ganchos de la cortina

Tela del forro
☐ Cinta del forro
☐ Ganchos de la cortina

Además de
☐ Cinta de acero (para medir la ventana)
☐ Calculadora
☐ Tijeras
☐ Cinta métrica
☐ Alfileres
☐ Agujas
☐ Hilo de coser a juego
☐ Máquina de coser
☐ Plancha y tabla de planchar

1 Cortar la tela
Extienda la tela en una mesa grande, una zona despejada o sobre el suelo.

Las cortinas no colgarán bien salvo que empiece haciendo un corte recto a lo ancho. Si el estampado de las cortinas presenta un hilo recto a lo ancho, tómelo como guía para cortar en línea recta, o corte en ángulo recto hasta los orillos. En caso necesario, alinee el dibujo repetido antes de seguir cortando.

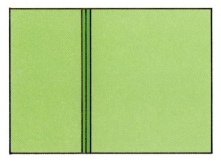
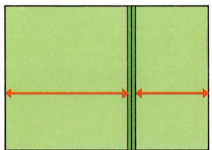

2 Unir los anchos de la tela △
Si la tela es más estrecha que el ancho de la cortina, añada una tira de tela en el borde externo hasta conseguir el ancho requerido.

3 Pespuntear las costuras ▷
Con una costura plana y sencilla, una las dos piezas de tela con alfileres, juntando los derechos de la tela y haciendo coincidir los bordes y el dibujo. Hilvane y cosa a una distancia de 1,5 cm de los bordes. Quite el hilván y abra las costuras. Para evitar frunces, recorte la tolerancia de la costura (especialmente si se trata de un orillo) cada 10 cm por los bordes.

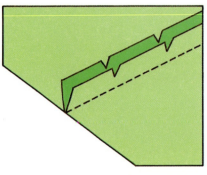

4 Pespuntear los dobladillos laterales ▷
Doble la tela dejando una tolerancia de unos 5 cm por el revés y plánchela. Doble 2 cm de dobladillo por el revés e hilvane. A continuación cosa a máquina o con puntadas sueltas todas las capas.

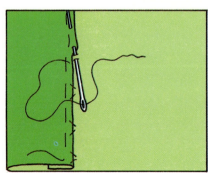
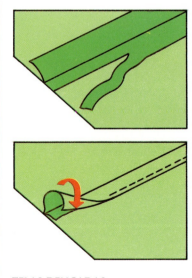

TELAS DELICADAS
Si la tela es propensa a deshilacharse o desea un mejor acabado, haga un segundo doblez en el dobladillo. Recorte una de las partes del dobladillo y superponga la otra en la que ha cortado, de manera que el borde quede oculto. Hilvane y cosa todas las capas. La línea de puntos se verá en el derecho de la tela.

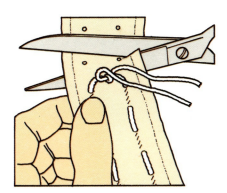

5 Preparar la cinta △
Corte un trozo de cinta conforme al ancho de la cortina, una vez acabado, más 8 cm (para los extremos). En el extremo donde van a juntarse o superponerse las cortinas, tire unos 4 cm de los dos cordones por el revés y átelos.

Corte la cinta sobrante a 1,5 cm del nudo. A continuación en el otro extremo de la cinta, tire una distancia de 4 cm de ambos cordones por el derecho y luego presione.

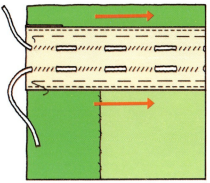

6 Incorporar la cinta △
En la parte superior de la cortina, doble 4 cm en el revés y plánchalo. Coloque la cinta en el revés de la cortina y cubra el borde del dobladillo, procurando que el borde de la cinta no quede a más de 2,5 cm por debajo de la parte superior y los cordones sobre el borde exterior de la cortina. Hilvane la cinta. Cosa a máquina los dos bordes largos de la cinta en la misma dirección para que no se deshilachen; cosa el extremo corto de la cinta correspondiente al nudo. Retire el hilván.

7 Fruncir la parte superior de la cortina ▷
Frunza la tela agarrando los dos cordones y tirando de ellos a la vez. Alise la tela hasta conseguir el ancho adecuado. Ate los cordones y déjelos ocultos; no los corte ya que deberá desatarlos a la hora de limpiar las cortinas. A continuación introduzca los ganchos a intervalos de unos 8 cm a lo largo de la cinta.

CONSEJOS PARA COSER TELAS TRANSPARENTES

Dado que las costuras se ven a contraluz, procure evitarlas, especialmente tratándose de tules delicados. Si el ancho de una tela es demasiado estrecho para una ventana, confeccione cortinas independientes y cuélguelas una junto a otra —o cuelgue los anchos sin coserlos— de forma que el vuelo de la cortina oculte los bordes superpuestos. Si une los anchos, un buen remate puede ser una costura plana o una costura francesa. Las cortinas de encaje han de superponerse para que la forma del diseño case, y las costuras deben coserse a mano.

Remate las telas transparentes con do-

Frío, blanco y luminoso
Las cortinas transparentes hasta el suelo, con un delicado dibujo, combinan con las contraventanas pintadas de blanco, cerradas para conseguir un poco de intimidad.

bladillos dobles cosidos a máquina. Su aspecto será impecable y evitará que se vean los bordes; utilice cinta especial traslúcida de fibra sintética en tules y telas transparentes. El contorno de la cinta de la cortina quedará disimulado con un dobladillo doble en la parte superior. En telas entrelazadas, preste atención a la hora de doblar los dobladillos para casar el tejido y tener un espacio máximo para coser el dibujo.

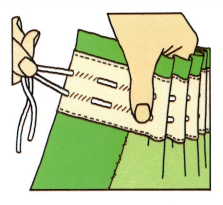

8 Remeter el dobladillo inferior
En el borde inferior, remeta 1 cm por el revés y presione. Doble el resto del dobladillo por el revés, préndalo con alfileres e hilvánelo. Planche toda la cortina y cuélguela de la guía o la barra durante unos días para que la tela caiga ligeramente. En caso necesario, ajuste el dobladillo y cósalo.

Para equilibrar la caída de la tela puede poner plomos en el interior del dobladillo.

Forros recambiables añadidos a cortinas

Salvo que las cortinas sean transparentes o estén específicamente destinadas a filtrar la luz, es mejor forrarlas, ya que de este modo la tela de la cortina queda protegida de los efectos nocivos de la luz del sol y, hasta cierto punto, del polvo procedente del exterior, reduciendo el paso de corrientes y luminosidad.

La solución más sencilla es un forro recambiable que pueda incorporarse fácilmente a las cortinas. Los forros independientes son especialmente adecuados cuando las pautas de lavado de ambos elementos son distintas, por ejemplo, cuando una de las telas es lavable y la otra requiere tintorería. Los forros son fáciles de quitar para limpiarlos con cierta frecuencia, pudiendo retirarlos en los meses más calurosos de verano para crear un ambiente más fresco y ligero, dejando pasar la luz del sol a través de las cortinas.

Otro punto a favor de los forros recambiables es que, en términos generales, llevan menos tela que los forros cosidos dado que, sea cual sea el tipo de elemento colocado en la parte superior, sólo es necesario añadir 1,5 veces la medida del ancho de la tela.

La tela del forro suele ser de algodón aunque, por un poco más, puede comprar una tela de forro térmica —que ofrece mejor aislamiento— en tres colores: crema, negro y plateado.

Se utiliza una cinta especial para forros recambiables con ganchos que se enganchan a la cinta de la cortina. Algunos rieles de las guías llevan unos ganchos adecuados con anillas para poder sujetar el forro.

1 Confeccionar el forro
Mida y corte la tela del forro siguiendo el mismo sistema utilizado para las cortinas sin forro, pero no olvide que éste debe ser 2,5 cm más corto que la cortina para que no se vea por debajo al colgarlos.

Una los anchos de la tela y cosa los dobladillos laterales.

2 Preparar la cinta
La cinta del forro está formada por dos faldillas que quedan superpuestas en la parte superior de la tela del forro como si de un sobre se tratara. El lado derecho de la cinta es el que lleva el cordón.

Corte un trozo de cinta según el ancho del forro, y otros 8 cm como mínimo para los extremos. Tire de los dos cordones por un extremo de la cinta y átelos. Corte el cordón sobrante a la altura del nudo.

3 Incorporar la cinta △
Coloque las dos faldillas e introduzca la parte superior del forro entre las mismas, con el lado de los cordones sobre el derecho del forro y el extremo del nudo en el borde central del forro, sobresaliendo 1 cm. Pliegue este borde corto de la cinta hasta formar un doble dobladillo de 5 mm por el revés del forro y cóselo.

4 Coser la cinta △
En el borde exterior del forro, tire de los dos cordones y corte la cinta sobrante de manera que sobresalga 1 cm del forro. Remate el borde de la cinta con un doble dobladillo de 5 mm por el revés del forro, dejando los cordones flojos para realizar el fruncido. Hilvane y cosa a máquina la cinta, cerca del borde inferior, cosiendo las dos faldillas de la cinta y la cortina. Cosa a máquina los dos lados cortos, sin prender los cordones. Retire el hilván.

5 Fruncir la parte superior
Tire suavemente de los cordones, empujando la tela y la cinta al mismo tiempo, hasta que la tela adquiera el vuelo y el ancho deseados. Ate los cordones y déjelos ocultos.

Consejo

ASEGURAR EL FORRO
Para sujetar un forro recambiable y para conseguir una mejor caída de las cortinas, coser trocitos de velcro en los dobladillos laterales del forro y la cortina a intervalos de 30 cm.

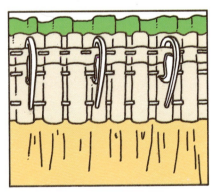

6 Colgar las cortinas y los forros △
Introduzca los ganchos en la parte superior de la cinta del forro a intervalos de 8 cm. Con el revés del forro y el revés de la cortina enfrentados, introduzca los ganchos en los ojales de la cinta de la cortina, de manera que ésta y el forro cuelguen de los mismos ganchos.

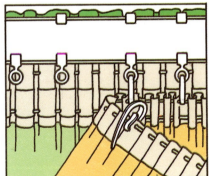

Ganchos y rieles combinados △
Si la guía de la cortina es de las que lleva rieles con ganchos y anillas combinados, introduzca los ganchos en la cinta del forro a través de las anillas bajo los ganchos de la cortina principal.

Cortinas con forro cosido

El forro de una cortina actúa a modo de barrera entre ésta y la ventana y realiza diversas funciones: reduce la luz, ofrece un aislamiento adicional, protege la tela de la cortina de los perniciosos efectos de la luz del sol y, hasta cierto punto, de la suciedad y el polvo. Asimismo confiere peso a la cortina, dándole más cuerpo y mejor caída.

Existen varios sistemas para forrar una cortina: el método elegido dependerá en gran medida del peso y el tamaño de la misma (consulte más adelante). En este capítulo trataremos de la confección de forros cosidos, así como de la combinación más adecuadas para las telas estampadas y la adición de volantes plisados en los bordes.

Selección del método de forrado

El método elegido dependerá del tamaño de la cortina, del peso de la tela y, por supuesto, de los gustos personales.

• Un forro cosido. Es uno de los sistemas más sencillos para forrar cortinas y resulta ideal cuando las telas de ambos elementos pueden lavarse conjuntamente. El forro se une a la cortina por la parte superior y los laterales, quedando libre en el dobladillo para que presente la mejor caída posible.

• Un forro fijo. Suele utilizarse en cortinas muy anchas, o largas y pesadas, o cuando se emplea un entreforro. Además de unirse por la parte superior y los laterales, el forro se cose a intervalos regulares quedando fijo a la tela de la cortina.

• Un forro recambiable. Es ideal cuando ambos elementos presentan distintos requisitos de limpieza, o si se desea forrar una cortina que no lleve forro (consulte la página anterior).

Tela del forro

La tela del forro suele ser 100% de algodón, de un tejido tupido para impedir el paso de la luz y las corrientes, pudiendo adquirirse en una amplia gama de colores. La tela térmica, con un revestimiento especial en un lado, es un poco más cara pero ofrece aislamiento adicional. Puede adquirirse en color crema, negro y plateado.

• Cálculo de la tela. El cálculo de la cantidad de tela necesaria para cada cortina se hace siguiendo el mismo método utilizado para las cortinas sin forrar (consulte la página 8).

Calcule lo que medirán las cortinas una vez confeccionadas. La tela del forro tendrá la misma longitud que la cortina terminada, pero 1 cm menos que el ancho de la cortina.

Un elegante acabado
El forro supone una gran ventaja para estas cortinas hasta el suelo. Además de tamizar la luz y reducir las corrientes, el forro confiere más cuerpo a las cortinas, mejorando su caída y dándoles un aspecto más ligero desde el exterior.

CREACIÓN Y DISEÑO

FORROS COSIDOS

Es el sistema más habitual de forrar cortinas, mediante el cual la cortina y el forro quedan cosidos por los laterales y por la parte superior, en tanto que el dobladillo del forro queda libre.

Para saber cuáles son las técnicas básicas para la confección de cortinas, consulte el capítulo *Cortinas sencillas sin forro*.

SE NECESITA
- Tela de la cortina
- Tela del forro
- Cinta de la cortina
- Ganchos de la cortina
- Regla de acero, cinta métrica
- Calculadora (opcional)
- Tijeras
- Alfileres, agujas
- Hilo de coser
- Máquina de coser
- Plancha y tabla de planchar

Extras opcionales
- Tela para un volante
- Alamar y tela o ribete sesgado

1 Unir los anchos de la tela
Corte la tela de la cortina y del forro. En caso necesario, una los anchos de la tela para confeccionar la cortina y el forro, dejando costuras planas de 1,5 cm como se describe en el apartado de *cortinas sin forro*.

No es necesario hacer costuras planas o costuras francesas, ya que los bordes quedarán ocultos entre el forro y la cortina.

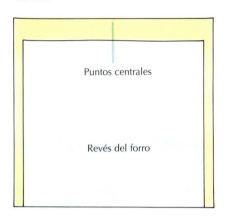

2 Marcar el centro de la tela △
Marque con jaboncillo el centro en el revés de la tela de la cortina y del forro.

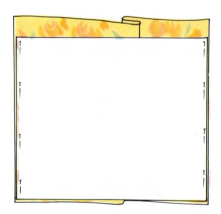

3 Prender con alfileres la tela del forro y de la cortina △
Coloquea el forro en la parte superior de la tela de la cortina, con los derechos unidos, y la parte superior del forro (si se utiliza una cinta de cortina estándar) a 4 cm por debajo de la parte superior de la tela de la cortina.

Una los bordes inferiores de ambos lados, préndelos con alfileres e hilvánelos. Comprobará que la tela de la cortina es un poco más ancha que el forro, por lo cual la cortina deberá formar unos cuantos pliegues para que los bordes casen exactamente.

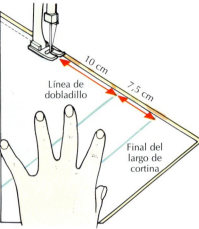

4 Marcar el largo de la cortina △
Midiendo desde el borde superior de la tela del forro (que también será el borde superior de la cortina acabada), marque con jaboncillo el largo que desee. A continuación marque la posición de la línea de costura del dobladillo de la cortina, dejando un dobladillo doble de 7,5 cm.

Haciendo costuras de 1 cm, pespuntee ambos lados desde la parte superior del forro hasta 10 cm de la línea de costura del dobladillo marcada.

5 Planchar la cortina y el forro △
Planche las costuras abiertas. Ponga la tela de la cortina y del forro por el derecho.

Planche toda la cortina, asegurándose de que los puntos centrales marcados con jaboncillo de la tela del forro y de la cortina (consulte el Punto 2) coincidan exactamente, para que quede un margen visible de 1,5 cm de tela de la cortina a ambos lados del forro.

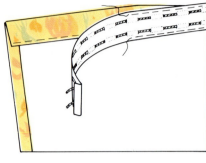

6 Unir la cinta △
Doble la tela de la parte superior de la cortina por el derecho sobre el borde superior del forro, plegando las esquinas en ángulo si es necesario. Presione e hilvane. Coloque la cinta sobre el borde de la tela de la cortina, hilvane y cosa.

7 Dobladillo de la cortina y del forro △
Coloque la cortina y el forro por el revés. Haga un dobladillo doble de 7,5 cm por la parte inferior de la tela de la cortina con falsos ingletes en las esquinas (página siguiente). Prenda con alfileres e hilvane.

Haga un dobladillo doble en el revés de la tela del forro, de manera que el forro sobresalga unos 2 cm del borde inferior de la cortina. Haga el mismo dobladillo que en la cortina, o un poco menor, cortando la tela que sobre. Prenda con alfileres e hilvane.

8 Tirar de la cinta
Coloque de nuevo la cortina del derecho y plánchela. Tire de la cinta para que la cortina adopte el ancho exacto de la ventana y cuélguela durante unos días para que «caiga». Ajuste los dobladillos en caso necesario y cóselos. Si la caída de la cortina no ha quedado bien, incorpore unos plomos antes de coserla.

Termine la labor cosiendo los bordes inferiores del forro a la cortina.

FALSOS INGLETES

La forma más sencilla de rematar las esquinas de los dobladillos es mediante falsos ingletes. Un verdadero inglete formará un ángulo de 45°, pero en las cortinas, el dobladillo inferior es mayor que los laterales y el modo más fácil de hacerlo es con un «falso» inglete. Para confeccionarlo, forme inglete sólo en una esquina (el dobladillo inferior) y el ángulo no llegará a ser de 45°.

En forros cosidos, la telas del forro y la cortina se cosen juntas a 10 cm de la línea de costura del dobladillo de la cortina (consulte el Punto 4).

 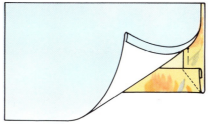 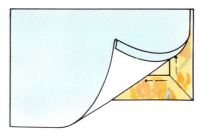

△ Doble y planche la costura lateral sobrante en cada uno de los lados de la cortina.

△ Doble y planche un doble dobladillo de 7,5 cm en la parte inferior de la tela de la cortina.

△ Doble la esquina del dobladillo en ángulo hasta que coincidan ambos puntos.

COMBINACIÓN DE DIBUJOS

Salvo que las ventanas sean muy estrechas, lo más probable es que una cortina esté formada por más de un ancho de tela. Si el estampado de la tela es atrevido, el dibujo deberá casar en sentido horizontal en las costuras y en los bordes delanteros (donde las cortinas se unen al cerrarse). Para ello, debe dejar tela de sobra a fin de poder ajustar los dibujos repetidos para que casen.

- Dibujos repetidos. El dibujo repetido a veces se indica en los detalles de la tela. En caso negativo, mida el fondo del dibujo en el borde del orillo de la tela entre la parte superior de un dibujo y el dibujo siguiente hacia abajo. Añada un dibujo repetido por cada ancho de tela necesario.

Consejo

FORRO DE COLOR

Utilice un forro de color pastel para variar la tonalidad de la luz que atraviesa las cortinas de color pálido; el rosa suave o el melocotón confieren una gran calidez a la luz invernal. El color del forro debe ser un complemento del de la cortina al quedar las telas a contraluz.

 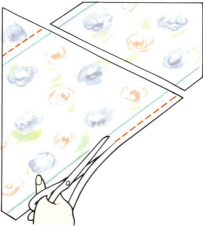

1 Colocar el dibujo △
Antes de cortar la tela, planifique cómo va a colocar el dibujo de la cortina; para conseguir un buen efecto, deberá verse una parte representativa del mismo en los bordes superior e inferior.

Tratándose de cortinas hasta el suelo (izquierda), en general es preferible colocar el dibujo de forma que empiece junto a la vuelta superior de la cortina.

En cortinas hasta el alféizar de la ventana (derecha), el borde inferior se encuentra más próximo al nivel de los ojos y lo mejor es colocar el dibujo repetido de forma que termine cerca de la línea del dobladillo inferior. Comprobará que la mitad del dibujo en la parte superior de la cortina queda absorbido con mayor facilidad en la cabecera.

2 Empezar cortando la tela
Corte el primer trozo de tela según el largo requerido (el largo de la cortina más los dobladillos superior e inferior).

Asegúrese de cortar en línea recta a lo ancho. Si la tela presenta un dibujo en el que pueda seguirse el hilo, tire de uno de ellos a lo ancho y corte. En caso contrario, marque con jaboncillo una línea de corte recta en ángulo recto hasta los orillos y un borde recto.

3 Casar el dibujo △
Extienda el primer trozo de tela con el derecho boca arriba. A continuación, extienda el resto de la tela a lo largo, con el derecho boca arriba, y case el dibujo en sentido horizontal con el primer trozo cortado.

Corte el segundo trozo de manera que empiece y termine exactamente en el mismo punto del dibujo que el primer trozo. Continúe así hasta haber cortado todos los trozos de tela que necesite.

4 Unir los anchos de tela
Con un alfiler, marque el centro de cada dibujo en los bordes laterales de los dos anchos de tela que va a unir. Con una costura plana, extienda los dos trozos de tela juntos con los derechos enfrentados, casando los bordes y los alfileres. A continuación prenda con alfileres la línea de la costura a 1,5 cm de los bordes.

Ponga la tela del derecho, comprueba que el dibujo casa exactamente a lo largo de la costura y haga los ajustes que sean necesarios. Hilvane por la línea de la costura, retire los alfileres y cosa. Retire los hilvanes y planche la costura abierta.

▷ *Un plisado perfecto*
El volante plisado en torno a la parte inferior y los bordes confiere un elegante acabado profesional a las cortinas de cualquier habitación.

En la fotografía, el volante plisado de color liso a juego con la cortina queda realzado con un ribete azul oscuro de la misma tela de la cortina.

INCORPORACIÓN DE UN VOLANTE PLISADO

Un volante plisado en los bordes inferior y delantero (o de cierre) de una cortina confiere a ésta un aspecto alegre y agradable. Para cortar bien las costuras entre el volante y la cortina utilice un alamar con una tela de color a juego.

• Medir. Corte el forro al mismo tamaño que la tela de la cortina y una los anchos de tela necesarios para confeccionar la cortina y el forro.

Para calcular la cantidad de tela que necesita para un volante plisado de doble cara, duplique el ancho del volante acabado (por ejemplo, 6 cm) y añada otros 3 cm (lo que nos da un ancho total de 15 cm). Si la máquina de coser cuenta con un fruncidor, utilícelo para hacer rápidamente plisados de una cara; en este caso, haga un dobladillo doble de 10 mm en el borde largo inferior del volante.

En cuanto a la longitud del volante, mida los bordes inferior y delantero de la cortina, multiplique esta medida por tres y añada 3 cm de tolerancia para la costura, además de las tolerancias adicionales para las costuras si une tiras de tela del largo. Deje un margen para un pliegue adicional que suavizará el volante en torno a la esquina inferior, para lo cual deberá decidir el ancho del plisado (la parte visible cuando el plisado está cosido, normalmente entre 12 mm y 3 cm de ancho) y multiplicar por tres.

1 Doblar la tela por la mitad
En caso necesario, una las tiras de tela con las costuras planas abiertas. Doble la tela del volante por la mitad a lo largo con los derechos juntos y cosa los extremos con costuras de 1,5 cm. Acto seguido, ponga la tela del derecho —los reveses juntos, casando los bordes— y planche.

2 Confeccionar los pliegues
Para obtener el número de pliegues, divida la longitud del borde que va a llevar el volante por el ancho del pliegue. A continuación añada un pliegue (el adicional para la esquina).

Extienda la tela del volante y marque con jaboncillo el ancho del plisado (A-B, B-C, etc.) a lo largo de la tela en ángulo recto hasta el borde del volante. Pliéguelo a continuación y prenda con alfileres A a C, y repita la operación hasta llegar al final del volante. Hilvane la parte superior e inferior de los pliegues para mantenerlos en su sitio y planche.

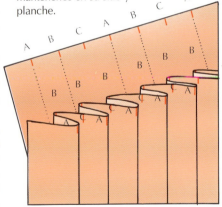

3 Coser el ribete a la cortina △
Prepare el ribete y seguidamente utilice el jaboncillo para marcar una tolerancia para la costura de 1,5 cm por el derecho de la cortina en los bordes de cierre e inferior. Prenda con alfileres e hilvane el ribete por la línea trazada con el jaboncillo. En la esquina inferior, corte la tela del ribete hasta la parte cosida y redondéelo con una ligera curva.

Corte al ras del cordón del ribete con lo que será el borde de la cortina acabada. Corte el cordón que cubre la tela a 1 cm del borde y ocúltelo en el interior.

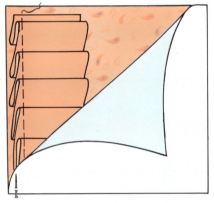

4 Coser el volante a la tela de la cortina △
Ponga el volante sobre el ribete por el derecho de la cortina, haciendo coincidir los bordes; prenda con alfileres e hilvane.

Seguidamente, extienda la tela del forro sobre la parte superior de la tela de la cortina (de manera que el volante y el ribete queden entre los bordes superior y de cierre), con los derechos enfrentados y haciendo coincidir los bordes. Prenda con alfileres, hilvane y cosa. Corte y planche las costuras, y vuelva la cortina del derecho.

5 Terminar la cortina
Prenda con alfileres los bordes superiores de la tela del forro y la cortina. Doble la parte superior de la tela de la cortina y el forro por el revés, planche e hilvane. Coloque la cinta de manera que cubra el borde de la tela de la cortina. Prenda con alfileres, hilvane y cosa, dejando libres el volante y el ribete. A continuación planche toda la cortina.

Finalmente, frunza la cinta de manera que la cortina se adapte a la ventana, ate los cordones y ocúltelos. Introduzca los ganchos y cuelgue la cortina.

Cortinas de tul y encaje

Tradicionalmente se cuelgan cortinas de tul para conferir intimidad a una habitación situada en alto, o para ocultar una vista desagradable. Dado que éstas son transparentes por la noche, con la luz de la habitación encendida, es preciso colgar cortinas adicionales —o incorporar persianas— para conseguir una cierta intimidad, aunque, en determinadas situaciones, las cortinas de tul o de encaje no llevan ningún otro aditamento, utilizándose con fines decorativos, lo que añade un toque femenino a una habitación. En dichas situaciones no será necesario colgar cortinas adicionales, pese a resultar prácticas para reducir la pérdida calorífica nocturna. Las persianas romanas, austríacas, con festones o enrollables, pueden ser una pantalla alternativa en las horas nocturnas.

Efectos delicados

El efecto más sencillo de las cortinas transparentes es la caída traslúcida de una tela sintética o de algodón de color blanco o hueso. Este tipo de cortinas se cuelgan normalmente de una guía ligera, con una cinta transparente especialmente diseñada para este tipo de telas. Asimismo pueden colgarse de un cable extendido o de una barra ligera (como una barra tipo café), con ojales en una lorza situada en la parte superior de la cortina.

Es posible conseguir innumerables efectos: por ejemplo, existen cortinas de tul confeccionadas en diversos estilos con diseños especiales. Igualmente puedes crear efectos graduales con cortinas tipo café, cortinas recogidas por detrás y guardamalletas, en telas de tul. O si lo que quiere es evitar la costura, cuelgue unos retales de encaje o gasa en una barra de madera.

Si va a colgar las cortinas de tul en una ventana giratoria o en una puerta acristalada, la forma de evitar que ondeen y queden atrapadas en la ventana o la puerta es hacer una lorza en la parte superior e inferior de la cortina e introducir cables o varillas.

Comprar la tela

Existe una gran variedad de telas transparentes entre las que elegir.

Muchos fabricantes ofrecen telas transparentes lisas o estampadas por metros, con los mismos anchos de serie que la tela para cortinas, y con anchos mayores para ventanas mayores. Asimismo puedes comprar paños de encaje de diversos tamaños listos para confeccionar unas cortinas. Dichos paños normalmente llevan un dibujo que se adapta a su tamaño, a veces con los bordes festoneados, o con ranuras u ojales en la parte superior para evitar la costura. Lo único que hay que hacer es colgarlos de una barra.

Otra alternativa es comprar tela transparente especial para cortinas, que lleva una lorza en un borde y un festón o un dobladillo en el borde opuesto. Este tipo de tela se utiliza indistintamente por ambos lados, por lo que el ancho de la tela puede convertirse en el largo de la cortina. Comprándola por metros, la longitud aproximada será una vez y media el ancho final de la cortina. Todo lo que tienes que hacer es el dobladillo en los extremos para formar los laterales. Al comprar este tipo de cortina, es aconsejable comprobar los distintos anchos existentes antes de ajustar la barra.

En dos partes
Una sola cortina tipo café cubre la parte inferior de esta ventana, en tanto que un par de cortinas con la cinta a juego añaden un toque decorativo. Ambas partes están colgadas de anillas y barras de cobre amarillo encajadas en el hueco de la ventana.

TÉCNICAS ESPECIALES DE COSTURA

Debido a la naturaleza de las telas transparentes, es preciso tener en cuenta una o dos cuestiones a la hora de trabajar con ellas.

Las costuras en este tipo de telas resultan antiestéticas, por lo que deberá evitarlas siempre que sea posible. Confeccione dos o tres cortinas para la ventana y procure que los frunces oculten los bordes de la tela. Si tiene que unir los anchos de la tela (por ejemplo, al poner un volante largo en el borde de la cortina), haga costuras francesas, que se cosen de manera que los bordes queden ocultos en la estructura de la costura.

Los dobladillos deben ser dobles (dobladillos dobles de 1 cm en los bordes laterales, dobladillos dobles de 4 cm en los bordes inferiores de las cortinas). Es fundamental que el corte de los bordes sea recto y uniforme, ya que se verán en el interior de los dobladillos.

Si la tela es sintética, deberá prestar especial atención al plancharla, siempre con la plancha muy fría. Tras el lavado de este tipo de cortinas, es aconsejable colgarlas *in situ* para que se sequen y queden eliminadas las arrugas, evitando así la plancha.

Utilice siempre una aguja fina y afilada, y dé puntadas largas y sueltas. Elija un hilo fino y un hilo de poliéster para las fibras sintéticas, y de algodón para las telas de algodón.

COSTURAS FRANCESAS

Siempre que sea posible, no haga costuras en las telas transparentes. Si es inevitable, haga costuras francesas para unir los anchos de tela. Deje una tolerancia de 2 cm.

1 *Unir los anchos* ▷
El primer paso es unir los dos anchos de tela, enfrentando los derechos y casando los bordes, dejando una costura de 1 cm. Corte un par de milímetros desde los bordes para que quede un buen remate.

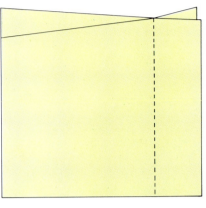

2 *Dar la vuelta y rematar* ▷
La segunda fila de puntos forma la línea de la costura real y encierre al mismo tiempo los bordes. Dé la vuelta a la tela sobre sí misma de forma que los derechos queden enfrentados y la tolerancia de la costura encerrada entre las capas de tela. Con los derechos enfrentados, prenda con alfileres, hilvane y cosa, situando la línea de la costura a 1 cm de la fila de puntos anterior. Cuando mire la costura por el derecho de la tela, no habrá líneas de puntos a la vista.

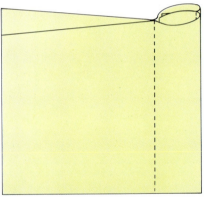

SE NECESITA
- Los elementos adecuados (guía de la cortina, varilla, barra o cable de cortina) con ganchos, rieles o anillas
- Tela de encaje o de tul
- Tijeras afiladas
- Cinta métrica
- Cinta de cortina (salvo que lleve una lorza)
- Alfileres, agujas e hilo
- Máquina de coser
- Tela de contraste para el adorno, de algodón fino o encaje (opcional)

CORTINAS CON CABECERA

La confección de las cortinas de tul lisas o de encaje con cabecera formada por una cinta especialmente diseñada es igual a la de las cortinas sin forro. Debe prestar atención para que las puntadas sean rectas y uniformes ya que, dada la transparencia de la tela, todos los fallos cometidos en el revés se apreciarán por el derecho.

1 *Medir*
Ajuste la guía o barra de la cortina en la parte superior de la ventana, o hacia la mitad si se trata de cortinas tipo café. Mida la longitud de la barra y la caída de las cortinas. Normalmente deberá confeccionar una sola cortina para cubrir toda la ventana, salvo que, por cualquier razón, quiera descorrerlas.

2 *Calcular la cantidad de tela*
La longitud de tela necesaria es igual a la longitud de la cortina acabada, más 3 cm para la cabecera y 8 cm para el dobladillo. El ancho es 1,5-2 veces el ancho de la cortina acabada (la longitud de la barra). Si tiene que unir anchos de tela, compruebe si ha de incluir tolerancia para casar los dibujos.

3 *Preparar la tela*
Compruebe que la tela esté cortada en ángulo recto en el borde inferior (le servirá de guía el borde de una mesa rectangular: extienda la tela de manera que los lados queden paralelos a los lados de la mesa y compruebe que los extremos son paralelos a los extremos de la mesa).

4 *Dobladillos laterales* ▷
Haga un dobladillo doble de 1 cm en cada borde lateral, préndalo con alfileres, hilvane y cosa. Si el orillo no es muy tupido, haga un solo dobladillo de 1 cm.

5 *Dobladillo inferior* ▷
Doble el borde inferior 4 cm y a continuación otros 4 cm. Préndalo con alfileres, hilvane y cosa a máquina con puntadas rectas. (En encaje de algodón estampado más tupido, tal vez prefiera dar puntadas sueltas a mano.)

Corte la cinta de la cabecera a la misma longitud de la cortina más 4 cm. Dobla 2 cm en cada extremo de la cinta, tire de los cordones y átelos.

6 *Cabecera* ▷
Doble 3 cm la parte superior de la cortina, doble las esquinas y planche. Prenda con alfileres la cinta por el revés en la parte superior de la cortina, a un par de milímetros bajo la línea del pliegue, de manera que el borde quede cubierto. Hilvane y cosa a un par de milímetros del borde de la cinta. Extienda la cortina de manera que tenga el mismo ancho que la guía y cuélguela.

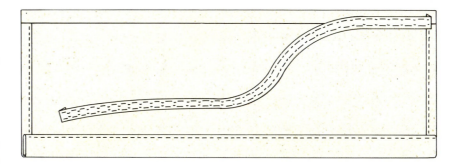

CORTINAS CON VOLANTES

Estas cortinas son de tela transparente de terileno, con una lorza en la cabecera. El contorno de las cortinas lleva incorporado un volante de 6 cm de tela estampada (no transparente). En las instrucciones que presentamos aquí, el borde del volante tiene dobladillo. Como alternativa, puede ribetear los bordes, o rematarlos con plumetís cerrados (en cuyo caso puede omitir la tolerancia del dobladillo en un borde del volante).

En este ejemplo, hemos confeccionado dos cortinas; para conseguir un mejor efecto, puede colocarlas de forma que queden superpuestas, uniéndolas por la parte superior antes de incorporar la lorza.

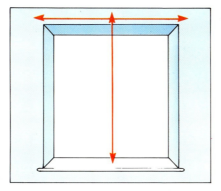 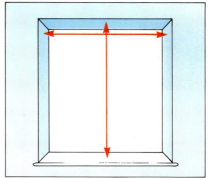

1 *Medir* △
Decida cuál va a ser la posición de la varilla de la cortina: en este estilo, lo más adecuado es colocarla en la parte exterior del hueco. Si lo hace en el interior, debe quedar 6 cm por debajo de la parte superior del derrame para dejar espacio para que el volante quede en la parte superior de las cortinas. (Si la varilla está en el interior del hueco, debe dejar otros 6 cm a cada lado para el volante.) Mida el largo de la varilla y la caída de las cortinas acabadas (incluidos los volantes de alrededor).

2 *Calcular la tela transparente*
Divida por dos la longitud de la varilla de la cortina. Para la parte lisa de cada cortina necesitará un trozo de tela 1,5-2 veces esta medida, dependiendo del vuelo que desee. La tela deberá tener la longitud de la cortina acabada, menos un total de 10 cm para el volante y 1 cm en la parte superior e inferior. Asimismo necesitará una tira de tela de 4 cm de ancho para la lorza de la parte posterior de la cortina.

3 *Calcular la tela del volante*
La longitud del volante de cada cortina es 1,5 veces el perímetro total del trozo de tela calculado en el Punto 2 (2 x largo + 2 x ancho). El fondo es 6 cm más 3 cm de dobladillo y la tolerancia de las costuras.

4 *Confeccionar el volante* ▷
Una los largos de tela para formar un volante 1,5 veces el perímetro del trozo de tela liso. Una los extremos del volante hasta formar un redondel. Remate con costuras francesas. Dele la vuelta y cosa un dobladillo doble de 1 cm en el borde exterior largo del volante. Prenda con alfileres, hilvane, cosa y planche. Como alternativa, puede omitir la tolerancia de las costuras y ribetear el borde del volante, o utilizar un punto en zigzag cerrado para el remate.

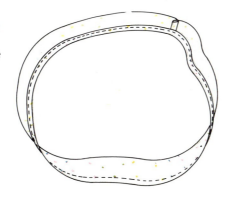

5 *Fruncir el volante*
Divida el volante en cuatro secciones iguales y márquelas. Haga dos filas de puntadas de fruncido en el borde sin terminar, a 1 cm del borde.

6 Unir el volante ▷

Marque el centro de cada borde del paño. Estire el volante para que tenga la misma longitud que el perímetro del paño. Prenda con alfileres el volante en los laterales del derecho enfrentados y haciendo coincidir los bordes. Distribuya el vuelo por igual, y case las marcas del volante con las marcas del paño, dejando un poco de vuelo adicional en las esquinas. Hilvane. Con el derecho de la cortina enfrente suyo, cosa las dos capas de tela, dejando costuras de 1 cm. Retire las puntadas del fruncido y el hilván, y remate los bordes con punto en zigzag. Planche con cuidado las tolerancias de la costura hacia el volante.

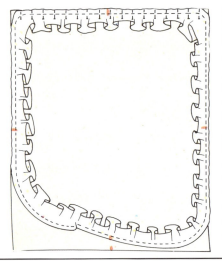

7 Preparar la tira de la lorza △

Corte una tira de tela de 4 cm de ancho a la mitad del largo de la varilla. Dele la vuelta y haga un dobladillo de 1 cm con puntadas de hilván en cada borde largo.

8 Fruncir la cabecera

Haga dos filas de puntadas de fruncido en la parte superior del paño, una de ellas en el interior de la línea de la costura, y la otra a 17 mm por debajo de la primera. Tire de los hilos del fruncido de forma que el ancho de la cortina tenga aproximadamente la misma longitud que la lorza preparada.

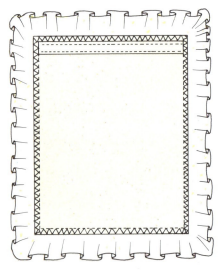

9 Unir la lorza ◁

Extienda la tela con volante con el revés boca arriba. Prenda con alfileres la lorza al trozo de tela de forma que la parte superior coincida con la línea de la costura. (La lorza debe coincidir con el trozo de tela y no quedar superpuesta al volante.) Si las cortinas van a colgarse en un hueco, la tira de la lorza debe ser un poco más corta que la mitad del ancho de la varilla de la cortina. Hilvane los bordes superior e inferior de la lorza en los bordes superior e inferior. Cosa la lorza a la cortina a 2 mm de cada borde largo plegado de la lorza. Siga las mismas instrucciones para confeccionar la segunda cortina. Introduzca las cortinas en la barra. Si se separan, cosa las esquinas.

Consejo

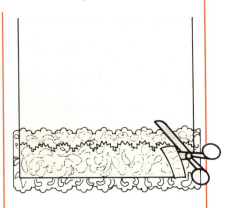

AÑADIR UN ADORNO

Si no le agradan los diseños confeccionados de las telas transparentes con adornos de encaje, puede hacer uno por su cuenta. Compre un trozo de tela transparente lisa 1,5-2 veces el ancho de la ventana y un poco más larga que el largo que necesite. Compre una tira de adorno del mismo ancho que la tela. Coloque el encaje sobre el borde inferior de la cortina, con el revés del adorno frente al derecho de la cortina, de manera que el borde inferior del adorno quede al ras del borde sin terminar de la cortina. Prenda con alfileres e hilvane. Cosa en zigzag el adorno a la tela, aproximadamente a 1 cm del borde superior del adorno, siguiendo la forma del mismo, si procede. Dele la vuelta y recorte el borde de la tela junto a las puntadas en zigzag antes de confeccionarlo.

◁ **Volantes perfectos**

En esta habitación juvenil, las cortinas son de tela de terileno transparente rematadas con volantes a juego con la ropa de cama. La cabecera está formada por una sencilla lorza con una varilla encajada en la parte superior del hueco de la ventana.

Cortinas tipo café

Las cortinas tipo café son una práctica alternativa a las cortinas normales. Éstas cubren parte de la ventana durante el día, mantienen la intimidad sin impedir por completo el paso de la luz u ocultan alguna vista desagradable. Normalmente se cuelgan de una barra, una varilla o un cable situado en el centro de la ventana y no se fruncen tanto como las cortinas normales. En términos generales, se utiliza una sola cortina por ventana, no dos. Pueden dejarse sin forrar para permitir el paso de la luz y para reducir gastos. Asimismo pueden forrarse, igual que las cortinas normales, con forro liso o tela (consulte *Cortinas con forros cosidos*).

Para elegir la tela adecuada debe tener en cuenta que estarán expuestas al sol la mayor parte del día, por lo que el color debe ser resistente. Por otra parte, se suelen ver desde la parte exterior de la ventana, lo que debe tener en cuenta a la hora de elegir el estampado.

Estilos de cabeceras

Para este tipo de cortinas existe una amplia variedad de cabeceras.

- **Lorzas.** Puede hacerse una sencilla lorza en la parte superior de la cortina con dos filas paralelas de puntos y ensartar la cortina en una barra (o en un cable).
- **Cintas.** Puede utilizar cualquier tipo de cinta de peso medio o ligero y colgar las cortinas de anillas en una varilla o una barra. Existen varillas especiales tipo café.
- **Cabecera sencilla festoneada.** Uno de los estilos más tradicionales de estas cortinas es cortar redondeles semicirculares en la parte superior de la cortina, rematándolos con ribetes o con una vuelta, y cosiendo una anilla entre los festones. Las anillas se introducen por una «barra de café» (normalmente de metal o de madera ligera).
- **Cabecera con lazos y festones.** Otra alternativa es colgar la cortina de una barra mediante lazos que se confeccionan cortando festones profundos en la parte superior de la cortina. Las tiras entre los festones se alargan de manera que puedan coserse en el revés de la cortina para formar los lazos que se atan a la barra. Como alternativa, puede cortar rectángulos, en lugar de festones, para conseguir el efecto de una almena.
- **Festones y pliegues.** Una variante más sofisticada es combinar festones con un plisado triple a mano. Corte los festones como en el ejemplo anterior, pero deje una tira más ancha entre ellos, de forma que pueda hacer el plisado a mano, y cuelgue la cortina en las anillas de una barra. Si desea un buen remate, forre las cortinas o ponga tela a juego en el frente de los festones.

Toques finales

Los volantes en una tela de contraste o a juego son una adecuada adición opcional en las cortinas tipo café.

Piense también en la decoración del resto de la ventana. En lugar de cortinas normales o de una persiana que cerrará por la noche, puede añadir un par de cortinas cortas confeccionadas de igual manera que la cortina tipo café. Cuélguelas de una barra en la parte superior de la ventana de modo que queden por encima de la otra cortina.

Una guardamalleta a juego con la cortina sirve para enmarcar la ventana si no desea cerrarla completamente por la noche. Otra idea es hacer sencillos festones y faldones para conferir a la ventana un aspecto más elegante.

Medir

Mida la ventana en la que va a colgar la cortina tipo café: normalmente la guía se coloca hacia la mitad, pero es posible que tenga que ajustarla para que se adapte bien a la ventana.

Una vez fijada la varilla, mida el ancho y el largo de la cortina. Si la cabecera va a ser lisa con festones, necesitará un trozo de tela ligeramente más ancho que la ventana; si la cabecera va a ser plisada, necesitará casi el doble de tela que el ancho de la ventana, y para una cabecera con lorza, necesitará tela suficiente como para confeccionar un paño y la mitad del ancho acabado. Añada tolerancia en los dobladillos laterales, las cabeceras y los dobladillos.

Estilo rústico
Lleve un poco de aire fresco a una cocina o un cuarto de baño; aquí vemos una cabecera festoneada en una barra estriada de color blanco.

SE NECESITA
- ☐ Tela de la cortina
- ☐ Entreforro (opcional para cabeceras festoneadas)
- ☐ Forro (opcional)
- ☐ Barra o varilla de cortina
- ☐ Anillas para cortina (para cabeceras festoneadas)
- ☐ Hilo de coser
- ☐ Alfileres y agujas
- ☐ Máquina de coser
- ☐ Papel de patrón (para cabeceras festoneadas)

CORTINA CON FESTONES SENCILLOS

Las cortinas festoneadas más sencillas llevan anillas cosidas o enganchadas a la cinta entre cada festón. No presentan pliegues y deben ser un poco más anchas que la ventana. La parte superior está forrada para conseguir un acabado perfecto. En las instrucciones aquí indicadas se incluye un entreforro.

1 Medir
Empiece colocando la barra en la ventana a una altura adecuada. Mida la distancia existente entre la barra y el alféizar, y el ancho de la ventana.

2 Calcular la cantidad de tela
El ancho de la cortina es igual al ancho de la ventana, más una tolerancia de 3 cm para la costura y una tolerancia adicional de unos 10 cm para que la cortina cuelgue con un generoso vuelo. La longitud es igual a la longitud medida, más 10 cm para hacer un forro vuelto en la parte inferior. Tenga en cuenta que la parte superior de la cortina colgará aproximadamente 1 cm por debajo de la barra, ya que sólo necesitará dejar 3 cm para un dobladillo doble de 2 cm en el borde inferior.

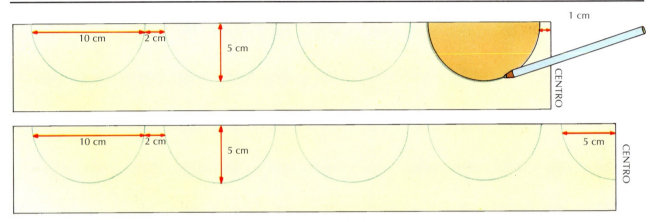

3 Preparar un patrón △
Utilice una tira de papel de 9 cm de fondo y la mitad del ancho de la cortina acabada para preparar un patrón, a efectos de que los festones tengan la misma forma y separación. Deberá colocar un extremo del papel en el centro de la cortina y el otro en el borde exterior.

Los festones semicirculares crean un efecto muy agradable. Para hacerlos, utilice un compás o un plato pequeño. Una buena medida para los festones es de unos 5 cm de fondo, 10 cm de ancho y 2 cm de separación. Resultará más fácil dibujarlos cortando una plantilla en un cartón. Coloque los festones de forma

que uno quede en el centro de la cortina, o que quede espacio entre ellos en el centro (en este caso, deje 1 cm pues el patrón se sitúa sobre un pliegue). Ajuste el tamaño, las separaciones de los festones y el ancho de la cortina, hasta que queden bien adaptados por todo el ancho. Corte los festones.

4 Cortar la tela
Ajuste los cálculos efectuados en el Punto 2 para adaptar un número exacto de festones, si procede, incluida la tolerancia para la vuelta a cada lado. Corte la tela de acuerdo con esta medida. Remeta y planche

10 cm en el borde superior. Corte una tira de entreforro adherible mediante la plancha de 9 cm de fondo y con el mismo ancho que la cortina terminada para entreforrar el borde superior de la cortina.

5 Entreforrar el borde superior
Coloque el entreforro en el revés de la cortina, a 1,5 cm de los bordes laterales y a 1 cm del borde superior, de manera que el borde inferior del entreforro coincida con la línea del pliegue de la parte superior de la cortina. Planche.

6 Rematar los bordes △
Remeta y cosa 1 cm en el borde superior de la cortina, sobre el entreforro. Remeta 5 mm y 1 cm más en cada borde lateral.

7 Marcar los festones △
Pliegue la parte entreforrada por el derecho, plegándola de nuevo a lo largo de la línea del pliegue, y prenda con alfileres. Marque el centro de la cortina. Coloque el borde central del patrón en la marca central y prenda con alfileres. Dibuje las curvas de los festones. A continuación retire el patrón y repita la operación en el otro lado de la cortina.

8 Cortar y coser △
Corte la forma de los festones en el borde superior doblado, dejando 1 cm a partir de las líneas marcadas para una costura. Cosa a máquina por las líneas marcadas creando varios festones. Haga muescas en las tolerancias de las costuras. Recorte y estratifique las tolerancias de las costuras. Planche, vuelva la tela del derecho y planche de nuevo.

9 *Terminar los bordes y unir las anillas*
Cosa con puntadas sueltas los bordes rematados de la cortina.

10 *Remeter el dobladillo*
Remeta y cosa a mano o a máquina un dobladillo doble de 2 cm colocando las esquinas en inglete.

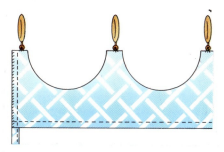

11 *Unir las anillas* ◁
Cosa a mano una anilla en la parte superior de cada festón e introduzca las anillas en la barra.

FESTONES CON TRIPLE PLIEGUE

El efecto de la cabecera es más sofisticado con la adición de pliegues. Su confección es muy similar a la de las cortinas tipo café sin pliegues, pero hay que dejar 12 cm entre los festones para poder crear un conjunto de tres profundos pliegues de 1,5 cm.

1 *Preparar un patrón*
Empiece preparando un patrón con el ancho de la cortina terminada, procediendo de igual manera que en la cabecera festoneada lisa de la página anterior. Haga un corte hacia la mitad entre los festones. Deje otros 12 cm de manera que la separación entre los festones sea de 14 cm. Préndalos con alfileres en otra tira de papel y dibújelos creando un dibujo más ancho. Ahora tiene el patrón de la mitad de la cortina.

2 *Calcular la cantidad de tela*
El ancho de la cortina es dos veces el ancho del patrón, más 5 cm de tolerancia para las costuras en los laterales. La profundidad es la misma que la distancia desde la barra hasta el alféizar. No hace falta tolerancia para las costuras en la parte superior de la cortina ya que ésta queda un centímetro por debajo de la barra. Añada una tolerancia de 5 cm para el dobladillo. El fondo del forro debe ser el mismo, pero 2 cm más estrecho.

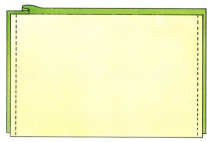

3 *Confeccionar la cortina* △
Coloque el forro sobre la tela, con los derechos juntos y haciendo que los bordes coincidan en la parte superior e inferior. Prenda con alfileres los bordes laterales, haciendo coincidir los bordes. Cosa los lados con una costura de 1,5 cm.

4 *Confeccionar la cabecera festoneada* ▷
Presione para que el forro quede en el centro de la cortina (dejando un borde de 1 cm). Recorte tolerancias para la costura y plánchelo. Prenda con alfileres el forro a la cortina. Coloque el patrón en la parte superior de la cortina, a 1 cm del borde superior. Marque las curvas en el forro, primero en una mitad y después en la otra.

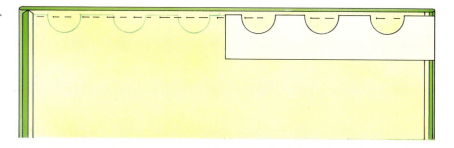

5 *Entreforrar la cabecera*
Corte una tira de entreforro adherible con la plancha que tenga el mismo ancho que la cortina terminada y un fondo de 10 cm. Colóquela sobre el revés de la cortina, al ras del borde superior. Plánchelo.

6 *Cortar y coser los festones* ▷
Corte los festones marcados en las dos capas de la tela y el entreforro, dejando una tolerancia de 1 cm. Hilvane el borde superior, entre los festones y alrededor de los mismos, con un 1 cm para las costuras. Haga muescas en las curvas. Vuélvalo del derecho y plánchelo.

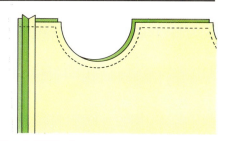

7 *Pellizcar los pliegues del plisado* ▷
En cada una de las secciones del plisado, doble la sección por la mitad con los reveses enfrentados. Haga una fila de puntadas a mano o a máquina, a 4,5 cm de la línea del pliegue (es decir, a 1 cm del borde del festón). Las puntadas deberán prolongarse 10 cm por debajo de la cortina desde el borde superior. Abra la tela y extiéndala de forma que el pliegue cosido quede hacia arriba y las puntadas queden contra la superficie. Abra el pliegue poniendo un dedo a cada lado del mismo, pellizque el pliegue central y empújelo hacia la línea de puntadas para que forme un triple pliegue. Agarre los pliegues y alíselos de modo que queden uniformes. Prenda con alfileres.

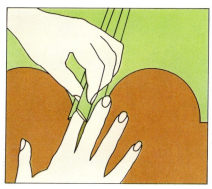

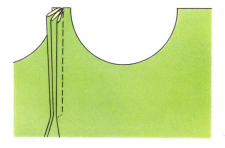

8 *Coser los pliegues* △
Con los pliegues prendidos con alfileres por la parte interior, de forma que queden lo más próximos posible a la línea vertical de puntos, cosa el pliegue al ras de la parte inferior de la línea vertical de puntos, con una puntada fina. Coja los pliegues interiores en la parte superior del pliegue.

CREACIÓN Y DISEÑO

115

CABECERA Y VOLANTE EN UNA LORZA

Una lorza se prepara cosiendo dos filas de puntos en la parte superior de la cortina, con un soporte vertical por encima. Es un sistema rápido, sencillo y económico de confeccionar una cabecera. Un volante en el borde inferior atenúa el efecto.

1 Medir
Para saber el tamaño de una cortina tipo café, mida desde la parte superior de la barra hasta el alféizar, y mida la longitud de la guía (el ancho de la ventana).

2 Calcular la cantidad de tela
La longitud del paño de tela para la cortina es igual a la distancia entre la parte superior de la barra hasta el alféizar, menos 7 cm (para un volante de 8,5 cm de fondo), más 8 cm para la cabecera y un poco de tela adicional para poder introducir fácilmente la cortina en la barra. El ancho debe ser aproximadamente una vez y media la longitud de la barra de la cortina. Necesitará asimismo una tira de tela de 11,5 cm de ancho y tres veces la longitud de la guía de la cortina para confeccionar el volante del borde inferior.

3 Cortar la tela
Corte trozos de tela para hacer el paño de la cortina y la tira del volante. No debe olvidar dejar 1,5 cm para las costuras si tiene que unir anchos de la tela. Una los anchos de tela siempre que sea necesario.

4 Confeccionar el volante
Remeta 5 mm y 1 cm más en el borde inferior y los extremos de la tira del volante. Cosa dos filas de puntadas de fruncido en el borde superior.

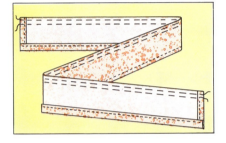

5 Unir el volante
Tire de los hilos del fruncido de manera que el volante quede 3 cm más corto que el borde inferior de la cortina. Prenda con alfileres e hilvane, con los derechos juntos y haciendo coincidir los bordes. Cosa dejando costuras de 1,5 cm. Para rematar los bordes, córtelos, cósalos juntos en zigzag y planche la costura hacia arriba.

6 Rematar los bordes
Remeta 5 mm y a continuación 1 cm más a cada lado de la cortina. Prenda con alfileres, hilvane y cosa.

7 Hacer una lorza en el borde superior ▷
Remeta 1,5 cm y a continuación otros 6 cm en el borde superior de la cortina. Haga dos filas de puntadas a 1 cm de cada borde plegado, confeccionando así una lorza de 4 cm de ancho (para introducir una barra de hasta 25 mm de diámetro).

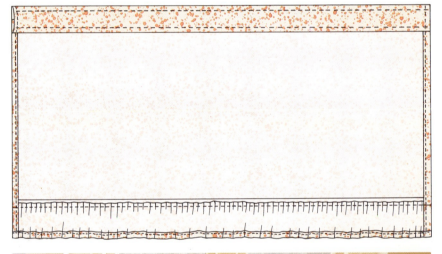

8 Colocar la cortina
Introduzca la cortina en la barra de manera que el vuelo quede distribuido por igual.

9 Remeter los dobladillos
Remeta los dobladillos de la cortina y el forro y cósalos a mano.

10 Poner los ganchos
Ponga ganchos especiales para plisados (con púas) en cada pliegue y cuélguelos en las anillas.

Acabado con volante ▷
Una alegre cortina tipo café sin forrar sobre una barra de bronce oculta un paisaje poco atractivo sin impedir el paso de la luz. Su interés queda acrecentado gracias a un sencillo volante en el borde inferior.

Bandós tradicionales de tela

Un bandó tiene por objeto añadir un toque decorativo a la parte superior de las cortinas, pero sirve asimismo para ocultar la guía y la cabecera, equilibrando las proporciones de una ventana. Puede fijarse, por ejemplo, a un nivel superior que la guía de la cortina para que la ventana parezca más alta, o extenderse por los lados para que parezca más ancha. Los bandós son asimismo un buen sistema de enlace entre varias ventanas.

Un bandó de tela tradicional se compone de una tela endurecida sobre una tabla que se ajusta en la parte superior de la ventana. Una vez atornillada, la tabla es un elemento semipermanente, pero el bandó propiamente dicho deberá retirarse con facilidad mediante algún sistema, como una cinta Velcro, para poder limpiarlo. La tela endurecida no es lavable, pero es posible cepillarla y pasar una esponja con detergente o limpiador seco en aerosol.

El bandó más sencillo es rectangular recto, o con el borde inferior con forma. Puede llevar la misma tela de las cortinas, u otra de contraste o a juego.

- Selección de la tela. Para cubrir un bandó puede utilizarse casi cualquier tela para muebles, excepto tejidos muy abiertos y transparentes.

Antes de calcular la cantidad de tela necesaria, fije la guía de la cortina y la tabla del bandó para poder tomar las medidas exactas. Consulte la página siguiente.

SELECCIÓN DEL ESTILO

Los bandós pueden ser bonitos y decorativos, clásicos y elegantes, o lisos y sencillos. El estilo y la forma elegidos dependen del estilo y el tamaño de la ventana y las cortinas, y de la decoración de la habitación, así como de la tela que se utilice para las cortinas y el bandó, ya que existen determinados diseños que se adaptan mejor que otros a las formas específicas de los bandós; por ejemplo, las rayas y los dibujos geométricos casan bien con las formas almenadas, en tanto que los motivos florales combinan con los bordes festoneados.

Dibuje sus propios diseños, tal vez imitando alguno de los que presentamos aquí, o utilice un material autoadhesivo con diversos bandós impresos.

Formas decorativas
△ Entre las posibles formas de bandós tenemos festones, almenas y zigzag.
◁ Este atractivo bandó cortado en la parte central, cubierto con «chintz» de flores a juego con las cortinas, aporta interés a una sencilla ventana.

Tipos de endurecedores de telas

El material tradicionalmente utilizado para endurecer los bandós es el bucarán. Los endurecedores autoadhesivos son un poco más costosos, pero fáciles de utilizar e ideales si quiere emplear un diseño de impresión rápida en el borde del bandó. Pueden comprarse en tiendas de tejidos.

El bucarán es una tela de tejido abierto tratado para endurecerlo. También existe bucarán adherible mediante planchado.

La confección de un bandó con bucarán implica mucha costura a mano, pero ofrece un acabado muy profesional. También es necesario forrar la tela del bandó que cubre el bucarán con forro de resalto o adherible mediante plancha.

Los endurecedores autoadhesivos llevan una tira de papel que puede retirarse, con diversos estilos de bandó, así como cuadrículas para simplificar el dibujo.

Existen dos tipos principales de endurecedor autoadhesivo: de una cara y de doble cara. En el de una cara, el anverso es autoadhesivo y el reverso está revestido con un acabado aterciopelado que hace innecesario el forro. El endurecedor de doble cara —con adhesivo en ambos lados— no necesita forro, pero presenta un mejor acabado. Los anchos disponibles son de 30 y 40 cm; en el tipo de doble cara, también tenemos anchos de 60 cm.

Bandó tipo estante ▽

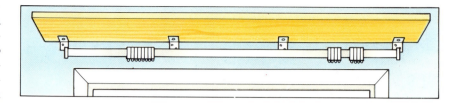

Bandó tipo caja ▽

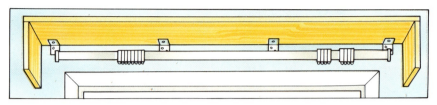

Colocación de la tabla del bandó

La tabla del bandó puede construirse de diversos modos, dependiendo del tamaño y de la forma de la ventana. Es de contrachapado de 12 mm de espesor.

En la mayor parte de las ventanas basta con un bandó tipo tabla. Deberá colocarse a una profundidad de unos 10 cm de manera que quede espacio suficiente para el grueso de las cortinas y la misma longitud que la guía más una tolerancia de unos 12 cm, 6 a cada lado.

Si el bandó es muy ancho o profundo, un bandó tipo caja con piezas rectangulares en los extremos confiere a la tela una rigidez adicional. En este caso, clave en cada extremo del bandó tipo tabla dos trozos cuadrados de contrachapado de 10 cm en ángulo recto.

Para fijar un bandó de cualquier tipo, céntrelo sobre el borde de la guía de la cortina y el marco de la ventana, a la altura donde desea que quede la parte superior del bandó. A continuación, fíjelo a la pared con pequeñas abrazaderas separadas a intervalos de 20 cm. Caso de que no hubiera espacio suficiente para las fijaciones sobre la ventana, puede ajustar la tabla atornillando las abrazaderas en los bordes laterales del marco de la ventana.

SE NECESITA
Para la tabla del bandó
- Madera contrachapada de 12 mm de espesor
- Regla de acero
- Sierra
- Clavos
- Martillo
- Abrazaderas
- Taladradora
- Tornillos
- Destornillador

Para el bandó
- Tela
- Bucarán o endurecedor de tela autoadhesivo
- Material de forro (salvo que se utilice endurecedor autoadhesivo de una sola cara)
- Entreforro o entreforro adherible mediante la plancha (si se usa bucarán)
- Cinta métrica
- Papel para preparar una plantilla
- Tijeras
- Hilo de coser
- Alfileres, agujas
- Máquina de coser
- Plancha y tabla de planchar
- Cinta Velcro
- Trenza decorativa y adhesivo de tela (opcional)

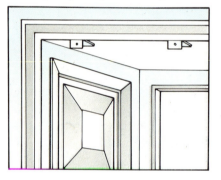

Ventanas con hueco △
En ventanas con un hueco muy profundo (arriba derecha e izquierda), la tabla del bandó puede cortarse al ancho

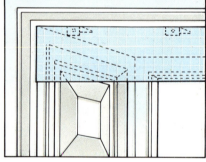

exacto del hueco y colocarse en el frente de la ventana, al ras del hueco, con las abrazaderas de fijación atornilladas en la parte superior del hueco.

Colgar el bandó

La forma más sencilla de colgar un bandó de manera que pueda retirarse fácilmente —para limpiarlo, por ejemplo— es pegar la mitad adhesiva de una cinta Velcro en los bordes de la tabla (la otra mitad del Velcro se cose en el revés del bandó al confeccionarlo). Como alternativa, se pueden coser pequeñas anillas de latón en la parte posterior del bandó y engancharlas en clavos o tornillos que se fijan en el borde de la tabla del bandó.

Otro sistema es clavar con chinchetas el bandó a la tabla, utilizando chinchetas especiales de tapicería, y cubrir éstas con trenza encolada con adhesivo para telas, pero hay que desmontar todo cada vez que se retire el bandó para limpiarlo.

Medir

Mida la parte delantera de la tabla del bandó y alrededor de los extremos de los lados cortos si va a utilizar un bandó tipo caja. Esta medida corresponde exactamente con el largo acabado del bandó.

Una vez elegida la forma adecuada del borde del bandó, el fondo depende del tamaño de las cortinas, pero la media está entre 15 y 30 cm.

Preparar una plantilla

Si va a realizar su propio diseño para el bandó, tiene que preparar una plantilla de donde saldrá la forma del mismo. (Si utiliza endurecedor autoadhesivo, por supuesto puede dibujar la forma directamente en el papel cuadriculado.)

1 *Dibujar el borde*
Corte una tira de papel un poco más larga que el largo final del bandó y un poco más ancha que la sección más profunda de la forma proyectada. Doble el papel por la mitad a lo ancho y marque con un pliegue la posición de los bordes laterales, si los hay. Dibuje a continuación la mitad de la forma del bandó que desee en el papel plegado, trabajando desde el centro hasta los bordes.

2 *Cortar la forma*
Corte la forma del papel plegado y recorte el borde superior, si es necesario, para que la plantilla encaje exactamente en la tabla del bandó. Despliegue el papel y, antes de cortar la tela, compruebe sus medidas en la ventana.

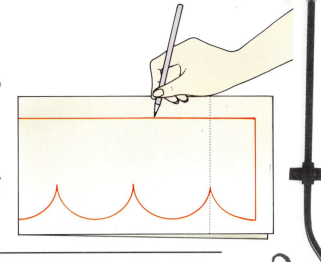

Cortar

Para confeccionar el bandó es preciso cortar lo siguiente:

• **Endurecedor de tela.** Corte un trozo de bucarán según la forma y el tamaño definitivos del bandó.

Ambos tipos de endurecedores presentan anchos estrechos, por lo que puede cortar el largo de una pieza sin desperdiciar demasiado. Procure evitar las costuras porque forman ondulaciones que pueden reducir la dureza del bandó.

• **Tela principal del bandó.** Corte un trozo de tela 2,5 cm más largo que el contorno de la plantilla del bandó.

Para evitar costuras, las telas lisas a veces pueden cortarse a lo largo. Pero si la tela presenta un diseño unidireccional o definido, tendrá que unir los anchos para formar una banda lo bastante larga para el bandó. Ponga tela adicional a ambos lados del ancho de la tela central mediante costuras planas, y plánchelas abiertas.

• **Forro.** Si utiliza bucarán o endurecedor autoadhesivo de doble cara, corte un trozo de material de forro 1 cm más largo que el contorno de la plantilla del bandó.

• **Entreforro.** En un bandó de bucarán necesitará además un trozo de espuma o de entreforro adherible mediante planchado con la misma forma y tamaño que la plantilla. En caso necesario, empalme los bordes, cosa los anchos con punto de espiga y haga el largo del bandó.

Confección de un bandó con bucarán

El bucarán es muy duro, razón por la cual deberá emplear una aguja fuerte y fina al coser a mano. Utilice dedal.

1 *Unir el entreforro* ▷
Centre el entreforro en el revés de la tela del bandó. Préndalo con alfileres. Péguelo con la plancha. Si utiliza espuma, cósala con punto de cadeneta a la tela a modo de entreforro.

• **Punto de cadeneta.** Doble el entreforro 30 cm desde el borde derecho, y cósalo con punto de cadeneta a la tela del bandó. Trabajando desde arriba hasta el borde inferior del entreforro, coja un solo hilo de cada capa de tela. La separación entre las puntadas será de unos 10 cm. Mantenga flojo el hilo para que no tire de la tela. Doble el entreforro sobre la tela y haga más filas de puntos de cadeneta con una separación de 30 cm en todo el largo del bandó.

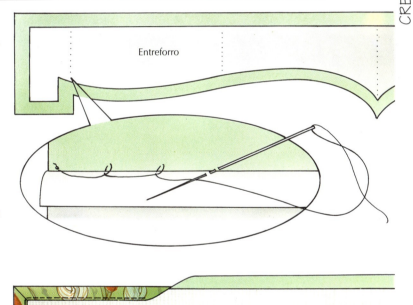

2 *Unir el bucarán* ▷
Coloque el bucarán en la parte superior central del entreforro: préndalo con alfileres y a continuación hilvane todas las capas de tela. Sujételo a la tolerancia de las costuras de la tela, siguiendo las curvas y las esquinas, y recorte el sobrante de tela cuando sea necesario para poder doblar el borde de la tela sobre el bucarán.

Si utiliza bucarán adherible mediante la plancha, humedezca los bordes y planche las vueltas de la tela. Tratándose de bucarán normal, préndalo con alfileres y cosa con punto de cadeneta la tela vuelta al bucarán.

3 *Coser el forro a la tela principal* ▷
Remeta una tolerancia de 1,5 cm para las costuras en la tela del forro para hacerla 5 mm mayor que el contorno del bandó, sujetando y cortando según proceda; hilvane y planche. Si va a colgar el bandó con Velcro (página anterior), cosa la mitad no adhesiva de una cinta Velcro en la parte superior del entreforro por el derecho. A continuación, coloque el forro en la parte superior del bucarán con el derecho hacia arriba. Prenda con alfileres, hilvane y cosa, cogiendo el forro.

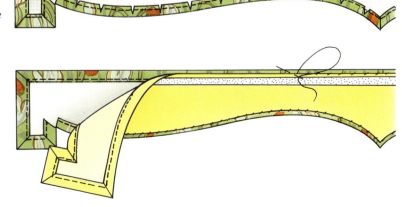

CONFECCIÓN DE UN BANDÓ CON ENDURECEDOR

Corte en primer lugar el endurecedor, y seguidamente la tela y el forro.

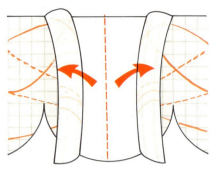

Consejo

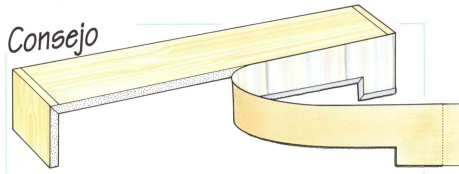

1 *Retirar el papel de refuerzo* △
Coloque el papel de refuerzo en el centro del endurecedor, córtelo a lo ancho y despegue un poco por cada lado. Centre la tela del bandó por el revés en la parte superior del adhesivo al descubierto y presione. Siga despegando el panel a la vez que pasa la mano por encima de la tela, desde el centro hacia el exterior.

Sujete la tolerancia de las costuras de la tela en torno a las curvas y las esquinas, y dóblelas hacia el revés del bandó. Despegue el papel del otro lado del endurecedor y presione para que se pegue.

2 *Preparar el material del forro* ▽
Si va a colgar el bandó con Velcro, cosa la parte del Velcro sin adhesivo en el derecho del forro a 2,5 cm del borde superior. Doble un trozo de 1,5 cm alrededor de todo el revés.

UTILICE ENDURECEDOR DE UNA SOLA CARA

La forma más rápida y sencilla de confeccionar un bandó es con un endurecedor autoadhesivo por una cara, ya que se une sin necesidad de costura y no necesita forro.

Este tipo de bandó es también muy fácil de colgar, pues lo único que hay que hacer es unir la parte más tosca de la cinta Velcro a la tabla del bandó. La segunda se pega a la primera y actúa como la otra mitad.

Confeccionar el bandó. Empiece cortando una tela de 2 cm de longitud alrededor del bandó. Corte el endurecedor con la misma forma: el reverso está marcado con cuadrícula para marcar un patrón. Despegue el reverso del papel impreso del endurecedor y coloque el revés de la tela del bandó en la parte superior (consulte el Punto 1), haciendo un bandó con endurecedor de doble cara.

Haga presión pasando la mano sobre la tela. Con unas tijeras afiladas, recorte los bordes de la tela al ras del bandó. Si desea un buen acabado, pegue una trenza o un fleco sobre los bordes del bandó con tela adhesiva.

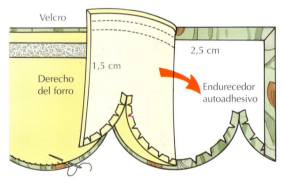

3 *Coser el forro al bandó*
Con el revés del forro contra el revés del bandó, pase la mano por el forro pegando el adhesivo, desde el centro hacia fuera. A continuación cóselo con puntadas sueltas alrededor de la tela principal.

Si desea un buen remate, puede encolar o coser una trenza decorativa en la parte superior e inferior del bandó, doblando la trenza en inglete en las esquinas. Y cuelgue el bandó.

Rayas elegantes ▷
Un sencillo bandó de forma clásica complementa una tela a rayas. Aquí, la trenza verde en el borde inferior del bandó define su forma sin conferirle pesadez.

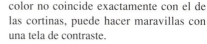

Recogecortinas a su gusto

Son múltiples las formas y estilos en que pueden confeccionarse los recogecortinas, con distintos adornos adaptados al gusto de cada persona. Resultan fáciles y baratos, y confieren un soplo de vida a unas cortinas viejas o sin gracia.

Si su intención es incorporarlos a unas cortinas ya existentes, no importa el hecho de no contar con la tela original. En realidad, si tiene algún retal de tela a juego, lo más probable es que las cortinas se hayan decolorado y los colores no coincidan. Lo único que necesita es un retal de tela para conseguir unos drásticos efectos: si el color no coincide exactamente con el de las cortinas, puede hacer maravillas con una tela de contraste.

Es posible confeccionar unos recogecortinas perfectamente lisos, pero ganan mucho y su aspecto mejora con un toque personal como, por ejemplo, un ribete en ambos bordes o un volante en el borde inferior.

ELEGIR LAS TELAS

Las telas para muebles de tejido tupido y peso ligero o medio pueden valer. No utilice brocados ni terciopelo dado su excesivo volumen. Los dos lados del recogecortinas pueden ser de tela para muebles, o en el revés puede poner tela de forro si no tiene suficiente de la primera, o si la tela es demasiado voluminosa o costosa.

MEDIR

Para calcular la posición, el largo y el ancho del recogecortinas, rodee la cortina con una cinta métrica a aproximadamente dos terceras partes de la parte superior y cree los pliegues o el efecto drapeado que desee conseguir. Anote la medida en la cinta métrica, ya que ésta será la longitud del recogecortinas terminado.

Con la cinta métrica todavía alrededor de la cortina, haga una señal con un lápiz en la pared o en la ventana para indicar la posición del gancho de fijación.

Si las cortinas sólo llegan al alféizar de la ventana, el fondo del recogecortinas no debe ser superior a 10 cm, ampliándolo proporcionalmente cuando se trate de cortinas más largas. Las instrucciones aquí explicadas hacen referencia a recogecortinas de 10 cm de fondo. La medida de las costuras es de 1,5 cm, salvo que se indique lo contrario.

Líneas ordenadas
Una solución perfecta para una ventana en arco: las cortinas quedan colgadas de la parte superior del marco y, en lugar de utilizar una guía, se mantienen abiertas con los recogecortinas. En este caso se ha utilizado la moldura de la pared como punto de fijación, casi exactamente una tercera parte de la medida de la ventana. Los bordes ribeteados ponen de relieve la forma de los recogecortinas.

CONFECCIÓN DE UN RECOGECORTINAS CON BORDE RECTO

1 *Cortar un patrón*
Empiece dibujando un rectángulo en una hoja de papel: la longitud debe ser igual a la medida con la cinta métrica, y el fondo de 10 cm. Corte.

2 *Cortar la tela*
En cada recogecortinas, prenda con alfileres el patrón a un trozo de tela de doble grosor y corte (o corte una vez en la tela y una vez en el forro), dejando alrededor 1,5 cm para las costuras.

Prenda el patrón con alfileres a un trozo de entreforro y corte sin dejar tolerancia para la costura.

SE NECESITA
- Tela
- Forro (opcional)
- Entreforro (utilice bucarán para bandós o entreforro Vilene para recogecortinas rectos o con forma, o entreforro adherible con plancha para los lazos)
- Cuatro anillas pequeñas de cortina
- Dos ganchos para sujetar a la pared
- Hilo de coser
- Aguja
- Papel para los patrones
- Plancha y tabla de planchar
- Tijeras
- Cinta métrica
- Alfileres

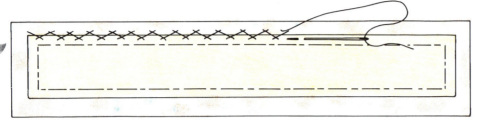

3 *Unir el bocací* △
Extienda el bocací en el centro del revés de un trozo de tela. Hilvane. Cosa los bordes del bocací y la tela con punto de espiga. La dirección debe ser de izquierda a derecha, dando primero una pequeña puntada horizontal en la tela del recogecortinas y a continuación en diagonal y hacia abajo en el bocací. Las puntadas no deben verse por el derecho de la tela del recogecortinas.

4 *Confeccionar el recogecortinas* △
Coloque los dos trozos de recogecortinas enfrentados e hilvánelos alrededor, dejando un espacio de 10 cm para volverlos del derecho. Cosa a máquina con el bocací en la parte superior, prestando atención para hacerlo cerca del borde del mismo, no encima.

Corte las costuras y en diagonal en las esquinas. Retire el hilván. Póngalo del derecho y cosa con puntadas sueltas los bordes abiertos para cerrarlo. Planche.

Siga las mismas instrucciones para confeccionar el segundo recogecortinas.

CONFECCIÓN DE RECOGECORTINAS CON FORMA

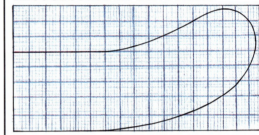

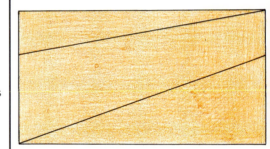

1 *Dibujar el diseño* △
Mida el largo del recogecortinas como antes. Corte un trozo de papel cuadriculado con cuadrados de 1 cm a la longitud del recogecortinas y un mínimo de 15 cm de fondo, y dóblelo por la mitad a lo ancho. Corte el patrón, ábralo y sujételo para verificar que la forma es la adecuada.

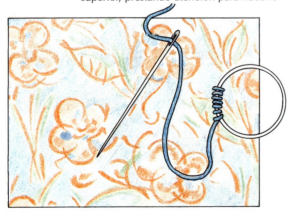

5 *Enganchar las anillas* △
Cosa una anilla en el centro de cada borde corto. En el revés de la tela, sobrehile la anilla justo dentro del borde de manera que ésta sobresalga lo suficiente como para engancharla en el gancho que se fijará a la pared.

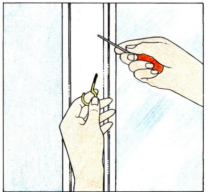

6 *Fijar los ganchos que sujetan los recogecortinas* △
El gancho para sujetar los recogecortinas debe colocarse en el lugar donde se encuentra la marca. Si el contorno de la ventana es de madera, le bastará con un gancho de los que se cuelgan las tazas, haciendo primero un pequeño agujero de prueba con una lezna.

Tratándose de una superficie de yeso, tendrá que taladrar e introducir un taco.

2 *Cortar la tela*
Corte dos veces la tela (o una vez la tela y otra el forro) con tolerancia para las costuras y una vez el bocací sin tolerancia para las costuras para cada recogecortinas.

3 *Confeccionar los recogecortinas*
Confeccione los recogecortinas y una las anillas y los ganchos como en los recogecortinas de borde recto, siguiendo las instrucciones del punto 6.

Adornos para recogecortinas

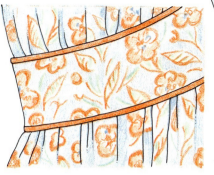
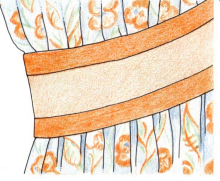
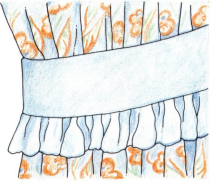

• **Bordes ribeteados.** El borde ribeteado en la línea de la costura pone de relieve la forma de la cortina, además de poder ofrecer al mismo tiempo un color de contraste. El cordón del ribete se puede cubrir con tiras al bies de la misma tela que el recogecortinas, o comprar un ribete al bies de 2,5 cm de ancho. Cubra el cordón y aplíquelo en el derecho de un trozo de recogecortinas, con los bordes juntos. Luego siga confeccionando el recogecortinas exactamente igual que antes, colocando el ribete entre las dos capas de tela. Utilice un pie de cremallera para poder coser la costura lo más cerca posible del ribete.

• **Bordes con galones.** Un galón en torno a los bordes ofrece la oportunidad de introducir un color de contraste, o de recoger un color claro de una tela estampada. También en este caso se pueden utilizar tiras al bies de la tela o comprar un galón al bies. Corte la tela y el bocací confiriéndoles la forma que desee, sin tolerancia para las costuras.

Con los reveses enfrentados, coloque el bocací entre los dos trozos de tela e hilvánelos por los bordes. Redondee ligeramente las esquinas para facilitar la aplicación del galón. Una las tiras o el galón al bies cosiendo por el revés (consulte más abajo).

• **Bordes con volantes.** Mida el borde inferior del recogecortinas y corte una tira de tela de 7 cm de ancho a dos veces esta medida. Remeta un dobladillo doble en uno de los bordes largos y dos bordes cortos del volante. En el restante, cosa dos filas de hebras de fruncido. Coloque el volante en un trozo de recogecortinas, con los derechos enfrentados y haciendo coincidir el borde del volante con el borde inferior del recogecortinas. Prenda con alfileres los extremos del volante a 1,5 cm de los bordes laterales del recogecortinas y tire de las hebras hasta que se forme el volante en el borde del recogecortinas. Hilvane. Continúe siguiendo los pasos del recogecortinas recto.

Utilizar un ribete al bies

El hecho de utilizar tiras al bies significa que puede conferir al ribete una forma ligeramente curvada, como en los recogecortinas a medida, porque la tela cortada en diagonal se estirará y dará ligeramente de sí.

El ribete al bies más común es de una tira de tela de 3,5 cm, doblada por la mitad a lo largo, con vueltas de 5 mm remetidas en el borde largo.

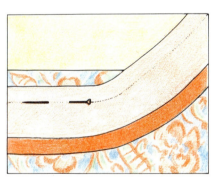

1 *Coser el derecho △*
Abra la tira al bies y, con los derechos enfrentados, prenda con alfileres, hilvane y cosa por la línea del pliegue del ribete.

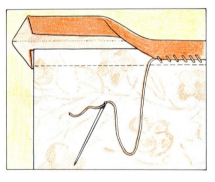

2 *Coser con puntadas largas △*
Coloque el ribete sobre el borde de la tela. Cosa el borde plegado en el revés, en el interior de la fila de puntadas.

Cortar tiras al bies

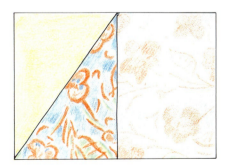

1 *Marcar la diagonal △*
Elija una tela a juego o de contraste con el recogecortinas o con la pieza que esté cosiendo. Busque el bies o el sesgo de la tela extendiéndola y doblando una esquina a un ángulo de 45°. Presione.

2 *Cortar las tiras △*
Marque una serie de líneas paralelas a esta línea del pliegue, con una separación mínima de 3,5 cm, dependiendo del efecto que desee. Corte por las líneas marcadas.

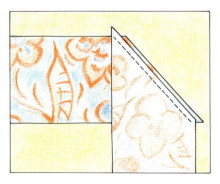

3 *Unir las tiras △*
Para unir las tiras al bies, coloque las dos tiras que vaya a unir en ángulo recto, con los derechos enfrentados. Cosa con una costura plana y estrecha (5 mm). Abra la costura.

CONFECCIÓN DE UN BORDE FESTONEADO

1 Dibujar la forma básica
Dibuje un patrón con la forma básica del recogecortinas siguiendo las instrucciones de los recogecortinas con forma explicadas en la página anterior. Utilice una hoja doblada de papel cuadriculado de 20 cm de ancho como mínimo, con cuadrados de 1 cm.

2 Marcar los festones ▽
Utilizando un objeto curvado —una taza o una copa de vino— dibuje una serie de festones de igual tamaño en el borde inferior del patrón de papel. Empiece con un festón completo en el pliegue y, al llegar al extremo, ajústelo de forma que termine con medio festón o con un festón completo o, si lo prefiere, haga uno más plano para rellenar el espacio que queda. Ajuste los festones hasta quedar satisfecho con el efecto. También puede dibujar progresivamente festones más planos.

3 Cortar el dibujo y la tela
Recorte el dibujo en el papel. Por cada recogecortinas corte dos veces la tela o una vez la tela y otra el forro con una tolerancia de 1,5 cm alrededor. Corte el bocací.

4 Confeccionar los recogecortinas
Continúe haciendo los recogecortinas dando forma al festón. Entremeta la tolerancia haciendo cortes en la tela y en las curvas torciéndolas a la derecha.

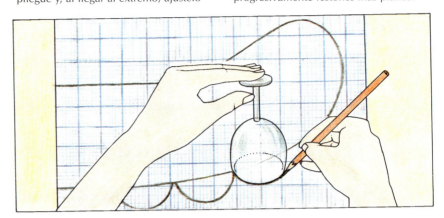

RECOGECORTINAS CON FESTONES RÁPIDOS

1 Dibujar la plantilla
Dibuje la plantilla en papel cuadriculado utilizando una taza o un vaso de vino, como hizo antes.

2 Cortar la tela
Corte dos veces la tela, dejando alrededor una tolerancia de 1 cm para las costuras, y una vez el bocací.

3 Unir el bocací
Una el bocací en el revés de un trozo de tela, como antes, con los reveses enfrentados, prenda con alfileres, hilvane y cosa los trozos de tela, colocando en medio el bocací, y cosiendo junto al borde del mismo.

4 Rematar los bordes △
Ponga la máquina en punto de zigzag cerrado o plumetí. Cosa el borde en zigzag siguiendo la línea de la costura. Como alternativa, puede coser en zigzag los bordes de los festones con un hilo de coser en color de contraste.

5 Recortar los bordes
Con unas tijeras de coser pequeñas, corte la tolerancia de la costura cerca de las puntadas, prestando atención para no cortar ninguna de ellas. Repita la operación con el segundo recogecortinas y añada las anillas.

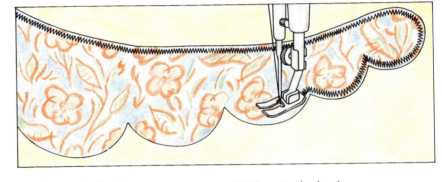

Consejo

◁ **UN LAZO**
Si no tiene tiempo para confeccionar sus propios recogecortinas, improvíselos con un amplio lazo de raso o de terciopelo de buena calidad. Recorte los bordes en diagonal o en V para que no se deshilachen, y añada una anilla en el centro del lazo para colgarlo en un gancho.

ENCAJE ▷
Otro truco es utilizar un trozo de encaje. Conferirá un aspecto delicioso especialmente a las cortinas de algodón estampadas, añadiendo un toque de feminidad. Utilice encaje fruncido para ahorrarse la costura. Para dar un toque de color, use encaje de colores con borde doble sin fruncir, con ojetes, y ensarte en éstos un trozo de cinta a juego con las cortinas.

Selección de cortinas

En este capítulo veremos los distintos tipos de cortinas para que pueda elegir un estilo adecuado para sus muebles. En posteriores capítulos examinaremos las guías y barras de las cortinas, así como diversos tipos de persianas, con lo que podrá planificar la preparación de las ventanas.

El estilo de las cortinas deberá complementar la decoración y la forma de la ventana. ¿Quiere que el aspecto de las cortinas sea informal, o prefiere un estilo elegante, confeccionado, romántico, moderno o de una época específica? Decida si prefiere que las cortinas contrasten o hagan juego con los muebles. Si la vista es espectacular, haga unas cortinas sencillas. Si la vista es desagradable, puede ocultarla con una cortina permanente de tela transparente o, si la luz no tiene importancia, elija cortinas fijas en la parte superior y sujetas por los lados.

- ¿Forradas o sin forrar? Por regla general, el forro mejora el aspecto y la caída de las cortinas, aísla y protege la tela de la cortina. Los forros y los entreforros térmicos aíslan contra el frío.

Pero las cortinas sin forrar también son importantes. Las telas ligeras, los encajes y las telas transparentes filtran la luz de forma atractiva, pudiendo combinarse con una persiana para conseguir intimidad en las horas nocturnas.

- Telas para cortinas. Normalmente es mejor ser generoso con una tela más económica que con una cara. Compre un largo pequeño de la tela que haya elegido para comprobar su efecto con el resto de los muebles y con las distintas luces (posteriormente podrá utilizarlo para confeccionar recogecortinas o fundas de cojines).

CREACIÓN Y DISEÑO

LONGITUD

- Hasta el alféizar. Este tipo de cortinas combinan bien en habitaciones rústicas o con ventanas horizontales en casas modernas. Apenas tocan el alféizar.
- Por debajo del alféizar. Al descorrerlas pueden parecer desaliñadas, pero si hay un radiador debajo de la ventana, puede acabar la cortina justo encima del mismo.
- Hasta el suelo. Son las que mejor combinan con ventanas de hojas móviles, en vanos y arcos, y, por supuesto, en ventanas francesas y ventanales. Las cortinas casi deben tocar el suelo, sin que quede espacio visible entre ambos.
- Cortinas tipo café. Cubren la parte inferior de una ventana dejando entrar la luz por la parte superior.

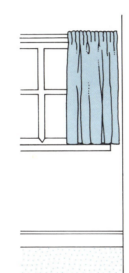 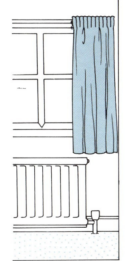 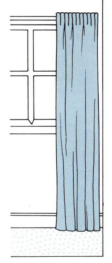 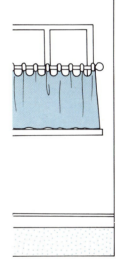

ESTILO DE LAS CORTINAS

  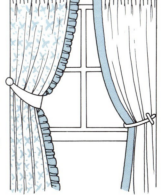

CORTINAS RECTAS
- Estilo. Adecuado para cortinas largas o cortas, en habitaciones modernas y tradicionales.
- Uso. Se cuelgan de una guía o una barra, con o sin bandó o guardamalleta.

RECOGECORTINAS
- Estilo. Mantienen las cortinas retiradas, formando una elegante curva, de aspecto menos severo.
- Uso. Pueden quedar superpuestas o abiertas en el centro.
- Puntos a considerar. No retire las cortinas de modo que formen una línea recta, sino curva. No se recomiendan en terciopelo.

ADORNOS DE LAS CORTINAS
- Estilo. Un borde decorativo confiere a la cortina un estilo adicional. Un volante estrecho resulta precioso y un borde liso a juego es más elegante.

LISTA DE COMPROBACIÓN

Para ayudarle a decidir el tipo de cortinas que desea, presentamos a continuación una lista de comprobación de los puntos a considerar:

- ☐ ¿Cuál es la forma y el tamaño de la ventana?
- ☐ ¿Qué aspecto quiere lograr?
- ☐ ¿Cuál será el largo de las cortinas?
- ☐ ¿Cómo será la cabecera?
- ☐ ¿Con forro o sin forro?
- ☐ ¿Colgada de una barra o una guía?
- ☐ ¿Con o sin bandó o guardamalleta?
- ☐ ¿Colgará recta o curvada con sujetacortinas?
- ☐ ¿Combinada con una cortina transparente o una persiana?
- ☐ ¿Cuál es su función primordial: intimidad, aislamiento, ausencia de luz?
- ☐ ¿Habrá que limpiarla con frecuencia?

TIPOS DE CABECERAS

Una cinta de cabecera confeccionada es la forma más sencilla de crear un efecto decorativo en cortinas y guardamalletas.

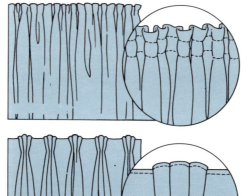
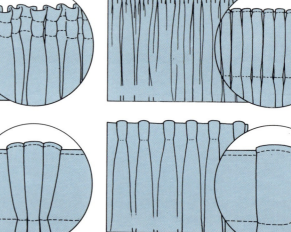

CABECERA DE SERIE
- Estilo. Adecuado para cortinas de tela transparente, informales, ligeras y hasta el alféizar.
- Uso. Cabecera estrecha y con frunces uniformes. Existe cinta sintética para telas transparentes y tules.
- Punto a considerar. Las cortinas pueden parecer inacabadas sin bandó o guardamalleta al correrlas.

PLISADO EN FORMA CÓNICA
- Estilo. Este tipo de cabecera se adapta a casi todos los estilos, especialmente en habitaciones modernas.
- Uso. La cinta presenta dos anchos: estrecho para cortinas cortas y ancho para cortinas largas. La cinta forma pliegues, y es apta para cortinas con forro o sin forro en tela de peso medio. La cortina puede colgarse de anillas o ganchos quedando frente a la guía, por lo que no requiere bandó ni guardamalleta.

PLISADO TRIPLE
- Estilo. Esta cabecera es muy adecuada en cortinas largas y se adapta a los estilos de muebles más tradicionales. Los pliegues regulares quedan bien en terciopelo.
- Uso. La cinta forma pliegues separados que pueden ser rectos o en abanico. Adecuada para telas de peso medio a pesado, y puede colgarse de anillas o cubrir la guía.
- Punto a considerar. Coloque la cinta de manera que los pliegues caigan por igual en las cortinas, con la misma separación en ambos extremos.

PLISADO EN CARTUCHO
- Estilo. Cabecera formal, especialmente adecuada en cortinas más pesadas, hasta el suelo, en un entorno elegante. Una buena tela es el terciopelo.
- Punto a considerar. Coloque la cinta de manera que los pliegues caigan por igual en toda la cortina.

BANDÓS Y GUARDAMALLETAS

Bandó recto

Bandó con forma

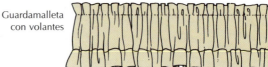

Guardamalleta

Guardamalleta con volantes

Un bandó o una guardamalleta ocultan la guía de la cortina, siendo un toque decorativo para una ventana.

BANDÓ RECTO
- Estilo. Las sencillas líneas se adaptan a un marco formal o moderno. El fondo y el ancho pueden alterar las proporciones de la ventana.
- Uso. Puede pintar o empapelar el bandó a juego con las paredes.
- Punto a considerar. Asegúrese de que el bandó sobresale lo suficiente para quitar las cortinas.

BANDÓ CON FORMA
- Estilo. Elija un borde decorativo festoneado, curvado, almenado, etc., que se adapte a un estilo de muebles más sofisticado.
- Uso. El reverso endurecido del bandó lleva una serie de formas preimpresas: retire el adhesivo y péguelo a la tela que elija.
- Punto a considerar. La limpieza de los bandós de tela es difícil, por lo que es mejor no utilizarlos en habitaciones como la cocina o el cuarto de baño.

GUARDAMALLETA
- Estilo. El fondo de la guardamalleta varía según el tamaño de la ventana y el estilo de la cortina. Las cortinas cortas necesitan un mínimo de 75 mm; las cortinas largas admiten una guardamalleta con un fondo de hasta 30 cm. Las guardamalletas sencillas son mejores en habitaciones informales de estilo rústico.
- Uso. Las guardamalletas se fijan en la tabla del bandó o cuelgan de la guía de la guardamalleta. Utilice una cinta de cabecera que haga juego con las cortinas.

GUARDAMALLETA CON VOLANTES
- Estilo. Para conseguir un aspecto más decorativo, puede incorporarse un volante en el borde inferior de una guardamalleta. Asimismo es posible añadir un encañonado como una persiana festoneada o curvada para que parezca más honda por los lados.
- Punto a considerar. La profundidad de la curva debe estar proporcionada con la longitud que tiene la cortina.

MÁS IDEAS SOBRE CORTINAS

Estas sencillas ideas para las ventanas son especialmente adecuadas con telas ligeras o transparentes y no requieren técnicas de confección complicadas.

Las cortinas cruzadas de encaje o gasa son bonitas y románticas. Se cuelga en una barra un largo de encaje de algodón y se sujeta a los lados con soportes en forma de florones. Cosa los dobladillos de los extremos e incorpore una persiana enrollable para tener intimidad.

Una cortina de tela drapeada, confeccionada con un largo de tela ligera para muebles, añade un toque elegante a una habitación más formal. Un extremo de la tela se coloca en torno a la barra (grápela o utilice Velcro para sujetarla, si es necesario), y a continuación la tela forma un gran festón a lo ancho de la ventana y cae por un lado. Una elegante persiana romana sirve de complemento a este estilo, a la vez que ofrece intimidad por la noche.

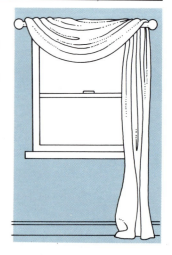

Selección de la tela para cortinas

Tanta importancia tiene comprar la tela de las cortinas como buscar el estampado o el tejido idóneo que complemente a la perfección la combinación de colores. Las telas para muebles no siempre son adecuadas para todas las situaciones. Con la extensa gama de tejidos y pesos existente, tenga por seguro que la que adquiera satisfará los requisitos en los que haya pensado.

Los dos factores principales a tener en cuenta a la hora de buscar la tela de una cortina son la resistencia a la decoloración y el peso de la tela.

• Resistencia a la luz. Dada su cercanía a las ventanas, las cortinas resultan muy castigadas por la luz solar. Elija telas resistentes a la decoloración y al deterioro causado por los rayos del sol, especialmente en habitaciones iluminadas durante la mayor parte del día. Si la tela elegida es propensa a la decoloración, fórrela con forro para cortinas o añade cualquier forma de protección, como cortinas transparentes o persianas enrollables.

• Peso de la tela. Examine el peso y la calidad de la tela. En general, todas las cortinas deberían forrarse, salvo las más ligeras, e incluso algunas de las telas más finas presentan un aspecto muy débil sin forro. Merece la pena tomarse la molestia de forrar o entreforrar una tela cara, ya que mejorará su aspecto y servirá para aislar la habitación.

Para las cortinas largas es mejor utilizar telas pesadas, ya que parecerán rígidas y voluminosas si su longitud sólo llega hasta el alféizar.

• Elegir bien. Una vez haya decidido la tela que desea, merece la pena llevarse un metro de tela a casa, ya que de este modo podrá comprobar el color y el estampado con los muebles existentes, así como la reacción del tejido ante la luz natural y artificial de la habitación. Vale la pena el gasto adicional para asegurarse de que ha elegido bien y no cometer costosos errores. Ese trozo de tela siempre podrá utilizarlo para fundas de cojines.

Antes de cortar la tela en la tienda, compruebe que el tejido no presente ninguna clase de desperfectos. Si es estampada, asegúrese bien de que el dibujo esté cuadrado en la tela: si desea unir los anchos para confeccionar la cortina y el estampado presenta una desviación de más de 2 cm, no podrá hacer coincidir el dibujo sin deformar la caída de la tela.

FIBRAS DE TELAS

Acetato	Fibra sintética sedosa que a veces se mezcla con algodón o hilo en brocados y efectos ondulantes. Es lavable y no encoge.	**Lana**	Fibra natural resistente a manchas y arrugas. Acepta bien el tinte. Puede encoger si no se ha preencogido. Síganse las instucciones del fabricante.
Acrílica	Fibra sintética que se utiliza en telas ligeras pero antiarrugas, así como en rasos y terciopelos. No se decolora y es lavable, pero bajo ninguna circunstancia debe hervirse dado que la tela se estropea.	**Milium**	Fibra sintética que se utiliza en forros de cortina con el reverso de aluminio, con buenas propiedades aislantes. Limpieza en seco.
		Nilón	Fibra sintética que se utiliza en telas de todos los tipos y pesos. Entre sus variantes, el terciopelo de nilón y las gasas. No encoge, es lavable y puede decolorarse.
Algodón	Fibra sintética fuerte y resistente al desgaste, cuya resistencia aumenta al humedecerse, por lo que se puede frotar, restregar y hervir durante el lavado. Es muy absorbente y admite bien el tinte y el estampado. El algodón suele encoger en el primer lavado, salvo que se haya encogido previamente en fábrica. Antes de iniciar la confección de cualquier material de algodón, debe introducirse en agua o humedecerse. Todos los tipos de algodón son adecuados para cortinas.	**Poliéster**	Fibra sintética muy fuerte, a veces mezclada con fibras naturales. No encoge ni se decolora. Popular por sus cualidades transparentes y opacas.
		Rayón	Fibra sintética conocida en sus orígenes como seda artificial. Incluye el tafetán, algunos tipos de hilo y el terciopelo. Tendencia a deshilacharse. Síganse las instrucciones del fabricante.
Arpillera	Fibra natural de cáñamo o yute. Amplia gama de colores. Propensa a la decoloración. Limpieza en seco.	**Seda**	Fibra natural producida por los gusanos de seda. Ha sido siempre una tela de lujo. Tradicionalmente, todos los terciopelos, tafetanes, moarés y damascos están fabricados con seda. Las cortinas de seda pura siempre llevan forro y entreforro para que adquieran el peso y la consistencia necesarios. Se decoloran con la luz del sol. Limpiar en seco o a mano según las instrucciones del fabricante
Fibra de vidrio	Fibra sintética que protege del fuego con una gran caída. Limpieza en seco.		
Hilo	Fibra natural de lino; más fuerte que el algodón. Se utiliza en la fabricación de múltiples telas, desde el hilo fuerte hasta el lino.		

CREACIÓN Y DISEÑO

Los fabricantes no asumen ninguna responsabilidad sobre cualquier fallo en la tela una vez cortada, razón por la cual es importante asegurarse de la inexistencia de fallos antes de agarrar las tijeras.

• El cuidado de la tela. Asimismo hay que prestar cierta atención a las cortinas confeccionadas a la hora de elegir la tela. Salvo que la etiqueta indique lo contrario, se considera normal que la tela en principio encoja entre un 5 y un 6%, y posteriormente hasta un 3% adicional. Respecto a las cortinas forradas, siempre es recomendable la limpieza en seco porque, a causa de sus diversos componentes, el encogimiento de la tela, el forro y el hilo, así como del cordón y de la cinta, no sigue las mismas pautas.

Si va a lavar las cortinas con regularidad, debe prelavar la tela, el forro y la cinta, o confeccionar cortinas con forros de quita y pon.

En las cortinas hasta el suelo, en las que el encogimiento es más patente, deje un gran dobladillo cosido con puntadas flojas por si tiene que soltarlo posteriormente. (Es aconsejable descoser las puntadas antes del primer lavado.)

Recuerde que la verdadera longitud que tiene una cortina debe ser el largo que tiene que cubrir más las tolerancias correspondientes para el dobladillo y la cabecera.

TEJIDOS Y ACABADOS DE LAS TELAS

Las características de las fibras de una tela determinan la forma en que colgará, y sus cualidades de lavado y desgaste.

BROCADO △
Tela con diseño de flores en relieve semejante al bordado. Puede ser de seda, hilo, algodón o hilo sintético.

HILO DE ALGODÓN △
Una mezcla de algodón e hilo, con pequeñas cantidades de nilón para conferir resistencia a la tela. Buen drapeado con grandes largos, pero demasiado rígida en cortinas cortas.

Lave a un máximo de 40° C; el porcentaje de encogimiento de las dos telas es distinto a mayores temperaturas.

PERCAL △
Algodón liso crudo de peso medio y acabado mate, en color hueso. Es relativamente barato y debe utilizarse generosamente para conseguir un buen efecto. Es adecuado en determinados tipos de ventanas. Tela tupida y fuerte, que lava bien, pese a su tendencia a arrugarse y encoger. Debe lavarse con cuidado.

RASO DE ALGODÓN
Es una alternativa más práctica y económica al raso (tradicionalmente de seda pura). Tejido muy tupido, que no se desgasta, con un brillo característico. Las cortinas en la versión fuerte de esta tela resultan muy lujosas y naturales, y presentan un magnífico drapeado. Añaden un toque de sofisticación a las habitaciones más formales de la casa.

El raso de algodón suele utilizarse como base para estampados, pero también es popular liso y monocromo, presentando a veces un pequeño dibujo, como un punto o un rombo pequeño, a modo de decoración.

DAMASCO △
Originalmente era de seda, pero en la actualidad está formado por algodón y diversas mezclas naturales y sintéticas. Tejido con dibujos mates sobre un fondo brillante similar al raso.

DUPIÓN △
Esta tela imita a la seda, pero es mucho más económica. A veces se cose alternando hilos gruesos y delgados para asemejarse a la seda en bruto. Normalmente lleva fibras sintéticas, a veces sobre una urdimbre de acetato (hilos en sentido longitudinal).

Hay pocas versiones lavables en mezclas de algodón/viscosa o hilo/acrílico. El dupión es un tejido ligero que requiere forro y preferentemente entreforro, pero cae bien y se adapta a cortinas cortas y largas.

Al igual que sucede con la seda pura, pueden surgir problemas de decoloración, en especial con colores más fuertes y brillantes.

ALGODÓN DELICADO

Es un algodón tratado con un acabado brillante que confiere un tacto suave y sedoso a la superficie del tejido. Este acabado implica que la tela tiene una buena caída y lava perfectamente.

GUINGÁN

Tela ligera de algodón o polialgodón con dibujo cosido con dos hilos de color.

MUSELINA △
Algodón delicado ideal para cortinas transparentes.

MUARÉ △
También conocido como seda muarada, actualmente se fabrica con fibras sintéticas. La característica forma ondulante se aplica a máquina sobre tela lisa y ligeramente acanalada. Debe limpiarse en seco para conservar la forma. Las cortinas confeccionadas con esta tela son elegantes para habitaciones formales. Las telas de muaré pueden adquirirse en colores lisos y a rayas, y a veces sobrestampadas con un diseño tradicional.

El muaré puede reaccionar a los cambios de temperatura y humedad de una habitación. Absorbe y desprende humedad, contrayéndose y dilatándose igual que la madera, por lo que deben coserse con puntadas flojas para que se produzca el posible movimiento de la tela.

ALGODÓN SATINADO O *CHINTZ* △

Presenta un atractivo acabado brillante adecuado para estampados de cortinas en habitaciones más formales, pudiendo adquirirse también en liso. El satinado puede ser suave, con un ligero brillo, o fuerte, con un efecto vivificante; sólo se aplica al 100% de algodón. Normalmente es un tejido ligero pero muy tupido, por lo que acepta el tinte.

El algodón satinado a veces recibe el nombre de *chintz* a causa de los primeros estampados en *chintz* de inspiración india, que presentaban el mismo acabado.

Puede limpiarse en seco o lavarse a mano. No restregar la tela y mantenerla lo más plana posible en el agua. Planchar con la tela húmeda.

ENCAJE Y MADRÁS △

Son atractivas alternativas a las gasas y las telas transparentes. En sus orígenes, el encaje era de hilo con dibujos hechos a mano. En la actualidad, la mayoría están fabricados a máquina y son de algodón, nilón o viscosa. Pese a que la calidad y el cuidado dependen del uso de hilos naturales o sintéticos, el madrás y el encaje de algodón pueden lavarse con cuidado y almidonarse.

ALGODÓN DE POLIÉSTER △

Como su nombre indica, es una mezcla de algodón y de fibra acrílica de poliéster. Pese a que normalmente se asocia con la ropa de cama, algunas cortinas se fabrican con esta tela. Muchas sábanas de algodón de poliéster estampado pueden también convertirse en cortinas ligeras y económicas, que lavan bien y soportan la luz del sol, con un mínimo de decoloración.

Es una tela fuerte y duradera, razonablemente resistente a las arrugas y que mantiene su forma. Al lavar a máquina las telas con mezcla de fibra, como el algodón de poliéster, el programa deberá adaptarse al de la fibra más delicada de la mezcla.

ALGODÓN ESTAMPADO △
Esta tela presenta una enorme selección de dibujos y diseños, así como gran variedad de colores. Cose bien y los tintes en general son de colores sólidos. En la variedad de precios se refleja la calidad de la tela básica, la exclusividad del diseño y el número de colores utilizados.

SATÉN
Tela ligera que se emplea generalmente en forros, pudiendo utilizarse en cortinas cuando el tejido es más pesado. Similar al raso, suele ser de algodón.

SIRSACA △
Su característico aspecto —listas planas y acresponadas— se consigue mediante un proceso térmico o agrupando los hilos en sentido longitudinal tejiendo alternativamente uno fuerte y otro flojo. Es ideal para cortinas ligeras, vaporosas y sin forro. Normalmente de algodón. Lavable.

TERCIOPELOS △
Si exceptuamos el de seda, que resulta muy costoso, el mejor terciopelo es el de algodón. Adquiere un buen drapeado pese a la pesadez de la tela y se adapta bien en cortinas largas y cortas. Los tintes suelen ser buenos y no se decoloran. Los terciopelos pueden arrugarse para conseguir un curioso efecto o cortarse formando dibujos.

El terciopelo acrílico —a veces denominado Dralón (la marca del principal fabricante de fibra acrílica)— es una tela de tapicería, pero puede adaptarse a cortinas tratándose de tejidos más ligeros. Su drapeado es inferior al del terciopelo de algodón y no es adecuado en cortinas cortas.

El pelo puede estar levantado o aplastado, pero debe mantenerse la misma dirección en toda la tela. El color es en general más vistoso con el pelo levantado. Debe prestarse atención para no arrugar el pelo al confeccionar la cortina pues las marcas producidas por la presión han de tratarse al vapor. Las marcas producidas durante la confección desaparecerán tras tener colgadas las cortinas varias semanas.

GASAS Y TULES △
Normalmente son de fibra sintética, como nilón y poliéster, pueden confeccionarse a mano o a máquina, y prácticamente no se arrugan al lavarlas. Están hechas con hilos muy tupidos, lo que les confiere un efecto frágil y fluido.

Algunas gasas se combinan con algodón estampado, repitiéndose los dibujos en ambas telas. También pueden ser lisas.

Las gasas y tules se utilizan a veces para crear intimidad en una habitación, ayudando asimismo a filtrar la luz solar y a proteger muebles y cortinas de la decoloración.

SELECCIÓN DE LA TELA DE LAS PERSIANAS

Presentamos a continuación algunas directrices para poder realizar una correcta selección a la hora de elegir una tela adecuada para la confección de persianas.

- Persianas enrollables. Las telas deben ser lo suficientemente flexibles como para poder enrollarse en torno a una varilla de madera. Pueden servir todas las telas de peso medio. La tela deberá tratarse con endurecedor, teniendo en cuenta el ligero estiramiento que se produce en este proceso. Para persianas destinadas a cocinas o cuartos de baño, deberán utilizarse telas ignífugas y lavables.

- Persianas romanas. Resultan muy elegantes. Utilice algodones estampados o cualquier tela tupida de peso medio. La tela no debe almidonarse ya que esto impide su caída en pliegues naturales.

- Persianas austríacas. Confeccionadas con telas de peso medio o ligero, cuelgan bien y presentan un buen aspecto con festones fruncidos. Ganan mucho con un forro incorporado. Pueden adornarse con un volante o un trozo de encaje o madrás. Pueden necesitar tela de forro.

- Persianas festoneadas. Necesitan mucha más tela que las persianas austríacas. Las telas suaves, ligeras y delicadas que permiten el paso de la luz son las más adecuadas para festones permanentes de encañonado.

Barras y guías para cortinas

Las barras se utilizan normalmente con un estilo de muebles más tradicional, o cuando las cortinas son el punto central de una habitación. Son especialmente adecuadas para cortinas muy anchas y hasta el suelo, sin necesidad de guardamalletas ni bandós. Las barras de madera pueden colocarse en inglete en las esquinas de las ventanas en arco, pero no en huecos curvados.

Las barras se venden en juegos completos, junto con las abrazaderas, las anillas y los extremos, pudiendo asimismo adquirirse independientemente, en caso de que haya que añadir abrazaderas o anillas.

• Las guías. Se adaptan a estilos de muebles muy modernos, siendo en general más económicas que las barras. Las cortinas se enganchan en rieles tendidos a lo largo de la guía. Las guías de plástico y aluminio pueden doblarse para adaptarse a los huecos de las ventanas. Existen guías de acero para cortinas más pesadas.

Las guías se venden con los elementos de fijación a la pared o al techo y con o sin rodillos, topes de los extremos o brazos transversales (consulte más abajo). Los rieles son de plástico o metálicos y su estilo varía adaptándose a cada guía específica. Si la guía no lleva polea para cordón, es preciso colocar un tope en cada extremo para que los rieles no se salgan.

• Cuerdas. Pese a que algunas barras y guías llevan las cuerdas incorporadas, pueden añadirse en las cortinas para poder correrlas sin tocar la tela.

• Cable y varillas. Son los soportes más sencillos que hay para cortinas ligeras. Se ensartan en una lorza y se utilizan en ventanas de pequeño tamaño o en un vano.

COLOCACIÓN DE LA BARRA O LA GUÍA

La barra o la guía pueden fijarse en el hueco de la ventana si éste es profundo o forma un arco, en el marco de la ventana, o encima del mismo.

Dependiendo de la colocación de la barra o la guía, la ventana parecerá más grande o más pequeña. Por ejemplo, la barra puede prolongarse más allá del marco (derecha 1), de modo que la cortina lo deje totalmente al descubierto, dejando paso a un máximo de luz; una ventana pequeña parecerá más amplia.

Un par de cortinas unidas por el centro en la parte superior de la ventana y retiradas por los lados (derecha 2) reducirán la altura de una ventana muy alta.

Una guía oculta en la parte superior de la ventana servirá a modo de soporte, que puede pintarse o empapelarse a juego con la pintura o el papel.

BARRAS DE MADERA
• Estilo. Las barras lisas y barnizadas se adaptan a un marco tradicional, en tanto que las pintadas son apropiadas para un estilo moderno o informal. Los extremos pueden ser sencillos o torneados, dependiendo del estilo de la habitación.
• Uso. Las barras de diámetro más ancho pueden incorporar cuerdas.
• Punto a considerar. Las barras deberán soportar el peso de la cortina y habrá que contar con suficientes abrazaderas para abarcar el ancho de la ventana.

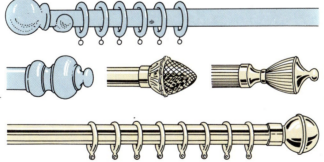

BARRAS METÁLICAS
• Estilo. Las barras de metal se adaptan a un estilo de muebles más formal. El acabado puede ser laminado, con los extremos elaborados, si se van a colocar cortinas elegantes, y liso y con los extremos sencillos en un conjunto moderno.
• Uso. Algunas barras llevan cuerdas en el interior, en lugar de anillas, para correr las cortinas u ocultar los rieles. En barras de diámetro más ancho pueden incorporarse cuerdas con anillas. Algunas barras se ajustan telescópicamente.

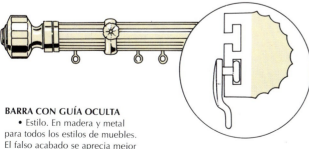

BARRA CON GUÍA OCULTA
• Estilo. En madera y metal para todos los estilos de muebles. El falso acabado se aprecia mejor desde lejos, por lo que estas barras deben utilizarse en ventanas o techos altos.
• Uso. La barra semicircular oculta el sistema de la guía, combinado con cuerdas.
• Punto a considerar. Dado que la guía no es tan rígida como la barra de madera o de metal, se precisarán varios accesorios a modo de soporte, dependiendo del ancho de la ventana.

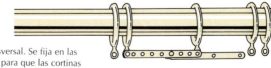

• Brazo transversal. Se fija en las anillas centrales para que las cortinas colgadas en una barra puedan quedar superpuestas en el centro.

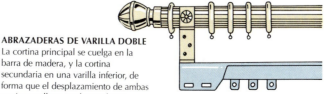

ABRAZADERAS DE VARILLA DOBLE
La cortina principal se cuelga en la barra de madera, y la cortina secundaria en una varilla inferior, de forma que el desplazamiento de ambas cortinas se lleva a cabo mediante cuerdas y es independiente.

CREACIÓN Y DISEÑO

GUÍAS PARA CORTINAS

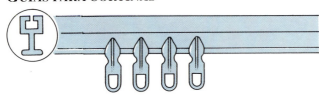
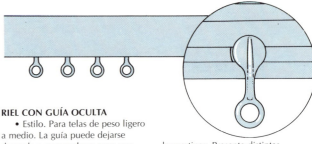

GUÍA BÁSICA
• Estilo. Guía de aluminio o de plástico ligero, con o sin brazo transversal, adecuada para telas y tules cuyo peso sea ligero o medio.
• Uso. Para colocar en un vano, en el marco de la ventana o encima de éste. Presenta distintas longitudes y se puede cortar. Perfecto debajo de un bandó o una guardamalleta.

RIEL CON GUÍA OCULTA
• Estilo. Para telas de peso ligero a medio. La guía puede dejarse desnuda o empapelarse para que haga juego con la pared. También existe una versión con adorno dorado acanalado.
• Uso. Con o sin cordaje interior y brazos transversales, se fija a intervalos, dependiendo del peso de las cortinas. Presenta distintas longitudes y puede cortarse. La guía de plástico puede doblarse a mano para encajarla en huecos redondos o ventanas en arco. Para doblar el aluminio se requiere la participación de un profesional.

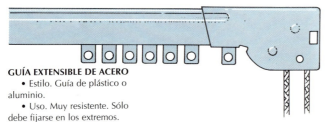

GUÍA EXTENSIBLE DE ACERO
• Estilo. Guía de plástico o aluminio.
• Uso. Muy resistente. Sólo debe fijarse en los extremos. También con cordones y brazos transversales.

GUÍA INSTALADA EN LA PARED
• Estilo. Existen dos tipos: una guía estrecha de plástico que puede colocarse en la cara inferior de la ventana, o introducirse en el yeso, adecuada para cortinas ligeras e ideal para ventanas pequeñas, o una guía más ancha con una polea en un extremo para el cordaje, adecuada para telas de peso medio.
• Uso. Los tipos más sencillos de cinta de cabecera son los mejores.

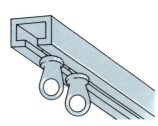

• Punto a considerar. La guía debe fijarse bien al techo.

GUÍA CON GANCHOS DOBLES
• Estilo. De plástico o aluminio, puede doblarse para encajarla en ventanas difíciles o empotradas.
• Uso. Los ganchos dobles son desmontables y se enganchan en la superficie de la guía; están diseñados para colgar cortinas con forros independientes. Disponibilidad de juegos de cuerdas.

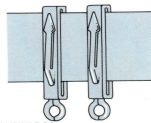

GUÍA Y RIEL DE GUARDAMALLETA COMBINADOS
• Estilo. La guía/riel de plástico puede doblarse a mano; para doblar la guía de aluminio se requiere la participación de un profesional.
• Uso. La cortina cuelga de un riel y corre normalmente, en tanto que los ganchos de la guardamalleta se sujetan al riel.
• Punto a considerar. La guardamalleta y las cintas de la cabecera de la cortina deben coincidir.

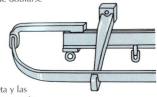

CABLE Y VARILLAS PARA CORTINAS

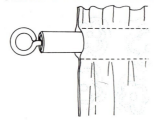
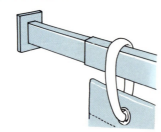

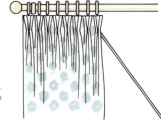

CABLE EXTENSIBLE CUBIERTO DE PLÁSTICO
Los ganchos de los extremos del cable se sujetan en ojetes fijos. Utiliza telas ligeras o transparentes con una lorza en la parte superior o en ambos extremos y la parte inferior.

VARILLAS AJUSTABLES
Tienen una fijación telescópica por resorte que se ajusta en el interior del derrame o el hueco de la ventana. Tamaños desde 40 hasta 185 cm. Se utiliza con telas de peso ligero a medio, con cabecera en lorza o anillas para cortina de ducha.

VARILLAS DE ESPIGA Y BARRAS DE METAL
Se colocan en ajustes metálicos atornillados en un derrame o un hueco, quedando bien sujeto el riel. Adecuado para cortinas pesadas.

VARILLAS GIRATORIAS
Se fijan a una abrazadera por un extremo, siendo ideales para cortinas que deben retirarse, como las de las ventanas de las buhardillas.

VARILLAS CORREDERAS
Van enganchadas a la primera anilla, en el centro de las cortinas colgadas en una barra, facilitando su desplazamiento. Las cortinas se manchan con el uso continuo, lo cual afecta asimismo a la barra y las anillas. La varilla queda oculta detrás de la cortina.

BARRAS Y GUÍAS LARGAS CON SOPORTE

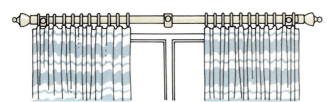

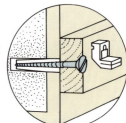

Tratándose de barras largas para ventanales, elija el mayor diámetro posible, y elija telas pesadas cuando se trate de cortinas hasta el suelo. Para evitar que la barra se combe, añada uno o dos soportes adicionales (colóquelos de manera que no afecten al desplazamiento de las cortinas).

Tratándose de guías, necesitan soportes a todo lo largo para sujetar incluso las telas más ligeras.

Muchas ventanas tienen un dintel de hormigón sobre el marco. Es mejor taladrar un listón del dintel e instalar allí los soportes. El listón puede pintarse o empapelarse a juego con la pared.

Festones y faldones drapeados

Durante siglos, los festones y faldones han conocido gran esplendor en las grandes casas rurales, pero no hay razón para no adaptar este estilo a menor escala. Sin embargo, se requiere gran cantidad de tela y el drapeado puede resultar una labor dificultosa, motivo por el cual no es un proyecto para inexpertos en costura.

• Selección de telas. Las telas utilizadas dependerán del efecto final que pretendas: las telas de cortina tradicionales crean un ambiente formal, pero es posible emplear telas más delicadas o incluso muselina para conseguir un efecto de fantasía. Olvida las telas fuertes, como el hilo o el terciopelo.

Es conveniente que los festones y faldones normales vayan forrados para conseguir un lujoso efecto y una buena caída. Tampoco olvide considerar un forro de contraste y un borde ribeteado, dado que el reverso de los festones queda a la vista al plegarse sobre sí mismos.

• Ventanas adecuadas. Este tipo de acabado se adapta perfectamente a ventanales ya que, no sólo se trata de un estilo especialmente ampuloso, sino que también queda reducida la luz que entra por la ventana. Es probable que, además de los festones en la parte superior de la ventana y los faldones en la parte inferior, desee también algún otro tipo de protección: la opción tradicional son las cortinas forradas con la cabecera plisada en forma cónica (consulte *Cortinas sencillas sin forro* y *Cortinas con forro cosido,* páginas 5-12), y *Barras y guías para cortinas,* páginas 35-36). Si desea un aspecto más moderno, puede instalar persianas o cortinas interiores, o dejar las ventanas desnudas si el paisaje es agradable.

• Proporciones. Con objeto de no quedarse corto en los faldones, éstos deberán medir dos terceras partes de la ventana, pero el drapeado no será superior a una sexta parte para no impedir el paso de la luz, aunque no hay reglas estrictas al respecto: tendrá que preparar un patrón con un retal e hilvanarlo más de una vez hasta que el efecto sea satisfactorio.

COLOCACIÓN Y MEDIDAS

Los festones y faldones se colocan en un bandó de tipo tabla en la parte superior de la ventana. Si no cuenta con uno, lo primero que tiene que pensar es en su confección (consulte *Bandós tradicionales de tela*). La forma de sujeción de los festones y faldones a la parte superior del bandó es mediante una cinta Velcro, o con grapas si no vas a retirarlos con regularidad para limpiarlos.

Empiece mirando muchas fotografías para hacerse una idea de los distintos estilos y formas que puede crear: los dibujos de la página siguiente le darán una serie de ideas.

Una vez decidido el efecto que desea, tome bien las medidas: la confección de cada uno de los festones y faldones es independiente, pero el objetivo es crear la ilusión de un conjunto, como si de una sola pieza de tela se tratara.

Soleada y elegante
Los festones triples y los faldones plisados de algodón color crema crean un ambiente soleado en este salón. Observe los forros color azul oscuro de los faldones.

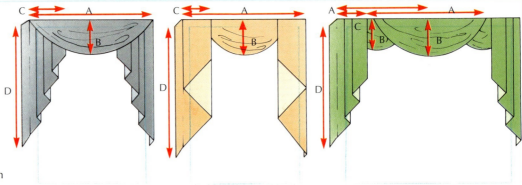

DISEÑO DE LOS FESTONES Y LOS FALDONES

Tamaño final
A: El ancho del festón
B: El fondo del festón
C: El ancho del faldón
D: El largo del faldón

SE NECESITA
- ☐ Papel y lápiz
- ☐ Cinta métrica
- ☐ Largos de forro, percal u hojas viejas para hacer el patrón
- ☐ Grapadora
- ☐ Tela para los festones y faldones
- ☐ Tela para forro o ribete
- ☐ Velcro
- ☐ Alfileres y agujas
- ☐ Máquina de coser
- ☐ Hilo de coser
- ☐ Jaboncillo

CALCULAR LA CANTIDAD DE TELA

Mida y dibuje la ventana y, antes de calcular la cantidad de tela necesaria, dibuje el efecto que desea.

1 Tamaño final de los festones
En primer lugar, decida la longitud total de los festones, asegurándose de que los extremos queden bien metidos por debajo de los faldones u ocultos en la parte superior de la tabla del bandó. Decida asimismo hasta dónde desea que cuelguen los festones. En el diagrama de arriba puede ver algunas ideas de las distintas formas existentes.

2 Cantidad de tela para los festones
Para poder preparar un patrón, calcule la cantidad aproximada de tela que va a necesitar. La longitud de la tela de los festones es igual a la longitud final de los mismos más una tolerancia de 3 cm para las costuras y 5-10 cm para drapear la tela en el centro de la ventana. El ancho de tela necesario es 1,5 veces el fondo final del festón, más 3 cm de tolerancia para las costuras y una tolerancia de 5 cm para cubrir la parte superior de la tabla del bandó. Necesitará la misma cantidad de tela para el forro. Los extremos finalmente se cortarán en ángulo (consulte los puntos 5 y 6).

3 Tamaño final de los faldones
Decida el estilo y el tamaño final de los faldones: la longitud que desea, cuántos pliegues van a formar y el ancho de los mismos. En el ejemplo que vemos aquí hay cuatro dobleces que forman dos pliegues, pero puede variarlos a voluntad. El secreto de unos pliegues bien equilibrados es cortar el borde inferior de la tela al bies (dado que puede resultar un derroche, busque algún uso al triángulo que ha de cortar).

La tabla del bandó normalmente suele sobresalir de la pared, y por tanto los faldones deberán rodear los extremos de la tabla (la vuelta) hasta empalmar con la pared. El acabado será de lo más elegante al mirar la ventana de lado. Debe medir el fondo de la tabla del bandó para tener en cuenta la vuelta.

4 Cantidad de tela de los faldones
Necesitará para cada faldón un largo de tela igual a la longitud final del faldón, más una tolerancia igual al fondo de la tabla del bandó por la parte superior para fijarla, y una tolerancia de 3 cm para las costuras. El ancho es tres veces el ancho de la parte plisada del faldón, más el ancho de cualquier sección sin plisado. Añada una tolerancia para la vuelta en el borde exterior del festón, si procede, y una tolerancia de 3 cm para la costura.

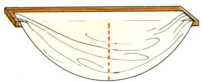

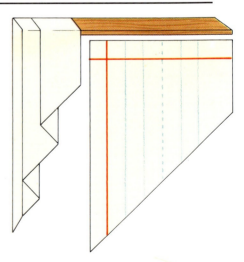

5 Confeccionar el patrón del festón △
Para que los festones y los faldones queden bien drapeados, utilice un poco de tela de forro, percal o incluso una hoja vieja para confeccionar un patrón. Éste es un punto fundamental si desea hacer una serie de festones en la parte superior de la ventana. Utilice los cálculos de los puntos 1 y 2 para obtener las medidas aproximadas y corte un trozo de tela del patrón, omitiendo la tolerancia de las costuras en la parte superior y los bordes inferiores, pero dejando 5-10 cm adicionales en cada extremo. Marque el centro del festón en el trozo de tela del patrón. Drapee la tela por la parte superior de la ventana donde vaya a colocar el festón, y frunza o pliegue los extremos. Observará que las filas de puntadas de fruncido tienen que ir ligeramente en ángulo, como vemos en el diagrama (arriba). Cuando quede satisfecho con la forma, corte los extremos del festón a 1,5 cm hacia el exterior de las filas de puntadas de fruncido. Abra el patrón y marque con jaboncillo las filas de puntada de fruncido.

6 Confeccionar el patrón para los faldones △
Corte un trozo de tela por cada faldón, omitiendo las tolerancias para las costuras, y cortando el borde inferior al bies. Cuélguelos, ajuste los pliegues y grape el patrón en la parte superior del bandó para comprobar el efecto. Marque las líneas del pliegue (indicadas en azul), el pliegue para la vuela y la línea de la parte superior de la tabla del bandó (indicada en rojo).

7 *Hacer los ajustes para los cálculos*
Utilice los patrones de tela para saber exactamente la cantidad de tela que necesita. Asegúrese de que ha incluido una tolerancia de 1,5 cm para las costuras de alrededor y añada una tolerancia para casar los patrones, si procede.

CONFECCIONAR LOS FESTONES

Utilice el patrón que ha preparado con la tela de forro a modo de guía para confeccionar los festones. Descosa las puntadas de fruncido en un extremo para poder utilizar el patrón a modo de guía para el corte y el fruncido de la tela del festón.

1 *Cortar la tela y el forro*
Utilizando el patrón a modo de guía y, añadiendo 1,5 cm para la tolerancia de las costuras de alrededor, corte el festón en la tela y también en el forro (o la tela de contraste).

2 *Confeccionar el festón △*
Coloque los dos trozos de tela uno encima del otro, con los derechos juntos. Prenda con alfileres, hilvane y cosa en los bordes superior e inferior, dejando los extremos abiertos. Presione y recorte las tolerancias de las costuras. Dele la vuelta y planche.

3 *Fruncir los extremos*
Frunza o pliegue los extremos de los festones igual que en el patrón. Grape provisionalmente la tela a la parte superior del bandó para comprobar el efecto. Descuelgue el festón y, si le satisfacen los frunces, corte los bordes y remate el borde fruncido con un ribete.

4 *Ajustar el Velcro △*
Cosa la mitad de una cinta Velcro en el borde superior del festón y grape la otra mitad en el borde superior de la tabla del bandó. (Si no quiere descolgar el festón para limpiarlo, puede graparlo o engancharlo con chinchetas directamente en el borde superior.)

CONFECCIONAR LOS FALDONES

La confección de los faldones se lleva a cabo utilizando el patrón ya cortado, como los festones. Empiece con el patrón abierto, y las líneas del pliegue y las posiciones del bandó marcadas, como vemos en el punto 6 de la página anterior.

1 *Comprobar los patrones*
Compruebe que los patrones de los faldones son exactamente iguales y ajústelos si es necesario. Corte un par de faldones de tela y de forro, incluyendo 1,5 cm de tolerancia para las costuras del contorno. Transfiera las líneas de los pliegues y la línea que marca la esquina de la tabla del bandó (cuando proceda) a los faldones.

2 *Confeccionar los faldones*
Coloque los trozos de tela de los faldones uno sobre otro, con los derechos enfrentados, y cosa los laterales y el borde inferior, dejando abierto el borde superior. Planche, corte las tolerancias de las costuras, recorte las esquinas y vuélvalos del derecho. Planche.

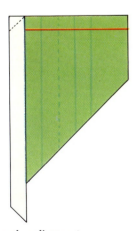

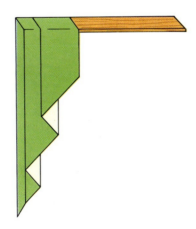

3 *Hacer los pliegues △*
Si los pliegues van a colocarse alrededor de la tabla del bandó, vuelva el faldón sobre sí mismo, con los derechos juntos, por la línea marcada de la esquina. Haga una fila de puntadas en diagonal en las dos capas de tela (como una pinza) desde la esquina exterior de la tabla del bandó hasta la esquina superior del faldón. La forma superior del faldón adquirirá así forma de caja. Pliegue la tela por las líneas marcadas e hilvane en la parte superior.

4 *Rematar el borde superior △*
Cuelgue la tela para comprobar su efecto. Planche. Recorte el borde superior, si procede, y ribetee o sobrehile los bordes.

5 *Colocar el Velcro*
Cosa una tira de Velcro en la cara inferior de la parte superior de los faldones, y la otra tira en la parte superior de la tabla. Cuelgue la tela y añada trozos de Velcro, en caso necesario, en el punto en que quedan superpuestos los festones y los faldones, para que queden sujetos.

Consejo

Una banda de encaje. Para conseguir un efecto instantáneo con un mínimo de costura, puede drapear un largo de encaje en una barra de madera sobre la ventana. Mida la longitud desde el suelo hasta la parte superior de la barra, duplíquela, y añada tolerancia para que la curvatura resulte generosa. Sujete la tela con Velcro.

FESTÓN ESTILO RÚSTICO

En ventanas de estilo rústico, puede confeccionar festones y faldones a menor escala fijando un solo largo de tela en los extremos de un listón sobre la ventana. Si ésta es empotrada, basta con un listón de 50 x 12,5 mm. Si va a colgar las cortinas fuera del hueco, ponga un listón de 50 x 32 mm y ajuste la guía de la cortina en la parte inferior del listón.

1 Medir la ventana ▷
Mida el listón sobre la ventana y decida el largo del festón y los faldones. La forma más sencilla de medirlo es tender una cinta métrica curvada donde se va a colocar el festón. Como alternativa, tienda un trozo de cuerda o de tela, compruebe el efecto y mida para comprobar la cantidad de tela necesaria.

2 Calcular la cantidad de tela ▷
Para conseguir un buen efecto, lo mejor es dar forma a los extremos y coser las puntadas de fruncido en ángulo. Puede preparar el patrón con tela de forro o una hoja vieja, marcando las filas de fruncido con jaboncillo. La longitud es la que hemos calculado en el punto 1. El ancho será 1,5 veces el fondo del festón. Incluya tolerancia para rematar los bordes del drapeado (consulte abajo).

3 Cortar la tela
Utilice el patrón para cortar la tela del festón. Los bordes pueden ser ribeteados, en cuyo caso no tendrá que añadir tolerancia para el remate, o puede remeter 1 cm de dobladillo doble en torno al borde del paño. Una tercera alternativa es forrarlo, en cuyo caso deberá incluir 1,5 cm de tolerancia para la costura y cortar un trozo de tela de forro a juego o de otro tipo con las mismas medidas.

4 Rematar los bordes del paño
Haga un ribete o un dobladillo en los bordes, o forre el paño cosiendo el forro a la tela, con los derechos enfrentados, cosiendo alrededor del borde y dejando una separación de 10 cm; vuélvalo del derecho y cierre la abertura.

5 Fruncir las esquinas
Doble el paño por la mitad, con los derechos juntos. Marque el punto donde se va a fruncir el festón para casar los puntos de fijación en los extremos del listón, encima de la ventana. Haga dos filas de puntadas de fruncido en cada punto. Estire los frunces y cósalos a un trozo de cinta en la parte posterior del festón.

6 Rematar la parte delantera △
Utilice largos de cinta, o una escarapela, o un lazo hecho con tela a juego, para cubrir las filas de puntadas de fruncido. Conseguirá un mejor efecto con una presilla.

7 Colgar el festón
Cuelgue el festón en la ventana, atornillando unos ganchos al listón y poniendo anillas en la parte posterior de los frunces, o fijando cinta Velcro en la parte superior del festón y el listón.

Un festón sencillo ▷
Esta pequeña ventana se ha revestido con cortinas sin forro. Un sencillo festón en la parte superior cubre la guía de la cortina confiriendo un aspecto rústico a un dormitorio juvenil.

Formas de guardamalletas

En habitaciones con muebles formales o de estilo rústico, puede confeccionar una guardamalleta con curvas extravagantes para la parte superior de la ventana. Los efectos y detalles son casi ilimitados: frunces pequeños, plisados formales, ribetes, volantes, forro de contraste, o cabeceras tipo caja.

ELIJA LA TELA

En términos generales, es conveniente que las guardamalletas hagan juego con las cortinas: elija satén de algodón, algodones alegres, reps lisos, tejidos de hilo torcido o damascos. Las telas de terciopelo no son tan adecuadas para estos elaborados efectos. En una tela con brillo se verán mejor los frunces y parecerá más lujosa. Los volantes y ribetes a veces combinan con colores de contraste: busque telas adecuadas de peso similar para los adornos. Tratándose de varias capas de tela, no olvide coser algunas costuras para evitar que las telas gruesas resulten excesivamente voluminosas.

Gran parte de los efectos que describimos aquí resultan perfectos con las cortinas forradas. La tela para forro de cortinas presenta un amplio abanico de colores, siendo más elegantes los tonos oscuros. Si desea crear un estilo fresco y rústico, elija tonos claros. Sin embargo, no tiene por qué utilizar tela de forro: puesto que el revés normalmente se ve tanto como el derecho, y, siempre y cuando su presupuesto se lo permita, forre las guardamalletas con la misma tela que utilice para los adornos como volantes y ribetes.

• Combinar el efecto. Para mejorar el efecto, elija telas que combinen con el resto de los muebles de la habitación: por ejemplo, en el dormitorio que vemos aquí se ha utilizado una tela a rayas para el forro y el volante de la guardamalleta. Las cortinas son de la misma tela de flores, con los recogecortinas de la tela a rayas a juego con la persiana. Una buena idea es incluir las mismas telas en algún mueble del dormitorio. Por ejemplo, combine la ropa de cama a rayas rosas y blancas con un edredón de flores, o tapice a rayas una silla de la habitación, con cojines de flores y volantes, y el ribete con la tela de rayas.

MEDIR

Al igual que sucede con los bandós y las guardamalletas fruncidas, la longitud final de la guardamalleta es la longitud en torno a la tabla del bandó, o del frente del nicho de una ventana empotrada. Cuando haya decidido dónde colgar el bandó, coloque las fijaciones necesarias. A veces, la solución más sencilla es una tabla sujeta con escuadras sobre la ventana, con la guardamalleta fija mediante cáncamos de izar en torno a la tabla, poniendo las cortinas en guías bajo la tabla.

No existen normas establecidas en cuanto al ancho o la forma de la guardamalleta. Normalmente, no deberá colgar más de una sexta parte del largo de la cortina, pero una tercera parte podría quedar curvada por los laterales de la ventana.

Para dar la forma definitiva a la guardamalleta es preciso trazar algunos diseños, copiándolos de dibujos si sabe exactamente lo que desea. La forma más sencilla de trasladar el esquema a la tela es preparar el patrón de un bandó y extenderlo dándole la tolerancia necesaria para fruncir la cabecera. Extenderlo significa medir el patrón a intervalos iguales, marcar las medidas en un segundo patrón y separarlos.

Antes de saber la cantidad de tela que necesita, debe tomar una decisión sobre la cabecera de la guardamalleta: un sencillo sistema de confeccionar una cabecera es utilizar cinta de cortina de pliegues en forma cónica. Si desea conseguir un lujoso efecto, haga la guardamalleta con tres veces el largo en torno a la tabla del bandó. Un acabado alternativo, que describimos aquí detalladamente, es fruncir la guardamalleta e instalarla en una cabecera tipo caja. Una ventaja es que puede utilizar cinta Velcro para sujetar la guardamalleta: se ahorra los ganchos de las cortinas y los cáncamos, y evita que la guardamalleta se combe.

Todo de punta en blanco
Una vulgar ventana se transforma en algo especial con una guardamalleta con volante revistiendo el marco de la misma y rodeando la mesa. Obsérvese que el forro de la guardamalleta y el volante llevan la misma tela.

SE NECESITA	**Cortar y confeccionar la guardamalleta**	☐ Plancha y tabla de planchar
Para hacer el patrón	☐ Tela	☐ Entreforro (opcional)
☐ Papel y lápiz	☐ Tela(s) para el forro y los adornos	☐ Ribete (opcional)
☐ Papel pintado	☐ Regla y cinta métrica	**Para colgar la guardamalleta**
☐ Tijeras (para papel)	☐ Jaboncillo	☐ Cinta para la cabecera, ganchos de cortina y cáncamoso
☐ Cinta métrica	☐ Tijeras	☐ Velcro y grapadora
☐ Regla	☐ Máquina de coser	
	☐ Alfileres y agujas	

DISEÑO DE UNA GUARDAMALLETA

Para dar la forma definitiva a la guardamalleta y comprobar que tiene el fondo adecuado, lo mejor es preparar un patrón de papel.

1 Trazar la forma ▷
Lleve sus ideas al papel copiándolas y adaptándolas de revistas o exposiciones. Marque las medidas de la ventana y las medidas aproximadas de la guardamalleta. Elija las telas que desee y, si es posible, recoja pequeñas muestras para comprobar el color y el efecto.

2 Dibujar el patrón ▷
Utilizando un trozo de papel pintado, esboce la forma aproximada y el tamaño real que desee, trazando una curva flexible (una regla de goma reforzada con alambre). En esta fase no incluya tolerancias para los frunces o los volantes, que añadirá posteriormente.

3 Cortar el patrón
Coloque el dibujo en la parte superior de la ventana. Le resultará más sencillo apreciar el efecto acabado con la tabla del bandó en su sitio y las cortinas colgadas. Si considera que el dibujo promete, doble el papel por la mitad y corte los dos trozos juntos para comprobar la simetría del patrón.

4 Comprobar el efecto ▷
Utilice cinta adhesiva para sujetar el patrón y comprobar de nuevo el efecto. Si le agrada, utilice este patrón; en caso negativo, córtalo o vuelva a dibujarlo añadiendo fondo y forma donde sea preciso. Si va a poner volantes, no olvide que cuelgan debajo de la tela principal de la guardamalleta al dar forma definitiva al diseño.

CORTAR LA TELA

1 Calcular la cantidad de tela
Partiendo del patrón, calcule las dimensiones generales de la tela que necesita para la guardamalleta, que será tres veces el ancho del patrón correspondiente a la misma, más 3 cm para las vueltas, por el fondo de la guardamalleta, más 3 cm para las vueltas. Si desea un volante doble, necesitará una tira de tela de 15 cm de ancho por 6 veces la medida del borde largo y con forma del patrón.

2 Preparar la tela
Utilizando costuras planas, una suficientes anchos de tela y forro para confeccionar paños con el tamaño total de la guardamalleta, más una tolerancia de 1,5 cm para la costura en el contorno.

3 Extender el patrón ▷
Corte otro trozo de papel pintado a una vez y media la longitud del primero, más 1,5 cm de tolerancia para la costura en un extremo. Pliegue el primer patrón por la mitad. Mida el fondo del patrón en cada extremo y a intervalos de 5 cm a lo ancho. Añada una tolerancia de 3 cm a estos fondos. Marque los fondos en el segundo patrón. Coloque la marca del fondo mayor a 1,5 cm del extremo del segundo patrón, y la marca del centro en el otro extremo. Separe las marcas intermedias 15 cm en lugar de los 5 cm del primer patrón. Una las marcas mediante una curva, lo que le indicará la línea del corte.

4 Cortar la tela
Extienda el segundo patrón sobre la tela doblada, con el extremo corto del patrón en la línea plegada. Prenda con alfileres, hilvane las capas de tela y corte. Repita la operación en el forro. Corte tiras de 15 cm de ancho para el volante.

CONFECCIÓN DE UNA GUARDAMALLETA CON VOLANTE

Explicamos a continuación cómo confeccionar una guardamalleta con forma y un volante doble en el borde inferior. No hay razón para no poder adaptar el diseño añadiendo un segundo volante, o ribeteando los bordes de la guardamalleta. No olvide que con los bordes ribeteados no es necesaria la tolerancia de 1,5 cm. Con la tela cortada, la confección de la guardamalleta es coser y cantar.

1 Preparar el volante ▷
Una las tiras de tela del volante mediante costuras planas; plánchelas abiertas. Pliegue el volante por la mitad a lo largo, con los derechos enfrentados, y cosa los extremos a 1,5 cm de los bordes. Corte la tolerancia de la costura, recorte por la esquina para que el extremo del volante quede plano, y vuélvalo del derecho. Presione para hacer un volante de 7 cm de ancho con un borde plegado.

2 Fruncir el volante
Cosa dos filas de puntadas de fruncido en el borde largo y sin rematar del volante, atravesando las dos capas de tela, a 1,5 cm del borde. Estire el volante para adaptarlo al borde curvado de la guardamalleta, dejando 1,5 cm en cada extremo para las costuras.

3 Confeccionar la guardamalleta ◁
Extienda la tela de la guardamalleta con el derecho boca arriba. Coloque el volante en el borde con forma, casando los restantes bordes, y asegurándose de que los extremos del volante no rocen la tolerancia de las costuras. Prenda con alfileres e hilvane, distribuyendo el vuelo por igual. Coloque la tela del forro en la parte superior de la tela de la guardamalleta, con los derechos enfrentados y haciendo coincidir los bordes, dejando el volante en el centro. Prenda con alfileres e hilvane alrededor.

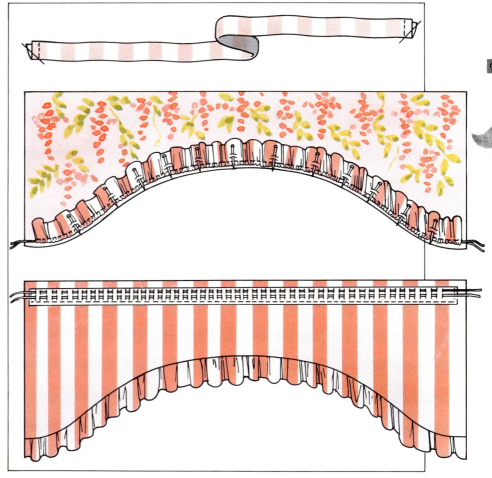

4 Coser la costura
Cosa alrededor de la guardamalleta, dejando una abertura de 20 cm en el borde superior. Corte la tolerancia de la costura, especialmente a lo largo del volante. Sujete la tolerancia de la costura en las esquinas. Ponga la tela del derecho. Remeta y planche la tolerancia de la costura en la abertura.

5 Unir la cinta de la cabecera △
Corte la cinta de la cabecera de modo que quede 4 cm más larga que el ancho de la guardamalleta. Remeta 2 cm en cada extremo. Prenda con alfileres, colocando la parte superior de la cinta a 5 mm de la parte superior de la guardamalleta. Tire de los cordones. Hilvane y cosa, dejando libres los extremos de los cordones.

6 Tirar de los cordones
Tire de los cordones hasta que la guardamalleta adquiera una tercera parte del ancho y coincida con la longitud de la tabla del bandó. Ate los cordones y coloque los extremos en un lateral, prendiéndolos con alfileres o hilvanándolos para que no cuelguen por debajo de la guardamalleta.

Consejo

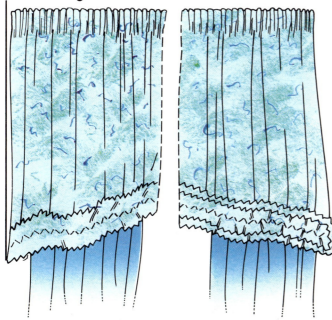

Volantes rápidos. Los volantes con los bordes festoneados son una rápida alternativa a un volante doble. Confeccione la guardamalleta siguiendo las instrucciones anteriormente explicadas sin el volante entre la costura curvada. Haga una sola fila de puntadas de fruncido en el centro del volante, luego estírela un poco (no debe llegar al doble del vuelo de la guardamalleta), y prenda con alfileres hasta el borde inferior de la guardamalleta. Hilvane y cosa con puntadas en zigzag.

Puede utilizar la misma técnica para añadir un volante doble, cortando una tira de 8 cm de ancho de tela de contraste y otra de 6 cm de tela a juego con la guardamalleta. Coloque la tira más estrecha en la parte superior de la más ancha, frunza y cósalas a la guardamalleta como si de una sola se tratara.

Como alternativa, corte un volante de 5 cm de ancho, festonee uno de los bordes largos, frunza el otro borde y únalo a la guardamalleta.

GUARDAMALLETA PERFILADA CON CABECERA TIPO CAJA

En lugar de confeccionar una cabecera con cinta y fijarla a la guardamalleta con cáncamos, puede fruncir una cabecera tipo caja para la guardamalleta y pegarla a la tabla del bandó con Velcro. La sección tipo caja lleva entreforro y el borde inferior se ribetea con tela de contraste, como alternativa al borde con volantes. Un remate perfecto es un ribete.

1 Preparar el patrón
Dibuje el patrón de un bandó siguiendo las mismas instrucciones y pasos que en el bandó perfilado. Corte a 10 cm de la parte superior del patrón.

2 Calcular la tela
Para la sección fruncida de la guardamalleta necesita un trozo de tela que mida tres veces la longitud del patrón más 3 cm de tolerancia para las costuras, por el fondo del patrón más 1,5 cm de tolerancia para las costuras en el borde superior. Asimismo necesita una tira de tela para la sección tipo caja, de la misma longitud que el patrón de papel más 3 cm de tolerancia para las costuras, por 13 cm (para un encuadre de 10 cm de fondo). Necesita suficiente cordón de ribete y un ribete cortado al bies de 3,5 cm de ancho para colocar alrededor del encuadre. Para ribetear el borde inferior necesita una tira cortada al bies de 7 cm de ancho de la misma longitud que el borde curvado de la guardamalleta.

3 Cortar la tela
Una los trozos de tela y del forro para formar una tira que tenga tres veces la longitud del patrón de papel, por el fondo recortado, más 1,5 cm de tolerancia para las costuras en el borde superior. Doble el patrón del bandó por la mitad y extiéndalo dejando un margen para los frunces, añadiendo 1,5 cm de tolerancia para las costuras. Coloque el patrón de la guardamalleta sobre la tela plegada y corte como antes. Corte trozos de tela y forro para la sección de tipo caja, uniendo los anchos si procede. Corte un ribete al bies para poner alrededor de la sección en caja, y corte también tiras de ribete para el borde inferior de la guardamalleta. Una las tiras y prepare el ribete.

4 Confeccionar la sección fruncida
Extienda la tela de la guardamalleta en la parte superior del forro, con los derechos juntos y haciendo coincidir los bordes. Cosa los bordes laterales inferiores. Colóquela del derecho y plánchela. Hilvane la tela al forro por el borde inferior, ribetéela a continuación dejando costuras de 1,5 cm y cosa el ribete con puntadas sueltas en la parte posterior de la guardamalleta. Remate los extremos del ribete con puntadas sueltas. Haga dos filas de puntadas de fruncido en el borde superior.

5 Entreforrar la sección de tipo caja
Corte un trozo de entreforro al mismo tamaño que la sección de tipo caja terminada. Si tiene que unir tiras de tela de entreforro, haga una costura lo más plana posible superponiendo los orillos unos 7 mm; acto seguido prenda con alfileres, hilvane y cosa en zigzag por ambas capas. Extienda el entreforro sobre el revés del trozo de tela de la sección en caja, dejando alrededor una tolerancia para las costuras de 1,5 cm. A continuación cóselo con punto de espiga.

6 Añadir el ribete
Extienda la tela con el derecho boca arriba y coloque el ribete alrededor, haciendo coincidir los bordes. Sujete la tolerancia de la costura en las esquinas. Prenda con alfileres, hilvane y cosa. Extienda el ribete en la parte superior del trozo de tela ribeteado, con los derechos enfrentados y haciendo coincidir los bordes. Prenda con alfileres, hilvane y cosa el forro a la tela rodeando el ribete, en torno a los bordes superior y laterales. Corte las tolerancias de las costuras, sujete las esquinas y vuelva la tela del derecho. Planche bajo las tolerancias de las costuras del borde inferior.

7 Ajustar la guardamalleta fruncida
Estire las puntadas fruncidas para que el borde superior de la sección fruncida coincida con el borde inferior de la sección de tipo caja. Con los derechos de la tela enfrentados y haciendo coincidir los bordes, prenda con alfileres la parte fruncida a la sección en caja, dejando el ribete en medio. Distribuya los frunces por igual, e hilvane y cosa. Cosa a mano el borde doblado del forro a la línea de la costura.

8 Añadir el Velcro
Prenda con alfileres la parte no adhesiva del Velcro a la parte posterior de la sección de tipo caja, colocando el borde superior al ras con la parte superior del forro. Cosa el Velcro a mano, enganchando la parte delantera de la tela de forma que la guardamalleta no pueda soltarse ni se vea el forro al quedar fijo en el bandó. Grape con una grapadora la otra parte del Velcro en torno al borde de la tabla del bandó.

◁ **Todo encuadrado**
Esta guardamalleta presenta una cabecera de tipo caja con un ribete alrededor. El entreforro de la sección en caja añade un toque de lujo, y el amplio ribete en torno al borde inferior curvado confiere a la guardamalleta un aspecto elegante.

Confección de guardamalletas

En ocasiones, las guardamalletas para cortinas se confunden con los bandós, pero estos últimos son rígidos, en madera o en tela endurecida, mientras que una guardamalleta es una tira de tela fruncida a mano o con cinta en la cabecera. Al igual que los bandós, las guardamalletas se utilizan para ocultar la parte superior y la guía de las cortinas, o para resaltar las proporciones de una ventana.

Las guardamalletas explicadas en este capítulo pueden colgarse sobre una cortina en guías, barras de madera, varillas o una sencilla instalación de tipo tabla.

• El estilo. Depende de la tela de la que estén confeccionadas las cortinas y del mobiliario de la habitación. Una sencilla guardamalleta fruncida, de algodón estampado, confiere un aspecto rústico, mientras que otra con pliegues regulares o agrupados, supone un toque más formal con telas más pesadas.

• Proporción. El ancho de la guardamalleta depende de las proporciones de la ventana, así como del gusto personal. Por ejemplo, una guardamalleta ancha tiende a acortar una ventana alta y estrecha, y oculta una vista desagradable, en tanto que otra más corta permite el paso de la luz a través de una ventana pequeña y oscura.

No hay reglas en cuanto al ancho de las guardamalletas, pero no olvidemos que, salvo que esté colgada en una barra, debe cubrir el ajuste o la guía de la que cuelga y la cabecera de las cortinas. Empiece con una guardamalleta que mida una sexta parte de la caída de la cortina.

Líneas rectas
Esta ventana presenta una guardamalleta fruncida y plisada en forma cónica. Confiere un aspecto elegante a la ventana, ocultando una persiana enrollable, así como la cabecera y la guía de la cortina.

CREACIÓN Y DISEÑO

ENGANCHES PARA GUARDAMALLETAS

• **Varilla o cable** (superior izquierda). Si la guardamalleta va a colgarse en un hueco, puede confeccionarse con la cabecera revestida, por donde se introducirá un cable o una barra muy tensos.

• **Barra de madera** (superior derecha). La guardamalleta puede colgarse en anillas en una barra de madera decorativa, que debe ser al menos 12 cm más larga que la guía de la cortina y extenderse lo bastante como para correr las cortinas.

• **Tabla.** Una alternativa es fijar una tabla mediante escuadras de hierro o abrazaderas de madera sobre la guía de la cortina. Debe ser 12 cm más larga que ésta (salvo si se coloca en un hueco) y sobresalir de la pared unos 4 cm más que la guía. La guardamalleta puede colgarse con ganchos que se fijan mediante cáncamos roscados en torno al borde de la tabla (centro izquierda), o mediante chinchetas, que se cubren con una trenza encolada para ocultar las cabezas (centro derecha).

• **Guía de guardamalleta** (abajo derecha). Algunos fabricantes cuentan con guías especiales para guardamalletas que se fijan a la guía de la cortina con abrazaderas extendidas para correr las cortinas. La guardamalleta se engancha a la guía como una cortina, utilizando cinta y ganchos. No es práctico fijar la guía de la guardamalleta por encima de las barras decorativas.

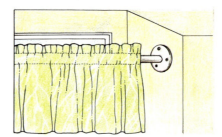
Varilla

Barra de madera

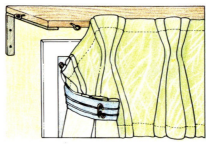
Tabla con ganchos

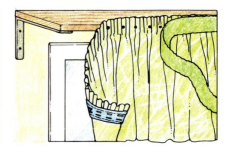
Tabla con chinchetas

MEDIR

Corte una plantilla de papel que represente la guardamalleta, a una sexta parte de la longitud de la caída de la cortina, y préndala con alfileres en la parte superior de las cortinas. Corte o amplíe el patrón para conferir el efecto que desee. Añada una tolerancia de 2 cm para el dobladillo. La tolerancia de la costura superior depende de la cabecera, al igual que el ancho de tela necesario.

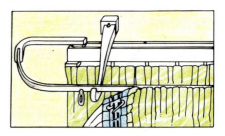
Guía de guardamalleta

CABECERA REVESTIDA

Es la guardamalleta más sencilla de confeccionar y de colgar, ya que la varilla, el tubo o el cable de apoyo se introducen en la cabecera revestida.

• **¿Cuánta tela?** Para calcular la longitud de la tela necesaria, deberá decidir el ancho del bandó como hemos descrito anteriormente, añadiendo 6 cm para la tolerancia de la costura superior para hacer una lorza de hasta 2 cm de diámetro.

El ancho correcto de la tela es de una vez y media a dos veces la longitud de la varilla, el tubo o el cable.

1 Cortar la tela
Corte trozos de tela según el ancho de la guardamalleta terminada más las tolerancias de los dobladillos y la cabecera. Una los trozos de tela para confeccionar una guardamalleta larga, de una vez y media a dos veces la longitud del patrón de papel. Haga dobladillos planos, rematando los bordes.

2 Bordes laterales e inferiores del dobladillo
Haga un dobladillo doble (5 mm y después 1 cm más) por el revés en todo el borde del dobladillo y cóselo a máquina.

Haga un dobladillo doble de 1 cm (1 cm y a continuación 1 cm más) en el borde inferior de la guardamalleta, y cóselo. Alternativamente puede recortar la tolerancia de la costura inferior y ribetear el borde cortado con un ribete de contraste.

3 Confeccionar la lorza ▽
Remeta 1 cm de tela en el borde superior e hilvane. Remeta otros 5 cm de tolerancia del dobladillo por el revés de la tela y cose a 5 mm del primer pliegue. A continuación cosa otra fila de puntadas a 4 cm de la primera, formando una lorza para la varilla.

Planche y añada algún adorno antes de ensartar la guardamalleta en la barra.

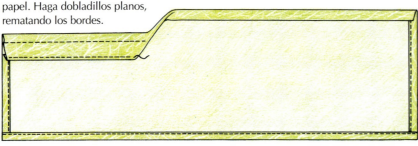

SE NECESITA
☐ Tela
☐ Forro (opcional)
☐ Entreforro adherible con la plancha (opcional)
☐ Cinta para la cabecera de la cortina (opcional)
☐ Ganchos o chinchetas (opcional)
☐ Papel para el patrón (opcional)
☐ Cinta de acero
☐ Cinta métrica
☐ Jaboncillo
☐ Tijeras
☐ Alfileres
☐ Agujas
☐ Hilo de coser
☐ Máquina de coser
☐ Plancha
☐ Tabla de planchar

Una sencilla cabecera fruncida
Este sistema puede adaptarse a una sencilla cabecera fruncida alrededor de la tabla. En lugar de añadir una segunda fila de puntadas en el borde superior, haga dos filas de puntadas fruncidas.

Clávela en el borde de la tabla y cubra la cabeza de los clavos con una trenza o un ribete. Péguela con adhesivo para tela, remetiendo los extremos.

GUARDAMALLETAS CON CINTA EN LA CABECERA

La confección de este tipo de guardamalleta sigue los mismos parámetros que los de una cortina corta, con la cabecera fruncida, plisada en forma cónica o con triple plisado, dependiendo de la cinta que se utilice.

Puede confeccionarse como una cortina sin forro o darle más cuerpo mediante un entreforro adherible con la plancha, en cuyo caso deberá forrarse para conferirle un acabado elegante.

• ¿Cuánta tela? El ancho de tela necesaria es igual al descrito anteriormente, más una tolerancia de 4 cm para las costuras superiores.

El ancho de la tela depende de la recomendación del fabricante en cuanto al tipo de cinta utilizado para la cabecera. Tratándose de una cinta de serie, se precisa un mínimo de una vez y media la longitud de la varilla; para otras se necesita más.

GUARDAMALLETA SIN FORRO

La confección de este tipo de guardamalleta es muy sencilla, y la ventana adquiere un aspecto informal. Debe utilizarse una cinta de serie para poner de relieve el efecto.

1 Cortar la tela
Corte la tela según las medidas adecuadas y una los anchos, si procede, con costuras planas de 1,5 cm. Corte la cinta al largo necesario.

2 Unir la cinta de la cabecera
Remate los bordes inferior y laterales de la guardamalleta como en la cabecera con lorza. En la parte superior, remata 4 cm en el revés y planche. A continuación prenda con alfileres la cinta de la cabecera hasta llegar a cubrir el borde del dobladillo.
Remeta los extremos de la cinta —pero no los cordones—, hilvane y cosa.

3 Colgar la guardamalleta ▽
Tire de los cordones hasta conseguir el ancho adecuado y ate los extremos. Iguale los frunces, introduzca los ganchos y cuelgue la guardamalleta como si de una cortina se tratara.

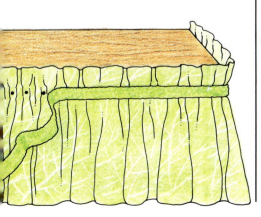

GUARDAMALLETA CON ENTREFORRO

Con objeto de que la guardamalleta adquiera más cuerpo y presente un aspecto mucho más elegante, puede llevar incorporado un entreforro adherible mediante la plancha. Es mucho más adecuado en estilos formales: cabeceras de plisado cónico o fruncidas. Existen entreforros con siete tipos de peso, por lo que deberá elegir aquel que, junto con la tela, ofrezca el grosor deseado.

El entreforro confiere a la guardamalleta un acabado mucho más elegante visto desde el exterior, sirviendo asimismo a modo de protección contra la luz del sol. Elija un forro a juego con el de la cortina.

1 Cortar la tela
Corte la tela principal de la guardamalleta con el ancho y el largo adecuados, más las tolerancias para las costuras, siguiendo los pasos de la guardamalleta sin forro. Corte el forro y el entreforro a las medidas terminadas exactas, sin tolerancias. En caso necesario, una los anchos de la tela y del forro con costuras planas de 1,5 cm.

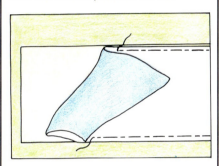

2 Unir el forro y el entreforro △
Coloque el entreforro sobre la tela de la guardamalleta del revés, de manera que quede dentro de las tolerancias de las costuras. Plánchelo en seco, siguiendo las instrucciones del fabricante en cuanto al ajuste de la temperatura. Hilvane el forro, haciendo coincidir los bordes del mismo con los bordes del entreforro.

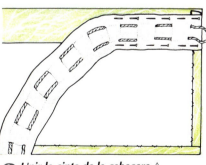

3 Unir la cinta de la cabecera △
Remeta dobladillos dobles en los bordes inferior y laterales de la guardamalleta, como en el caso de la guardamalleta con lorza, de modo que los dobladillos queden superpuestos al forro. Prenda con alfileres y cosa con puntadas sueltas. Finalmente, remeta la misma tolerancia en el borde superior y prenda con alfileres, hilvane y cosa la cinta de la cabecera.

GUARDAMALLETA CON CABECERA PLISADA A MANO

Una guardamalleta plisada a mano deberá llevar forro y entreforro, como la guardamalleta con entreforro con cinta en la cabecera.

• ¿Cuánta tela? Para obtener el largo de la tela, mida el ancho de la guardamalleta y añada 2 cm para la tolerancia de la costura inferior más 4 cm para la costura superior.

Para el ancho, mida la longitud de la varilla o la barra. Utilice un trozo de papel para conseguir el tamaño y el tipo de plisado que se adapte a la guardamalleta. Si desea un plisado continuo necesita tres veces el ancho terminado, más las tolerancias de las costuras.

1 Cortar la tela
Corte la tela de acuerdo con las medidas correspondientes y seguidamente el forro y el entreforro con las medidas finales exactas (sin tolerancias para las costuras). Confeccione la guardamalleta igual que la versión con forro y cinta de cabecera, pero, después de plegar la parte superior, no añada la cinta de la cabecera.

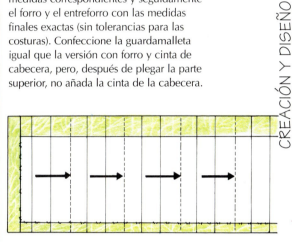

2 Marcar los pliegues △
Siguiendo el tamaño del pliegue del trozo de papel de prueba, marque la guardamalleta con jaboncillo haciendo divisiones uniformes en el revés de la tela.

Pliegue y planche los pliegues uno a uno, préndalos con alfileres y cósalos.

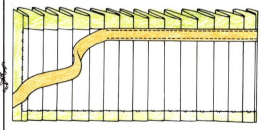

3 Unir la cinta △
Prenda con alfileres un trozo de cinta lisa, de unos 2,5 cm de ancho, en el borde del dobladillo, en la parte superior del revés de la guardamalleta, y cosa. Puede coser la cinta a mano si no desea que la fila de puntadas se vea por el derecho, pero atraviesa todas las capas para fijar los pliegues. En caso necesario, cosa los bordes superiores de los pliegues juntos por el derecho para garantizar un buen acabado.

Cosa las anillas o los ganchos a la cinta para colocar la guardamalleta en la barra.

143

TÉRMINOS USUALES PARA TELAS

• ALGODÓN DE POLIÉSTER
Este material, que como su nombre indica es una mezcla de algodón y poliéster, se suele utilizar para sábanas. Sin embargo, sobre todo cuando es estampado, puede convertirse en cortinas ligeras y económicas, que lavan bien y soportan la luz del sol con un mínimo de decoloración. Es una tela fuerte y duradera, razonablemente resistente a las arrugas y que mantiene su forma.

• BUCARÁN, USO DEL
Esta tela de tejido abierto y tratado para endurecerlo, se utiliza para endurecer los bandós. La confección de un bandó con bucarán implica mucha costura a mano, lo que supone más tiempo, pero ofrece un acabado muy profesional. Aun así, en el mercado hoy se puede conseguir un bucarán adhesivo mediante planchado.

• BROCADO
Tela con diseño de flores en relieve semejante al bordado. Puede ser de seda, hilo, algodón o hilo sintético.

• CORTINAS DE TUL
Si va a colgar las cortinas de tul en una ventana giratoria o en una puerta acristalada, la forma de evitar que ondeen y queden atrapadas en la ventana o la puerta es hacer una lorza en la parte superior e inferior de la cortina e introducir cables o varillas.

• CHINTZ O ALGODÓN SATINADO
Esta tela presenta un atractivo acabado brillante. Por sus estampados es adecuada para cortinas en habitaciones más formales, aunque también se puede adquirir en liso. El satinado puede ser suave, con un ligero brillo, o fuerte, con un efecto vivificante; sólo se aplica al 100% de algodón. Normalmente es un tejido ligero pero muy tupido, por lo que acepta el tinte. Es necesario limpiarlo en seco o lavarlo a mano. No restregar la tela y mantenerla lo más plana posible en el agua. Planchar cuando aún está húmeda.

• CORTINAS DE TUL
Tradicionalmente, estas cortinas se cuelgan para conferir intimidad a una habitación situada en alto o para ocultar una vista desagradable. Dado que por la noche, al estar la luz de la habitación encendida son transparentes, es preciso colgar cortinas adicionales —o incorporar persianas— para conseguir una cierta intimidad.

• DAMASCO
Tejido con dibujos mate sobre un fondo brillante similar al raso. Originalmente era de seda, pero en la actualidad está formado por algodón y diversas mezclas naturales y sintéticas.

• DUPIÓN, TELA, CARACTERÍSTICAS DE
Esta tela imita a la seda pero es mucho más económica. A veces se cose alternando hilos gruesos y delgados para asemejarse a la seda en bruto. Normalmente lleva fibras sintéticas, a veces sobre una urdimbre de acetato (hilos en sentido longitudinal).

• GUINGÁN
Tela ligera de algodón o polialgodón, con dibujo cosido con dos hilos de color.

• MUSELINA
Algodón delicado, ideal para cortinas transparentes.

• MUARÉ
También conocido como seda muarada, actualmente se fabrica con fibras sintéticas. La característica forma ondulante se aplica a máquina sobre tela lisa y ligeramente acanalada. Debe limpiarse en seco para conservar la forma. Las cortinas confeccionadas con esta tela son elegantes para habitaciones formales. El muaré puede reaccionar a los cambios de temperatura y humedad de una habitación. Absorbe y desprende humedad, contrayéndose y dilatándose igual que la madera, por lo que debe coserse con puntadas flojas para que se adapte a estas variaciones de longitud.

• RECOGECORTINAS
Estos vistosos complementos dan vida y realzan cualquier cortina. Se los puede confeccionar con cualquier tipo de retales o bien con el mismo tejido que se ha utilizado para la cortina. Con ellos se pueden crear múltiples combinaciones jugando con el contraste de color o con gamas en un mismo tono.

ESTORES, COJINES Y LÁMPARAS
Soluciones prácticas con telas

«Las ideas más prácticas y sencillas destacan los diferentes puntos de luz»

«Los pequeños complementos del hogar se convierten en piezas de vital importancia»

COMPLEMENTOS DEL HOGAR

En la decoración del hogar son de vital importancia los complementos, ya que le permitirán transformar un ambiente apagado y monótono en otro alegre y luminoso. A través de estas páginas podrá encontrar las sugerencias más originales y más idóneas para cada caso. Los diferentes estilos de personas crean los efectos más adecuados para cada tipo de ventana, dependiendo de su forma y la luz que recibe: las persianas austríacas añaden un elemento de adorno; sin embargo, los estores, con un costo inferior, son más adecuados en habitaciones de espacio más reducido.

Otro de los elementos decorativos que sirve como complemento ideal en la decoración del hogar son los cojines, que le permitirán dar un toque de vistosidad. Podrá confeccionarlos usted mismo de un forma sencilla y amena, como si de un divertido entretenimiento se tratara. También podrá aprender a crear fundas para los elementos que desea cubrir, como sillas, sofás… La elección de las telas más adecuadas en cada caso y las diferentes técnicas para confeccionarlas. Dentro de las fundas ocupa una parte importante dentro de este libro los revestimientos de lámparas.

Con *Estores, cojines y lámparas* podrá confeccionar los complementos ideales para la decoración de su hogar; con ideas sencillas y originales creará el ambiente que desee en cada habitación y acompañará esos otros elementos que, a veces, tienen tanta importancia como los pequeños detalles.

Persianas austríacas

Este tipo de persianas fruncidas son bonitas por sí solas, pero también es posible acompañarlas de cortinas normales o incluso de persianas enrollables normales.

Una persiana austríaca lleva una cabecera fruncida o con plisado cónico y su aspecto es el de una cortina sin forro bajada. Los profundos festones se forman subiendo la tela mediante cuerdas cosidas a intervalos regulares en filas verticales de cintas en la parte posterior de la persiana.

Los bordes inferior y laterales pueden quedar lisos o añadir un volante.

• Medir. La persiana cuelga de una guía que se fija a un listón de madera o de una guía especial para este tipo de persianas. Fije provisionalmente el soporte para tomar las medidas exactas.

En una ventana empotrada, coloque el listón o la guía en el techo del hueco. En caso de no existir hueco, extienda la guía o el listón a 15 cm aproximadamente de los bordes de una ventana plana o al ras de los bordes externos de un marco moldeado.

• Elegir la tela. Elige una tela ligera con un buen drapeado para poder fruncirla por igual en toda la persiana. Las telas más idóneas son muaré, seda, gasa, raso torcido y algodón blando.

• Tipos de cinta. Para las cintas verticales en el revés de la cortina puede utilizar cinta estrecha y ligera, con agujeros para enganchar las anillas correspondientes a las cuerdas.

Como alternativa, utilice cinta especial para cortinas austríacas con lazos en lugar de anillas para sujetar las cuerdas.

En la página siguiente indicamos la cantidad de tela y de cinta que hacen falta.

Delicia con volantes
Las telas ligeras con un buen drapeado son adecuadas para las cortinas austríacas. Las que vemos en la fotografía son de sirsaca color melocotón, con volantes y encañonado.

SE NECESITA

Para hacer la persiana
- Tela
- Cinta de serio o con pliegues cónicos para la cabecera que abarque un ancho de tela completo
- Cinta para cortina austríaca o pequeñas anillas de cortina de plástico o metal (anillas partidas) con orificios para introducirlas
- Cuerda inextensible
- Ganchos de cortina
- Abrazadera para atar las cuerdas al subir la persiana
- Hilo de coser
- Cinta métrica
- Jaboncillo
- Tijeras
- Alfileres
- Agujas
- Máquina de coser
- Plancha y tabla de planchar

Nota: En los grandes almacenes pueden adquirirse juegos de persianas austríacas en los que están incluidos todos los elementos necesarios para la confección de una persiana, aparte de la tela y el equipo básico anteriormente mencionado.

Para montar la persiana
- Una guía para persiana austríaca o
- Un listón de madera de 2,5 cm de grosor, 5 cm de fondo, y con el mismo ancho que el hueco de la ventana. En caso de no existir hueco, deberá medir más que la ventana
- Ojetes para ensartar las cuerdas; será necesario un ojete para cada cinta vertical
- Guía de cortina con el mismo ancho que el listón
- 2 angulares (opcional)

CALCULAR LAS CANTIDADES

Para calcular la tela necesaria hay que fijar provisionalmente el listón o la guía.

Para obtener el ancho, multiplicar la longitud del listón o la guía por 2 veces, para una cinta de cabecera de serie fruncida (por 2,5 veces para una cinta de cabecera de plisado cónico; consultar las instrucciones del fabricante). Divida esta cifra por el ancho de la tela para hallar el número de anchos de tela necesarios redondeando.

Para obtener el largo, mida desde la parte superior del listón o la guía hasta el alféizar y añada 45 cm para que el borde inferior de la persiana quede bien festoneado incluso al cubrir la ventana por completo.

Para obtener la cantidad total, multiplique esta cifra por el número de anchos de tela.

Si la tela presenta un dibujo repetido, añada un dibujo completo por ancho de tela.

Consulte la página 56 para calcular la cantidad de tela necesaria para un volante.

Para obtener la cantidad de cinta necesaria en el reverso de la persiana, debe dividir el ancho total de tela en secciones de 20-40 cm de ancho (consultar el Punto 3). Hace falta cinta suficiente para las filas intermedias que van de arriba a abajo en cada división vertical y para los laterales de la persiana.

La cuerda para tirar de la persiana mide aproximadamente el doble de la cinta (consulte el Punto 8).

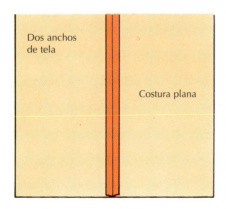

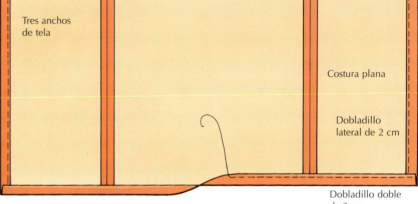

1 Unir los anchos de tela △
Para casi todas las ventanas es preciso unir al menos dos trozos de tela para confeccionar el ancho de la cortina.

Haga una simple costura plana y prenda con alfileres los anchos con los derechos enfrentados y haciendo coincidir los dibujos. Hilvane y cosa a 1 cm de los bordes y recorte la tolerancia de la costura a 5 mm. Retire el hilván y planche con la costura abierta.

Corte el sobrante de tela en ambos anchos.

• Tres anchos de tela. Si son tres los anchos que necesita unir, coloque un ancho completo en el centro y añada dos trozos iguales a los lados.

2 Hacer el dobladillo de la tela △
Remeta 2 cm de dobladillo en los bordes laterales inferiores de la persiana; prenda con alfileres e hilvane.

Tratándose de un borde inferior liso, remeta un dobladillo doble de 2 cm; prenda con alfileres, hilvane y cosa. Retire el hilván y planche.

• Incorporar un volante. Si desea incorporar un volante en el borde inferior o los laterales, no haga dobladillo. Prepare un volante y cósalo.

3 Marcar las posiciones de la cinta vertical
Extienda la tela en el suelo con el revés boca arriba. Marque con jaboncillo las líneas verticales a intervalos regulares a lo largo de la cortina para colocar la cinta.

Marque las posiciones de manera que las cintas cubran los dobladillos laterales y las costuras de unión de la tela. Después marque las líneas verticales intermedias, con una separación de 20-40 cm.

El tamaño del festón con la persiana levantada será aproximadamente la mitad de la distancia entre las cintas.

Consejo

MARCAS VERTICALES
Para facilitar la labor de marcar las líneas verticales de la persiana, doble la tela a lo largo en forma de acordeón, con una separación de 20-40 cm, y planche.

Despliegue la tela y aparecerán las líneas rectas donde colocará las cintas.

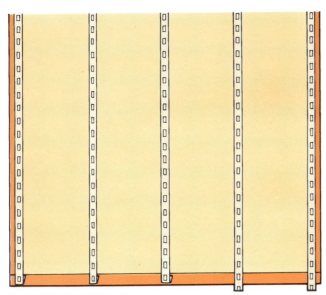

4 Coser las cintas verticales ◁
Corte las cintas a la misma longitud que la persiana más 1 cm. Asegúrese de que corta la cinta exactamente en los mismos puntos para que los agujeros (o presillas) queden en línea a lo ancho de la persiana.

En un extremo de cada cinta, remeta 1 cm por el revés e hilvane. Coloque las cintas —con los agujeros o las presillas boca arriba, y el extremo doblado de la cinta en el borde inferior de la persiana— a lo largo de las líneas marcadas con jaboncillo y en cada dobladillo lateral. Prenda con alfileres e hilvane las cintas, y cosa los bordes largos.

5 Preparar y unir la cinta de la cabecera
Corte un trozo de cinta de la cabecera con una longitud igual al ancho final de la persiana más 8 cm para rematar los bordes. Prepare a continuación los cordones de la cinta siguiendo las mismas instrucciones que para una cortina.

Remeta 4 cm en la parte superior de la persiana por el revés y planche. Cosa la cinta de la cabecera en el borde superior de la persiana, igual que en una cortina, pero no frunza todavía.

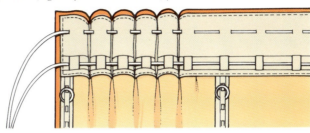

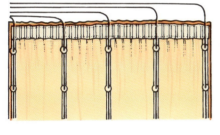

6 Enganchar las anillas ◁
Si va a utilizar cinta con agujeros, empiece por la esquina inferior izquierda y enganche una anilla en un agujero en la primera cinta, a 5 cm del borde inferior de la persiana. Enganche todas las anillas en la cinta, dejando una distancia de unos 20 cm entre ellas.

Repita la operación en las cintas restantes, asegurándose de que las anillas queden alineadas en sentido horizontal.

7 Fruncir la cinta de la cabecera △
Una vez colocadas todas las anillas, tire de los cordones de la cinta de la cabecera y frunza la tela hasta conseguir el ancho de la ventana.

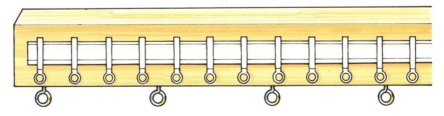

8 Ensartar las cuerdas △
Extienda la cortina en el suelo, con el revés boca arriba. Corte las cuerdas a la misma longitud que la persiana más el ancho superior, más un metro. Necesitará una cuerda por cada cinta vertical.

Empezando por la esquina izquierda, ate el extremo de una cuerda a la anilla (o presilla) inferior en la primera cinta. A continuación ensártela por todas las anillas o presillas de esa cinta. Repita la operación en todas las cintas. En caso de llevar una guía para persianas austríacas, siga las instrucciones del fabricante para ensartar, montar y colgar la persiana.

9 Montar la guía de la cortina en un listón △
Coloque el listón en el suelo y atornille la guía de la cortina a la parte delantera del listón, junto al borde superior. Introduzca los ganchos de cortina en la persiana y ajústelos a la guía.

10 Fijar los ojetes al listón △
Con el revés de la cortina boca arriba, marque con un lápiz las posiciones de cada cinta vertical en el borde inferior del listón. Retire la persiana de la guía y fije un ojete en cada una de las marcas a lápiz. Fije el listón al marco de la ventana.

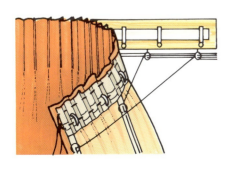

11 Colgar la persiana ◁
Cuelgue la persiana en la guía. Ensarte la cuerda izquierda en el ojete de encima y seguidamente en los restantes ojetes. Repita la operación con las cuerdas restantes.

Ponga una abrazadera en la pared o en el marco de la ventana a la derecha de la persiana, aproximadamente hacia la mitad de la ventana.

12 Comprobar la persiana
Tire de todas las cuerdas a la vez de manera que la persiana quede fruncida formando amplios festones.

A continuación baje la persiana. Ate las cuerdas cerca del ojete superior y a unos 2,5 cm del borde exterior de la persiana; recorte los extremos. Levante de nuevo la persiana y ate las cuerdas a la abrazadera.

AÑADIR UN VOLANTE FRUNCIDO

Un sencillo volante en el borde inferior pone de relieve los festones fruncidos de una persiana austríaca, pudiendo añadirse también en los bordes laterales para lograr un efecto decorativo.

La tela del volante deberá combinar con la tela principal de la persiana. Si desea un toque elegante, añada un ribete en la costura entre el volante y la persiana.

• **Medir.** Deje un fondo de unos 10-16 cm para el volante, incluidas las vueltas.

Para calcular la longitud de un volante del borde inferior, duplique el ancho final de la persiana; en cuanto a los bordes laterales, duplique el largo acabado de la persiana. Añada 2 cm de tolerancia para el dobladillo (más 1 cm para las costuras del dobladillo).

Trabajo en equipo ▷
La mejor manera de apreciar unas persianas austríacas es en combinación con las cortinas y estando parcialmente levantadas. Las persianas y las cortinas que vemos en la fotografía pueden utilizarse independientemente o en conjunto, ofreciendo calidez e intimidad.

El encaje forma un delicado volante en el borde de las persianas lisas.

1 *Cortar la tela*
Corte un trozo de tela con el fondo ya calculado por aproximadamente dos veces la longitud del borde en el que va a añadir el volante.

En caso necesario, una mediante puntadas los bordes cortos de las tiras con costuras planas para formar el largo.

HACER UN PLISADO
Un volante plisado es bonito y elegante. Necesitará una tira de tela que mida tres veces la longitud del borde, más las tolerancias del dobladillo y la costura. El fondo del volante y el ancho de los pliegues dependerán del tamaño de la cortina.

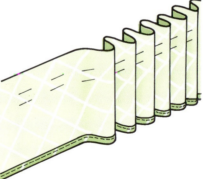

2 *Fruncir la tela* △
Remeta un dobladillo doble de 5 mm en cada extremo corto y en el borde inferior del volante. Prenda con alfileres, hilvane y cosa.

En el borde largo restante, cosa dos filas de puntadas de fruncido a 1 cm y 1,5 cm del borde; a continuación, estire el volante en el borde inferior (o lateral) de la persiana. Tratándose de volantes largos, divida el volante y la persiana en tres o cuatro secciones iguales; haga filas de puntadas de fruncido en cada sección y estírelas ajustándolas a la sección correspondiente de la persiana.

3 *Unir el volante* △
Prenda con alfileres el volante a la persiana, con los derechos enfrentados y haciendo coincidir los bordes. Hilvane a 1 cm del hilo del fruncido, retire los alfileres y cosa el volante.

Si desea añadir un ribete, introdúzcalo ahora en la costura entre el volante y la persiana.

Retire el hilván y remate los bordes con zigzag a máquina o sobrehilado a mano. Planche la costura hacia la tela que no está fruncida.

Confección de un estor enrollable

Los estores lucen realmente como se merecen cuando el espacio está limitado y las cortinas no dejarían pasar la luz o supondrían un estorbo. Su confección es relativamente barata.

Los tipos de estores más sencillos y económicos son las enrollables, que se enrollan en torno a un rodillo de madera que sube y baja atravesado en la ventana. Son una excelente opción para cocinas y cuartos de baño, pero también combinan perfectamente con cortinas.

Los estores enrollables son perfectos en ventanas pequeñas y medianas; en una ventana grande surgirán problemas con la unión de los anchos de la tela, siendo una buena solución colgar dos o tres estores pequeños uno junto a otro. Su confección es sencilla si se adquieren en un juego completo, o es posible quitar el rodillo de una antigua persiana y añadir una tela nueva. El borde inferior de la ventana puede quedar liso, recortado o con forma.

• Juegos de estores enrollables. En un juego básico tenemos un rodillo de madera con un mecanismo para enrollar en un extremo, y una tapa y un pasador en el otro. Hay asimismo soportes para colgar el estor, un listón de madera que se introduce en una lorza en la parte inferior del estor para que éste cuelgue recto, chinchetas para unir la tela al rodillo, un portacuerdas y una cuerda.

MEDIR

Para calcular el tamaño del estor, hay que decidir en primer lugar si se va a colgar dentro o fuera del hueco de la ventana; en

general se colocan dentro del hueco, si es que existe.

En una ventana empotrada, mida de un lado a otro del hueco; los soportes tendrán la tolerancia necesaria. En una ventana sin hueco, haga una superposición de 3 cm como mínimo a cada lado de la ventana para impedir el paso de la luz.

Los juegos de estores presentan distintos tamaños. Si el ancho que necesita no es de serie, compre el tamaño siguiente y corte el rodillo después de fijar los soportes.

Los estores enrollables deben ser de tela tupida de peso medio; si la tela es muy delgada o muy fina, se arrugará al

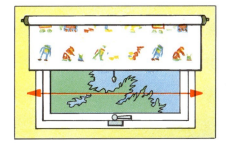

enrollarla, y si es demasiado gruesa, no se enrollará adecuadamente.

ELEGIR LA TELA

La tela para estores prealmidonada es una de las opciones más sencillas, ya que está tratada para que quede rígida y no se deshilacha; en algunos casos está lavada con esponja y no se decolora. Suelen ser reversibles.

Los anchos de las telas prealmidonadas son de aproximadamente 2 m. Si es lisa, o presenta un pequeño estampado, puede cortar el largo de la persiana del ancho de la tela. El PVC no necesita almidonado y es ideal para cocinas y baños, ya que es impermeable y se limpia pasando una esponja.

En las telas para muebles encontraremos la mayor selección de diseños, pero necesitan almidonado. Es mejor un algodón muy tupido.

• Almidonar la tela. Muchas telas encogen ligeramente al almidonarlas, por lo que hay que tratarlas antes de cortarlas. El almidón puede adquirirse en estado líquido o en aerosol. Con el primero, la tela se sumerge o se pinta por ambos lados, mientras que con el segundo se rocía la tela por los dos lados. Siga las instrucciones del fabricante, y haga siempre una prueba con un trozo de tela de muestra para comprobar si el color es sólido y puede almidonarse.

Opciones de estores
Los estores enrollables presentan líneas elegantes y son adecuados para cualquier lugar. En esta habitación infantil, el alegre estor enrollable combina perfectamente con la ventana, repitiéndose en los dibujos el color rojo del marco.

¿Cuánta tela necesita?

Antes de calcular la tela, mida el tamaño del rodillo y marque la posición de los soportes para fijarlo a la pared y tomar las medidas exactas.

El ancho de la tela deberá medir la longitud del rodillo (sin los pivotes de los extremos, dejando un poco más para cuadrar la persiana (consulte el Punto 1). No son necesarias tolerancias para los dobladillos ya que normalmente los bordes de la tela almidonada no se deshilachan al cortarlos. Si es posible, confeccione la cortina con un ancho de tela. Si tiene que unir dos, corte un ancho por el centro, cosa una mitad a cada lado de un ancho completo con costuras planas y una las tolerancias de las costuras a la persiana con lona adherible mediante planchado.

Para obtener el largo, mida desde donde está situado el rodillo hasta el alféizar y añada un mínimo de 30 cm para la lorza del listón, y para que el rodillo quede cubierto al bajar la persiana.

Deje más tela:
☐ Si la tela para muebles encoge al almidonarla.
☐ Para centrar el diseño, de manera que el dibujo cubra por igual la persiana.
☐ Para hacer coincidir el dibujo, si une anchos de tela o confecciona dos o más cortinas para colgarlas juntas.
☐ Para añadir un borde decorativo.

SE NECESITA
☐ Juego de persiana enrollable
☐ Tela
☐ Almidón (opcional)

Además de
☐ Cinta métrica de acero
☐ Lápiz
☐ Punzón o taladradora y broca
☐ Tornillos y destornillador
☐ Sierra pequeña para metales
☐ Martillo
☐ Escuadra ajustable
☐ Regla
☐ Jaboncillo
☐ Tijeras
☐ Lona para el dobladillo adherible mediante planchado
☐ Cinta adhesiva
☐ Máquina de coser e hilo o cola para tela

Fijar los soportes ▷

Si va a hacerlo en un hueco, coloque los soportes lo más cerca posible de los lados, pero 3 cm por debajo de la parte superior del hueco para que quede espacio para la persiana una vez enrollada. Si no hay hueco, colóquelos 5 cm por encima de la ventana y a 3 cm de los lados para impedir el paso de la luz.

Siga las instrucciones para la fijación de los soportes. Normalmente, a la izquierda se sitúa un soporte con ranura (para el pivote cuadrado del rodillo), y a la derecha un soporte con un agujero (para el pivote redondo), para que la persiana suba detrás del rodillo y se enrolle alrededor del mismo. Si la tela no es reversible y no quiere que se vea el revés en el rodillo, ponga el soporte ranurado a la derecha, de manera que la persiana cuelgue por la parte delantera del rodillo.

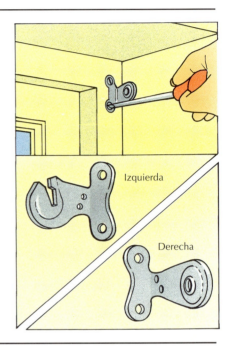
Izquierda

Derecha

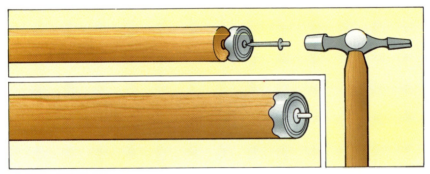

◁ Cortar el rodillo al tamaño apropiado

El rodillo normalmente presenta una tapa en el extremo y un pasador suelto para poder cortarlo si procede.

Con una cinta de acero, mida la distancia entre los soportes de la ventana y corte el extremo del rodillo. Cubra ese extremo con la tapa, introduzca el pasador en el orificio y ajústelo golpeando con un martillo. El rodillo ya está listo para colocar la tela.

Confección de la persiana

Indicamos a continuación los pasos a seguir utilizando un juego para confeccionar una persiana enrollada con el borde inferior liso.

1 *Cortar la tela* ▷
Despeje una zona para extender la tela de manera que no se arrugue.
Puede cortar la tela endurecida a la medida exacta del rodillo. Para que la persiana cuelgue recta y enrolle bien, las esquinas deberán formar un perfecto ángulo recto. Utilice una escuadra para formar los ángulos y un cuchillo afilado, una cuchilla o algo similar para cortar en línea recta.

Si la tela es estampada, antes de cortar asegúrese de que el dibujo está centrado en la persiana.

2 *Rematar los bordes*
No será necesario rematar los bordes porque la tela no deberá ser propensa a deshilacharse pero, en caso contrario, cosa a máquina los bordes con puntadas en zigzag. No haga dobladillos laterales para evitar un grosor desigual en la tela.

3 *Hacer la lorza para el listón*
Corte el listón de madera a 1 cm menos que el ancho de la persiana. En la parte inferior de la persiana, haga una lorza para el listón y cósala o péguela con cola.

• Lorza cosida (consulte el dibujo de la página siguiente). Con el revés boca

arriba, haga un pliegue en el borde inferior que sea lo suficientemente ancho para el listón. Apriete el pliegue con los dedos y sujételo con tiras pequeñas o cinta adhesiva. Cosa cerca del borde y remate a continuación pespunteando en zigzag. Introduzca el listón en la lorza y sobrehile los dos extremos con diminutas puntadas.

• **Lorza encolada (derecha).** Extienda la tela con el revés boca arriba. Aplique cola para telas en un lado del listón y coloque el lado encolado en el borde inferior de la persiana. Aplique cola en el otro lado del listón, dele la vuelta envolviéndolo en la tela y coloque unas pesas encima —de cocina, por ejemplo, sobre una regla— hasta que la cola se haya secado.

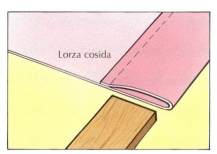

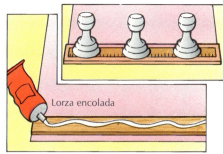

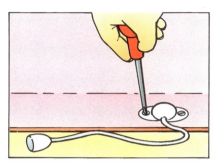

4 *Incorporar el tirador de la cuerda* ◁
Haga el tirador de la cuerda introduciendo un extremo de la misma por el agujero del portacuerdas y haciendo un nudo en el extremo. Ensarte el otro extremo por la bellota y haga un nudo. A continuación atornille el portacuerdas en el centro del listón: puede fijarlo en la parte delantera de la persiana o atornillarlo en el reverso para que no quede a la vista.

5 *Marcar el rodillo*
Ya puede marcar el rodillo con una línea a lo largo, donde habrá que hilvanar el borde superior de la tela de la persiana. Si en el rodillo no hay una línea guía, introdúzcalo en un tornillo de banco, o pida ayuda a alguien para que lo sujete, mientras traza una línea recta a lo largo con un lápiz y una regla.

6 *Colocar el rodillo sobre la tela* ▷
Con el derecho de la tela boca arriba, coloque el rodillo en el borde superior con el mecanismo de resorte a la izquierda. (Si la tela no es reversible y no quiere que se vea el revés, extienda la tela con el revés boca arriba y con el mecanismo de resorte a la derecha, de manera que la persiana cuelgue por el frontal del rodillo). Levante el borde de la tela sobre el rodillo y fíjelo con cinta adhesiva en la línea marcada.

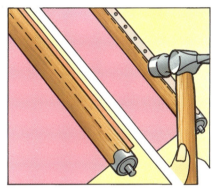

7 *Fijar la tela al rodillo* ◁
Unos rodillos se fijan con tiras adhesivas y otros con tachuelas.
Si utiliza tachuelas, colóquelas en el rodillo a intervalos de unos 2 cm aproximadamente. Clave la primera tachuela en el centro y continúe por ambos lados. A continuación retire la cara no adhesiva de la cinta. Es mucho más sencillo grapar la tela con una grapadora industrial.

8 *Colgar el estor*
Enrolle el estor a mano alrededor del rodillo y colóquelo en los soportes. Baje el estor de manera que cubra la ventana y compruebe que la tensión del muelle es correcta; el estor deberá subir al tirar de la cuerda. No debe salirse de la bellota.
Si la tensión no es correcta, el estor quedará flojo y dará tirones al subirlo, o no se enrollará bien. Pruebe de nuevo: saque el estor extendido de los soportes, enróllelo a mano y repita la operación hasta conseguir la tensión correcta, procurando no tensar demasiado el muelle porque puede romperse.

Como una ola ▷
Un estor enrollable puede llevar un borde decorativo que suavice sus austeras líneas. En la fotografía vemos un borde ondulante con una trenza blanca en una persiana de flores, que combina perfectamente con las tablillas de las contraventanas de color verde y blanco.

BORDES DECORATIVOS

La forma más sencilla de decorar un estor enrollable es pegar o coser en el borde inferior una trenza o unas filas de cinta, por ejemplo. Como alternativa, si el listón que mantiene recto el estor se introduce un poco más arriba, en el borde inferior podemos hacer festones, ondulaciones, zigzags o cualquier otra cosa.

• **Borde con forma.** Calcule la tela como si fuera para un estor liso, y añada 5 cm al largo. Asimismo necesitará papel, entreforro adherible mediante plancha y tela para una vuelta que mida el ancho por 13 cm de fondo.

Confección de una lorza plegada ▽
Sólo factible con telas lisas o con un pequeño dibujo. Mida 13 cm desde el borde inferior de la persiana y marque los bordes laterales; mida otros 9 cm y márquelo también. Con los derechos enfrentados, pliegue la tela a lo ancho para unir las dos marcas. Planche el pliegue con los dedos y cosa un pliegue de unos 4,5 cm por el revés de la cortina para formar una lorza, dejando abierto el otro extremo para introducir el listón.

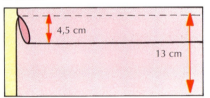

Confección de una lorza sobrehilada ▽
La lorza sobrehilada se hace con telas con estampado grande, cuyo dibujo quedaría cortado con una lorza plegada.

Corte una tira con 5 cm de fondo desde el borde inferior de la tela de la persiana y cosa los bordes en zigzag. Con el revés de la tela de la persiana boca arriba, coloque la tira a lo ancho con el derecho boca arriba y a 13 cm hacia arriba desde el borde inferior. Sujétela con cinta adhesiva y sobrehile hacia abajo los bordes largos y a través de un borde corto.

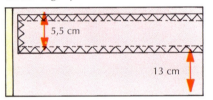

Forrar el borde inferior ▽
El forro es necesario para conferir más cuerpo a la tela y evitar que se deshilache.

Con los reveses juntos, coloque la tira de tela frente al borde inferior de la persiana, justo debajo de la lorza para el listón, con una tira de forro adherible mediante plancha en medio. Planche la tela para fijarla y corte el borde con forma utilizando un patrón de papel o la plantilla de refuerzo del bandó (consultar abajo).

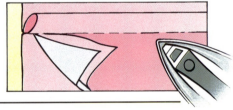

CONFECCIÓN DE UN PATRÓN DE PAPEL

En caso de que tenga que repetir la forma, confeccione un patrón de papel para poder transferir el diseño a la tela de la persiana. Como alternativa, el refuerzo del bandó presenta una serie de formas impresas que pueden utilizarse como plantilla para cortar.

2 *Confeccionar un patrón de papel* ▷
Corte un trozo de papel de 13 cm de fondo por el ancho de la persiana. Plíeguelo en acordeón, con las secciones iguales, midiendo el ancho del festón (o la forma que haya elegido). En el pliegue superior, haga una marca a 6 cm hacia arriba de la parte inferior y dibuje la forma que desee a partir de ese punto. Corte todas las capas de papel.

3 *Cortar el diseño*
Abra el patrón y extiéndalo sobre el revés de la persiana, debajo de la lorza para el listón. Utilice tiras pequeñas de cinta adhesiva para sujetarlo y dibuje el contorno de la forma con un trozo de jaboncillo afilado.

Cosa la forma en zigzag siguiendo la línea marcada con el jaboncillo y córtela con unas tijeras afiladas.

1 *Calcular el patrón*
Una forma regular y repetida debe calcularse de manera que en la parte inferior de la ventana encaje un número exacto de elementos.

Para calcular el número de festones, por ejemplo, decida el ancho que tendrán y divida el ancho de la persiana por esa medida. Si la medida de los festones es de 14 cm y el ancho de la ventana de 132 cm, divida 132 entre 14, que es igual a 9,4. Dado que un trozo de festón no queda bien, elija el número entero más próximo —en este caso, el 9— y divida el ancho de la persiana por dicho número para hallar el ancho exacto del festón, es decir, 14,7 cm.

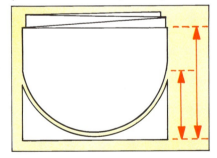

4 *Terminar la cortina*
Introduzca el listón en la lorza y cierre el borde abierto cosiéndolo. Incorpore el tirador de la cuerda al listón en la parte posterior de la persiana. Termine la persiana siguiendo los pasos 5 a 8 de la página anterior.

Consejo

FORMAS ONDULANTES
Se diferencian de las formas repetidas, como los festones, en que la mitad inferior de la persiana queda cubierta por una forma que se invierte para cubrir la otra mitad.

Corte una tira de papel con 13 cm de fondo y dóblela por la mitad, con los extremos cortos juntos. Si desea un fondo pronunciado, trace una línea a lo ancho del papel plegado a 6 cm del borde inferior, y a 4 cm para obtener una forma menos pronunciada. Trace dos o tres líneas verticales con igual separación y utilice éstas y la línea horizontal a modo de guía para dibujar la forma que desee.

Estores romanos plegables

A la hora de vestir una ventana, los estores son elementos cada vez más populares, y los estores romanos son elegantes y requieren relativamente poca tela. A diferencia de los estores enrollables, es posible forrarlos para incrementar su calidez y mejorar su aspecto. Se colocan en la ventana formando pliegues en acordeón. El movimiento de ascenso y descenso se produce mediante cuerdas y anillas situadas detrás del estor (similar a los estores austríacos). En la parte superior se coloca un listón que a su vez se instala en la parte superior del hueco de la ventana.

Para que el acabado sea perfecto, las persianas llevan incorporado una lengüeta o un listón en cada pliegue con objeto de mantenerlos tensos.

Su confección es relativamente sencilla, pero es de máxima importancia que las filas de puntadas sean totalmente rectas. Las puntadas curvadas, o en ángulo, deformarán la ventana impidiendo que suba adecuadamente.

Existen varias técnicas para confeccionar los estores romanos. Las instrucciones que presentamos aquí hacen referencia a estores con forro, con una serie de lengüetas cosidas para que el pliegue sea perfecto.

SELECCIÓN DE TELAS

Se puede utilizar casi cualquier tela poco tupida, algodones lisos o estampados, percal o satén de algodón, por ejemplo. Dado que el estilo de las persianas romanas es severo, las telas más sencillas y los estampados geométricos son mejores que los dibujos con muchas flores. Es posible adornarlas con tiras o galones de tela de contraste.

Con el método que explicamos aquí es fundamental forrar la tela, para lo cual es perfecto un forro de cortina normal. El forro impide el exceso de luz, confiere cuerpo a la persiana y reduce el desgaste (la luz directa del sol es perjudicial para la tela).

• Calcular la cantidad de tela. Este tipo de estores se adaptan a la perfección en el hueco de una ventana. Mida la ventana y decida las medidas de la persiana (consulte *Confección de un estor enrollable*). Por cada estor necesitará una pieza de tela del tamaño de la persiana acabada, más una tolerancia de hasta 3 cm por cada lado para las vueltas. Deberá dejar 5 cm en la parte superior de la persiana y 16 cm en el borde inferior. La pieza de tela para el forro tendrá las mismas dimensiones que el estor acabado.

Foco de interés
Los estores romanos pueden desempeñar un importante papel en la decoración de una habitación. Los estores de este comedor informal, contra las paredes blancas, son de tela con un diseño de encaje, ofreciendo interés decorativo junto con la pintura y el reloj.

SOLUCIONES PRÁCTICAS CON TELAS

SE NECESITA

Para medir y diseñar
- ☐ Metro
- ☐ Lápiz y papel

Para hacer el estor
- ☐ Tela
- ☐ Forro
- ☐ Borde de madera
- ☐ Anillas para cortinas
- ☐ Cordón de nilón

Para fijar el estor
- ☐ Listón de 50 x 25 mm
- ☐ Tornillos
- ☐ Angular (opcional)
- ☐ Abrazadera

Para forrar el estor
- ☐ Tela para forrar

HERRAMIENTAS Y EQUIPO

Además del equipo habitual, necesitará otros utensilios menos comunes.

• Clavija. Clavija de un diámetro entre 6 y 9 mm para fijar el estor y se colocan a intervalos de 30 cm. Estas clavijas ayudan a sujetar el estor y son necesarias en las ventanas grandes.

También necesitará un listón fuerte (25 x 50 mm) para fijar el estor en lo alto de la ventana. Si no puede atornillarlo directamente en lo alto de la ventana, necesitará angulares para fijar el listón.

• Anillas. El estor se recorre con los cordones que atraviesan las anillas pequeñas (1,5 cm) de plástico o metal para cortinas en la parte trasera del estor. En el método aquí descrito las anillas se sujetan en la parte trasera de los bastidores. Las anillas deben colocarse a una distancia de 60 cm aproximadamente entre ellas. Para saber cuántas anillas necesita a lo largo del estor, colóquelas en la parte superior del estor y el resto a una distancia regular entre ellas.

En algunos métodos de los que se siguen para hacer estores romanos las anillas se colocan a lo largo de una cinta que recorre verticalmente la parte trasera del estor.

Las anillas deben estar sujetas en cada canal de costura y para saber el número exacto que necesita debe multiplicar la longitud del estor por el número de anillas que necesita a lo ancho de la tela.

• Cordones y abrazaderas. Necesitará un cordón de nilón medianamente pesado, que podrá encontrar en cualquier tienda de accesorios para cortinas. Éste recorrerá cada línea de anillas desde el alto al bajo del estor. Necesitará también una abrazadera para sujetar los cordones cuando el estor esté recogido.

CONFECCIONANDO ESTORES ROMANOS LISOS

Estos instrumentos son para un estor lineal donde la longitud de colocación de las clavijas está en cada pliegue, en el bastidor correspondiente. El bastidor se forma cosiendo a través de la tela del estor y del forro, atravesando todo el ancho del estor.

1 Cortar la tela
Corte un trozo de tela para el estor del tamaño del estor más 3 cm de margen y 19 cm en la parte inferior. También añada 5 cm en la parte superior para sujetar el listón.

Corte una pieza de forro del mismo tamaño que el estor más 5 cm de margen en la parte superior.

2 Juntar la tela y el forro △
Coloque el forro sobre la tela con el derecho hacia fuera situando al mismo nivel la parte superior y la parte inferior a 19 cm del final de la tela del estor. Haga un suave pliegue en la tela del estor de forma que el final de la tela del estor y el forro coincidan. Cosa las costuras dejando 1,5 cm de margen.

3 Presionar el estor △
Vuélvalo del derecho y presione de forma que el forro quede centrado en la tela. Presione sobre el lado de la costura para que quede correctamente igualado.

4 Coser los dobladillos de la parte inferior
Remeter 1 cm a lo largo del final del estor, quedando 18 cm hasta el final. Hacer dos costuras con una separación de 1,5 cm entre ellas, colocando la inferior a 16 cm del final del estor.

5 Coser los dobladillos superiores ▷
Marque 5 cm antes del final de estor y trace una línea a lo largo de la tela. Marque la posición de las costuras superiores del estor aproximadamente a una distancia de 30 cm entre ellas. Esta distancia entre las costuras no debe de ser mayor de dos veces la distancia desde la costura más baja hasta el final del estor. La distancia desde la costura superior al final del estor por arriba debe ser igual al espacio entre las costuras. Haga dos vueltas de costuras con 1,5 cm de separación. Para un acabado perfecto, sobrehile el final de la tela en zigzag.

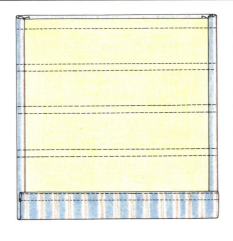

6 Fijar las clavijas
Descosa un par de puntadas en las costuras inferiores de cada dobladillo. Coloque clavijas de 5 mm a lo largo de todo el estor. Ponga las clavijas en las aberturas descosidas y cosa de nuevo. En la parte más baja coloque las clavijas en el dobladillo y sobrecosa encima sujetándolas.

7 *Coser las anillas* ▽
Cosa las anillas en los canales de las costuras en la calle inferior de cada una, como se muestra.

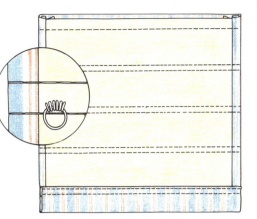

8 *Cortar los cordones* ▷
Decida cuál es el largo del estor recogido. Extienda el estor en una superficie plana junto con el forro. Si quiere que el cordón quede colgando a la izquierda del estor cuando está recogido, con el estor del revés haga que los cordones cuelguen por la derecha (recuerde que el estor está del revés). Corte a una longitud apropiada para que el estor esté extendido desde la parte superior a la inferior dejando un margen para anudarlo.

Anude el final de cada cordón con la anilla del final del estor. Tire de los cordones a través de la línea de anillas.

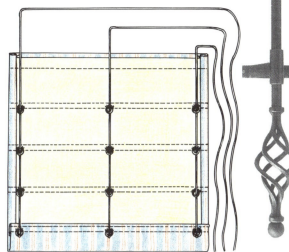

9 *Preparar el listón*
El listón se fija por un estrecho borde a la ventana. Cada agujero en la parte superior del listón tiene su hueco adecuado a lo largo del listón en la parte superior de la ventana o sobre el angular que va fijo al muro o alrededor de la ventana.

Ya sea directamente o añadida la tela del estor debe tener 5 cm de margen para cubrir la parte superior del listón. Asegúrese de que el estor está completamente estirado.

10 *Fijar las abrazaderas* ▷
Fijar las abrazaderas en el listón coincidiendo con la línea de anillas. Meter los cordones a través de la abrazadera, tirando a lo largo de todo el estor. Por último tirar cuidadosamente del final de los cordones y anudarlos en una pequeña bellota.

11 *Colgar el estor*
Cada agujero del listón debe coincidir con los huecos de la parte superior de la ventana o el angular. Fije la abrazadera para poder afianzar los cordones.

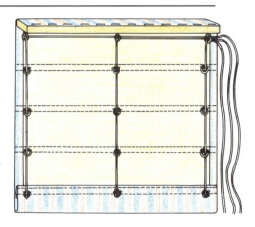

Consejo

EFECTO TRANSPARENTE

No hay ninguna razón para que no pueda confeccionar estores romanos con tela transparente, pudiendo reemplazar así las cortinas traslúcidas. En la fotografía se han usado dos capas de tela transparente, con las clavijas cosidas en los dobladillos laterales del estor.

Las dos piezas de tela deben cortarse 1,5 cm más largas del tamaño final del estor, con un margen de 5 cm en la parte superior. Juntar las dos capas dejando 1,5 cm para las costuras. Arreglar las costuras remetiendo en las esquinas. Poner del derecho el estor, colocando la primera costura aproximadamente a 10 cm desde la parte inferior. Dejar un espacio de 20 cm respecto a la parte superior. Descosa las costuras al final de cada dobladillo. Coloque las clavijas en las costuras y cósalas de nuevo.

Fíjese que solamente se han usado dos filas de anillas en los extremos del estor y los cordones las recorren por la parte trasera del estor.

ADORNOS PARA ESTORES ROMANOS

Debido al estilo geométrico del estor, su aspecto mejora incorporando un sencillo adorno consistente en un galón liso o de tela de contraste.

1 *Galón en el borde inferior*
La forma más sencilla de adornar un estor romano es añadir un galón en el borde inferior, siendo especialmente agradable si se coloca en el extremo inferior del estor de manera que se vea al subirlo. Si utiliza un galón ancho, deje un poco de tela adicional para la vuelta en la parte inferior, de manera que esa parte del estor cuelgue por debajo de la parte plegada y el galón se vea al subirlo. Cosa o pegue el galón antes de introducir las lengüetas.

2 *Galón alrededor de la persiana* ▷
El galón puede coserse alrededor de la ventana y en el borde inferior, a un par de centímetros del borde, con las esquinas en inglete. Cosa el galón a la tela antes de empezar a confeccionar la persiana: resultará más sencillo utilizando jaboncillo para marcar el borde acabado a 3 cm de los laterales y a 19 cm del borde inferior de la tela después de cortarla. Decida una distancia adecuada para colocar el galón desde el borde de la persiana (entre la mitad y el doble del ancho del galón es una buena separación, dependiendo del ancho). Prenda con alfileres, hilvane y cosa el galón antes de unir la tela del forro y de coser los canales.

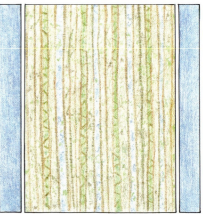

3 *Cerco en la tela* △
Un remate alternativo es añadir un cerco de tela en los bordes del estor. Para hacer un cerco de tela en torno al estor, corte la tela principal con 3,5 cm menos en los lados y en el borde inferior que el estor terminado. Incluya una tolerancia de 5 cm en la parte superior, como antes. Corte tiras de tela para colocar en los laterales de 9,5 cm de ancho y con la misma longitud que el trozo de tela de la persiana. Para el borde inferior, corte una tira de tela de 25,5 cm de ancho por el ancho de la persiana acabada más 3,5 cm a cada lado con costuras planas y presiónelas abiertas. Una la tira a la parte inferior de la ventana de igual manera. Con esto obtendrá un trozo de tela con el tamaño del trozo de tela principal utilizado para hacer un estor sin adorno, y puede continuar la confección como se describe en la página anterior.

◁ *Elegantemente plegada*
Las elegantes líneas de los estores romanos se adaptan perfectamente a un diseño interior moderno y minimalista. El gris azulado de la ventana, con un galón rojo, se repite en el alféizar, en la lámpara y en la chaise longue.

Ventanas con problemas

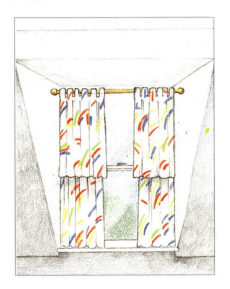

Huecos abuhardillados △
Una buena solución para los huecos abuhardillados son dos cortinas tipo café a distintos niveles, adaptando las cortinas demasiado cortas a otros usos.

IDEAS PARA BUHARDILLAS
• Problema: *Los tragaluces en pendiente y las ventanas empotradas en un hueco abuhardillado pueden presentar problemas de reducción de la luz natural a la hora de colocar unas cortinas.*

• Solución: Si está decorando unos tragaluces en pendiente, hay un tipo de persianas que quedan encajadas entre dos cristales. No caen hacia delante y pueden ajustarse a cualquier ángulo para limitar o dejar paso a la luz. Puede poner cortinas transparentes o de encaje sujetas con varillas de metal o madera en la parte superior e inferior del marco.

Los huecos abuhardillados no dejan pasar tanto la luz como las ventanas en pendiente. Existen dos soluciones: colocar unas cortinas tipo café normales y añadir un segundo juego en la parte superior (consultar arriba). Puede utilizar cortinas demasiado cortas o estrechas para otras ventanas de la casa. Córtelas por la mitad, haga un dobladillo en las cortinas inferiores y añada una cabecera en las superiores.

Otra forma de tratar este tipo de ventana es colgar una cortina transparente de una barra.

HACER FRENTE A LOS ARCOS
• Problema: *En el caso de una ventana en arco, una guía convencional afea el arco y las proporciones de la ventana.*

• Solución: Hay que procurar favorecer la forma de la ventana. Una solución es colgar un paño de encaje en la ventana justo antes del inicio de la curva o poner unas cortinas que dejen al descubierto los lados y la parte superior del arco al abrirlas. Para ello, coloque una guía a unos 10 cm por encima del arco, prolongándolas unos 7,5 cm por cada lado de la ventana.

Si desea un aspecto clásico, ponga contraventanas de la misma longitud que la ventana (medidas desde el centro del arco hasta la parte inferior). Las contraventanas pueden estar abiertas durante el día y cerrarse por la noche.

Es posible colocar la guía, el bandó y las cortinas siguiendo la forma del arco (consultar abajo), pero es labor para profesionales ya que la guía debe doblarse de forma especial y la tela cortarse en curva.

Tratamiento profesional △
Con este tipo de tratamiento se saca el máximo partido de una ventana en arco, pero hacen falta las manos de un profesional para la confección de las cortinas.

△ *Hueco con tres ventanas*
El mejor sistema para cubrir un hueco formado por tres ventanas grandes es mediante persianas enrollables.

HUECOS CON TRES VENTANAS
• Problema: *En muchas casas, la ventana principal de la fachada está compuesta por tres grandes ventanas, a veces con un espacio entre ellas.*

• Solución: Las cortinas de las ventanas en hueco deben dejar despejada la ventana durante el día, no dividirla. Cuelgue las cortinas en una guía doblada, de manera que siga la forma del hueco y aún mejor si llevan una cuerda incorporada, ya que las cortinas anchas y pesadas son difíciles de manejar. Si la ventana tiene vistas a otro edificio, cuelgue cortinas transparentes para utilizarlas durante el día. Las cortinas y las persianas pueden combinar con un bandó a juego.

Si no desea complicarse la vida, cuelgue estores enrollables, romanos, venecianos, de tablillas o de paja (consultar arriba).

MARCOS FORRADOS DE PLOMO
• Problema: *Es difícil poner cortinas en marcos pequeños forrados de plomo (cristal cuadrado o romboidal) sin reducir drásticamente la luz natural.*

• Solución: En ventanas con marcos forrados de plomo, las cortinas deben ser cortas. Cuélguelas de una barra o añada una guardamalleta plisada. Coloque la guía a unos 7,5 cm por encima del marco y prolónguela unos 7,5 cm a cada lado, de manera que las cortinas queden abiertas durante el día dejando pasar el máximo de luz natural. Puede incorporar unos recogecortinas para mantener despejada la ventana.

Es importante tener en cuenta el tamaño del dibujo de la tela de la cortina en relación con el tamaño de la ventana. Los marcos pequeños mejoran con estampados de flores pequeñas, guingán pequeño, rayas o tela lisa de color pálido. Utilice una cabecera sencilla, como de pliegues triples. Evite los diseños atrevidos.

Tratamiento en la parte superior △
Los drapeados y festones en la parte superior de una cortina acortan y ensanchan una ventana estrecha.

TRATAMIENTO DE VENTANAS ALTAS
• *Problema: Una fila de ventanas altas y estrechas parecen más altas y más estrechas con cortinas con cabecera convencional y colgadas de una barra convencional.*

• *Solución:* Las ventanas altas y estrechas suelen ser de guillotina y normalmente se construyen en grupos de dos o tres. La mejor forma de «alargarlas» es mediante un buen tratamiento en la parte superior, como un bandó ancho y elaborado con faldones que desciendan por las cortinas, una banda de tela en torno a la barra (consultar arriba), un plisado recogido o una guardamalleta con volantes, en cortinas hasta el suelo.

Como alternativa, utilice una tela con un vistoso dibujo en horizontal o un borde ancho de color intenso. Las persianas venecianas, con lamas de colores graduados de suave a intenso empezando por la parte superior, son una buena solución para reducir la altura.

HABITACIONES CON VISTAS
• *Problema: Una vista desagradable (como una pared blanca) puede dar al traste con el ambiente de una habitación, pero la luz queda reducida al cubrir la ventana.*

• *Solución:* Si la ventana es pequeña (en un descansillo, por ejemplo) y la luz no es importante, oculte la vista con plantas o una serie de cristales de colores. La luz procedente de arriba iluminará de forma sorprendente. Si hace falta luz, coloque una persiana de encaje o de tul, o unas cortinas de tipo café en la parte inferior.

Si la ventana tiene vistas a una pared, es posible mejorar las cosas pintando la pared de blanco y plantando una enredadera.

INTIMIDAD EN EL CUARTO DE BAÑO
• *Problema: En muchas casas antiguas, el baño está incorporado en lo que anteriormente era zona de vivienda, y las ventanas son grandes y de guillotina con cristales transparentes.*

• *Solución:* La solución obvia es cambiar los cristales transparentes por traslúcidos, pero no resultan atractivos ni desde dentro ni desde fuera. Puede optar por cristales tipo espejo, con los que ves pero no te ven desde el exterior, pero su precio es alto y sólo pueden adquirirse en cristalerías especializadas. Otra solución es una persiana de encaje en la parte inferior de la ventana.

Las medias contraventanas, con tablillas y de color o pintadas, o con el entrepaño central decorado a juego con las paredes, son más agradables (consultar abajo). Pueden colocarse con bisagras, o en una guía de forma que resulte sencillo extraerlas para limpiarlas.

Contraventanas en el cuarto de baño △
Unas sencillas contraventanas son una forma poco habitual y atractiva de cubrir la mitad inferior de una ventana grande en un cuarto de baño.

VENTANAS COMPLICADAS
• *Problema: Cuando las ventanas se encuentran junto a una chimenea, el antepecho de una chimenea, una puerta o cualquier otro tipo de obstrucción, es difícil colgar dos cortinas.*

• *Solución:* El problema queda resuelto con persianas austríacas, enrollables o romanas, ya que se bajan desde arriba. Utilice la misma tela de otras cortinas de la habitación o elija un color liso complementario. En el borde de una persiana lisa añada una tela estampada a juego con otras cortinas.

Si prefiere las cortinas a las persianas, cuelgue una sola cortina (consulte arriba a la derecha), cuyo ancho sea una vez y media el ancho de la ventana, fruncida en la parte superior pero que vaya de lado a lado. Durante el día, retire la cortina sujetándola con un recogecortinas o un trozo de tela plisada a juego. Si la habitación es oscura, la cortina puede ser de tela transparente o de tul.

Solución con una sola cortina △
Cuando sea imposible colgar dos cortinas, ponga una muy ancha recogida a un lado.

PUERTAS DE PATIOS
• *Problema: En muchas casas se encuentran puertas que dan a un patio o ventanas francesas a veces flanqueadas por dos ventanas más pequeñas, y necesitan una solución más adecuada que las cortinas largas.*

• *Solución:* Unos sencillos estores enrollables, romanos o austríacos, en cada ventana dejan pasar la luz durante el día y ofrecen intimidad por la noche. Si desea algo más elaborado y decorativo, combine las persianas de encaje o gasa con cortinas largas del techo al suelo que puedan retirarse. Durante el día las cortinas pueden quedar sujetas con recogecortinas a juego o complementarios.

Cuando la intimidad diurna sea importante (por ejemplo, si la ventana da a un jardín), ponga cortinas de gasa en las tres secciones, sujetándolas en la parte superior e inferior con una barra metálica. En una habitación de alta tecnología, una buena opción son las persianas venecianas verticales o de lamas finas, en color gris o pastel.

HABITACIONES UNIDAS
• *Problema: En las habitaciones que se han unido existe frecuentemente una mezcla de ventanas empotradas en un extremo y puertas de patio en el otro.*

• *Solución:* La primera regla es utilizar el mismo estilo de cortinas en toda la habitación. Procure incluir un estampado pronunciado y horizontal en las cortinas, que irán del techo al suelo y de pared a pared. Como alternativa a las puertas del patio, coloque estores enrollables de color liso que complementen o hagan juego con la tela de las cortinas. Si en la habitación hay otras ventanas pequeñas, ponga en ellas persianas lisas.

Confección de cojines

En una habitación, los cojines sirven como elementos tanto decorativos como prácticos. Se utilizan para suavizar las duras líneas de los muebles modernos, añadir color y riqueza a una severa combinación de colores, o como un toque de lujo y comodidad.

Es sencilla la confección de fundas básicas destinadas a cojines cuadrados, redondos o rectangulares. Pueden dejarse lisos o añadir un adorno decorativo, como un ribete o un volante.

• Selección de la tela. Puede utilizarse prácticamente cualquier tela, desde tela para muebles, brocados o terciopelos, pasando por el algodón y la lona, hasta el encaje y la seda. Un factor restrictivo es dónde va a utilizarse el cojín y el desgaste al que se verá sometido. Tratándose de cojines de mucho uso, elija telas lavables.

Los retales son ideales para cojines, pudiendo crear un magnífico efecto con la mezcla de colores y estampados. Si desea combinaciones a juego, utilice la tela sobrante de colchas, cortinas o tapicería.

• Tipo de abertura. El sistema de abertura y su posición (en el lateral o en el reverso) determinará las medidas del corte de la funda, razón por la cual deberá decidirlo antes de cortar la tela. Caso de que la funda necesite un lavado frecuente, utilice cremallera, cinta Velcro o presillas: podrá retirar y colocar el relleno fácilmente. Es más sencillo coser la abertura a mano, pero habrá que descoserla y coserla de nuevo cada vez que se extraiga el relleno.

Asegúrese siempre de que la abertura sea lo bastante amplia como para poder sacar el relleno con facilidad. Lo mejor es que la abertura de un cojín de bordes rectos sea unos 10 cm más corta que la longitud del lateral. En cuanto a un cojín redondo, la abertura deberá medir aproximadamente tres cuartas partes del diámetro del cojín.

• Rellenos para cojines. El relleno deberá llevar su propia funda independiente para poder sacarlo a la hora de lavar el cojín.

Los rellenos presentan diversas formas y tamaños, pero puede confeccionarlo por su cuenta con plumón, plumas o trozos de espuma. La cantidad de relleno dependerá del tipo y el tamaño del cojín. Un cojín cuadrado de 50 cm, por ejemplo, llevará unos 350 g de plumón, ó 900 g de plumas, o unos 800 g de espuma.

Tratándose de plumas o plumón, utilice un trozo de funda de colchón o almohada para la funda del cojín. También son válidos el percal y la tela de forro, o incluso las partes que estén en buenas condiciones de unas sábanas de algodón viejas. La confección de la funda del relleno es similar a la de la funda del cojín con abertura cosida a mano (consultar la página siguiente).

• Hilo de coser. Deberá coincidir con el contenido de fibra de la tela: utilice hilo de poliéster para los tejidos sintéticos, e hilo de algodón para las telas naturales.

Cojines por comodidad

Un montón de cojines con fundas de «chintz» convierten este asiento junto a la ventana en un lugar cómodo y agradable. El ribete en negro superpuesto en las costuras anima la combinación de telas lisas y estampadas, haciendo juego con las persianas romanas con adornos en negro.

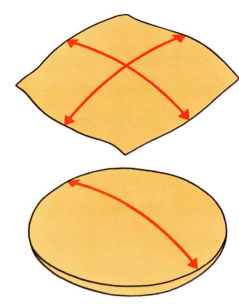

SE NECESITA
- ☐ Tela
- ☐ Relleno para el cojín
- ☐ Jaboncillo
- ☐ Regla
- ☐ Alfileres
- ☐ Tijeras anchas
- ☐ Tijeras pequeñas
- ☐ Hilo de coser
- ☐ Agujas
- ☐ Máquina de coser

Opcional
- ☐ Ribete o
- ☐ Tela para un volante

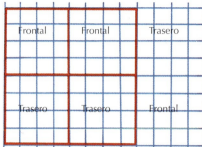

Tomar medidas △
Mida un trozo de relleno cuadrado o rectangular (arriba) a lo ancho y a lo largo, de costura a costura, y añada 3 cm de tolerancia para las costuras en ambas medidas.

Mida el diámetro de un trozo de relleno redondo (abajo) y añada 3 cm. No añada tolerancia si desea que quede abultado; al coser la funda, ajustará perfectamente.

Calcular la tela △
Si está confeccionando varias fundas con la misma tela, antes de comprarla planifique su disposición a escala en papel cuadriculado. Marque una zona que represente el ancho de la tela, trace las fundas de los cojines hasta encontrar la disposición más adecuada, y calcule el total de tela que necesita.

Centrar un diseño audaz △
Tratándose de un diseño audaz, colóquelo en el centro de cada sección de la funda. Corte un trozo de papel de calco al tamaño del cuadrado, rectángulo o círculo, y colóquelo sobre el diseño principal de la tela como un dibujo. Tal vez necesite tela adicional para conseguir el número exacto de motivos.

FUNDAS CUADRADAS Y RECTANGULARES

1 ***Marcar y cortar la tela***
Si se trata de una funda con abertura lateral, marque y corte dos trozos del mismo tamaño, para el reverso y el anverso. (Necesitará dos trozos de tela si va a poner una cremallera en el reverso; consultar la página siguiente).

Extienda la tela sobre una superficie plana y utilice una regla y un jaboncillo para dibujar las líneas de corte siguiendo el hilo de la tela. Si la tela es estampada, asegúrese de que cada trozo siga la misma dirección.

2 ***Confeccionar la abertura a mano*** ▷
Con los derechos de la tela enfrentados, hilvane tres de los lados, a 1,5 cm del borde exterior, con un ángulo recto en cada esquina. (En una funda rectangular, deje uno de los lados cortos sin hilvanar). En el lado que queda, hilvane a 5 cm de la costura en cada extremo. Cosa todas las costuras hilvanadas, dejando sin hilvanar una sección abierta.

En las esquinas, corte en diagonal una tolerancia para la costura, cerca de las puntadas para reducir el volumen. Retire el hilván y remate los bordes con puntadas en zigzag. Dé la vuelta a la funda e introduzca el relleno. Hilvane y cosa la abertura. Retire el hilván.

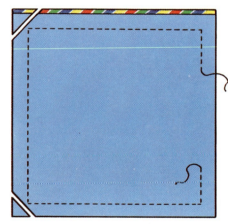

1 ***Confeccionar una abertura lateral para la cremallera*** ▷
Una los derechos de la tela. En un lado (el lado corto en fundas rectangulares), hilvane a 5 cm de la costura desde cada esquina. Cosa y retire el hilván. Planche estas costuras cortas y planche la tolerancia para la costura de la abertura por el revés.

Coloque la cremallera (del mismo tamaño que la abertura) boca arriba. Ponga la sección abierta de la costura (con el revés de la tela hacia la cremallera) directamente sobre los dientes de la cremallera e hilvánela. Por el derecho de la tela, cosa los dos lados de la cremallera y los extremos cortos de la misma lo más cerca posible de los dientes. Retire el hilván.

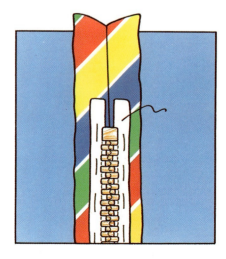

2 ***Coser los lados restantes***
Con los derechos de la tela enfrentados y la cremallera abierta, hilvane y cosa los lados restantes. Retire el hilván, recorte las esquinas y remate los bordes con puntadas en zigzag o sobrehilado a mano. Dé la vuelta a la funda e introduzca el relleno.

FUNDAS DE COJINES REDONDOS

Para hacer una funda redonda debe trazar un círculo en la tela haciendo un patrón.

Si desea que el cojín quede abultado, omita las tolerancias de las costuras en el patrón de papel.

En cojines redondos, la mejor posición de una cremallera es en el reverso; colocándola en las costuras laterales se formarán arrugas.

1 *Dibujar un patrón de papel* ▷
Corte un cuadrado de papel algo mayor que el relleno del cojín y dóblelo en cuatro partes. Coloque una cuerda alrededor de un lápiz y córtela a la mitad del diámetro del cojín más 1,5 cm de tolerancia. Extienda el papel sobre una tabla, clave un extremo de la cuerda en el punto de pliegue del papel y estire el otro extremo hasta la esquina. Manteniendo tensa la cuerda y el lápiz en posición vertical, trace un cuarto de círculo en el papel.

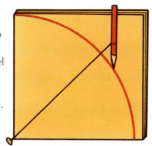

2 *Cortar* ▷
Corte con cuidado siguiendo la línea marcada por el lápiz en las cuatro capas de papel. Abra el papel y utilícelo como patrón para cortar los dos círculos de tela de la funda (en el caso de que quiera poner una cremallera en el reverso, el patrón de la pieza trasera será distinto; consultar abajo).

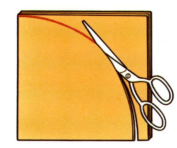

3 *Confeccionar la abertura a mano* ▽
Con los derechos de la tela enfrentados, hilvane la circunferencia con una tolerancia de 1,5 cm para la costura, dejando una abertura suficiente como para introducir el relleno. Cosa. Retire el hilván y haga muescas a intervalos regulares en la tolerancia de la costura. Ponga la funda del derecho e introduzca el relleno. Cierre la abertura hilvanándola. Cósala con puntadas sueltas. Retire el hilván.

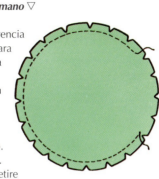

1 *Confeccionar una abertura lateral para la cremallera* ▷
Con los derechos enfrentados, prenda con alfileres los círculos de tela, dejando una abertura con la misma longitud que la cremallera. Hilvane la costura a 2,5 cm a cada lado de la abertura, con una tolerancia de 1,5 cm. Cosa. Retire el hilván y abra las costuras cortas.

Prenda con alfileres e hilvane la cremallera en la abertura, alisando la tela para formar la curva. Cosa. Abra la cremallera y coloque los círculos de tela juntos, con los derechos enfrentados. Hilvane y cosa. Retire el hilván y haga muescas en la tolerancia de la costura (consultar el dibujo arriba). Vuelva la funda del derecho e introduzca el relleno.

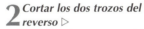

1 *Confeccionar la cremallera en el reverso*
En primer lugar, utilice un patrón de papel circular para cortar una pieza de tela para el anverso. A continuación, utilizando el largo de la cremallera unos 10 cm más corto que el diámetro, marque una línea recta en el patrón de papel donde va a colocar la cremallera, ya sea centrada o descentrada. Corte el patrón de papel por esta línea.

2 *Cortar los dos trozos del reverso* ▷
Coloque los dos patrones del reverso sobre la tela, añadiendo unos 5 cm adicionales de tolerancia para la costura en los dos bordes rectos donde vas a colocar la cremallera. Corte los dos trozos del reverso de la funda del cojín.

3 *Introducir la cremallera* ▷
Con los derechos de los dos trozos del reverso enfrentados y haciendo coincidir los bordes, hilvane y cosa a 5 cm de ambos extremos del borde recto. Retire el hilván y cosa la cremallera (como en una funda cuadrada).

Hilvane el anverso y el reverso de la funda (con los derechos enfrentados y la cremallera abierta). Cosa alrededor. Retire el hilván y haga muescas en torno a la circunferencia. Vuelva la funda del derecho e introduzca el relleno.

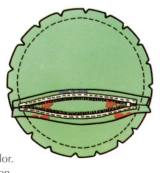

OTROS SISTEMAS DE ABERTURA
Si no desea poner una cremallera, puede coser una cinta Velcro, que coserá siguiendo el mismo sistema. Coloque la cinta a ambos lados de la abertura y cósala a mano o a máquina.

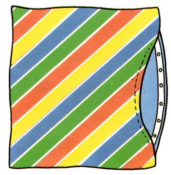

165

TOQUES PROFESIONALES

Es posible adornar de muchas y variadas formas las fundas de los cojines. Para conseguir un bonito acabado, añada un ribete cubierto de tela, o un volante con tela a juego o de contraste.

Ambos adornos quedan introducidos entre los dos trozos de la funda y se cosen con las costuras de la funda del cojín principal.

RIBETE

Un ribete presenta diversos grosores. Un cordón grueso sobresaldrá más de la costura. Debe utilizarse una banda continua, lo que supondrá 5 cm adicionales al largo del cordón necesario para la unión (consultar abajo).

Cubra el cordón con tela cortada al bies, con una anchura suficiente para recubrir el cordón más 2 cm de tolerancia para la costura. Conviene utilizar un ribete al bies confeccionado, que presenta distintos anchos y colores.

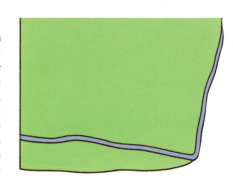

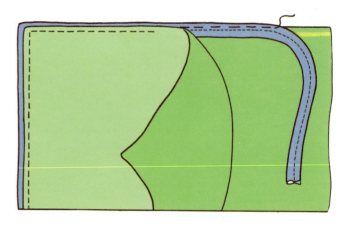

1 *Cubrir el cordón* △
Coloque el cordón en el centro del revés de una banda abierta de ribete al bies. Doble el ribete por la mitad sobre el cordón e hilvane. Utilizando un pisatelas para cremallera, cosa lo más cerca posible del cordón. Posteriormente retire el hilván.

2 *Unir los largos del cordón* △
Una los largos del ribete utilizando una costura plana de 5 cm cosida en ángulo a lo largo de la cinta. A continuación superponga los dos extremos del cordón. Deshaga las hebras de los extremos unos 2,5 cm y córtelas a distintos largos antes de entrelazarlas.

3 *Añadir el ribete a la costura de la funda* ▷
Coloque el ribete en cojines con cremallera en el reverso. Ponga la cremallera como se describe en la página anterior. Con un jaboncillo, marque una tolerancia de 1,5 cm para la costura en el lado derecho de la funda por delante o por detrás. Coloque el ribete en la línea marcada, haciendo coincidir los bordes del ribete con los bordes de la funda del cojín. Hilvane formando una ligera curva en las esquinas para que no se formen ángulos. Recorte la tolerancia de la costura en las esquinas para reducir el volumen.

Con los derechos enfrentados y la cremallera abierta, hilvane el anverso y el reverso de la funda del cojín con el ribete entre ambos. Cosa alrededor utilizando un pisatelas para cremalleras, lo más cerca posible del ribete. Retire el hilván.

VOLANTE FRUNCIDO

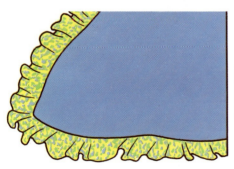

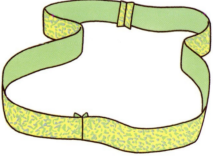

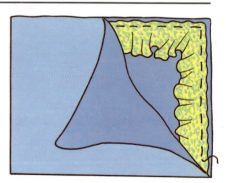

1 *Medir y cortar* △
La forma más sencilla de confeccionar un volante estrecho es a partir de un ancho con doble grosor. Decida cuál será el ancho definitivo del volante, añada 1,5 cm de tolerancia para la costura y duplique la medida.

Para calcular la longitud del volante, mida la distancia en torno al exterior del relleno del cojín. Añada 1,5 cm de tolerancia para la costura (más 1,5 cm por cada costura necesaria para confeccionar el largo), y duplique esta medida.

2 *Preparar el volante* △
Con los derechos enfrentados, una los extremos cortos de la tela con costuras de 1,5 cm para hacer un volante continuo. Doble la tela por la mitad a lo largo, con los reveses enfrentados, y planche.

Haga dos filas de puntadas fruncidas atravesando las capas, a 1,5 cm y 1 cm de los bordes. Para que los frunces sean uniformes, trabaje a lo largo del centro del largo del volante y corte los hilos. Utilice hilo nuevo para fruncir el largo restante.

3 *Añadir el volante a la funda del cojín* △
Doble por la mitad una de las piezas de la funda del cojín y marque cada extremo del pliegue con jaboncillo. Ábralas otra vez.

Prenda el volante con alfileres en el lado derecho de la de las piezas de la funda del cojín, haciendo coincidir los bordes y con cada espacio de los hilos fruncidos en una de las marcas del jaboncillo. Tire de los hilos por igual para ajustar el volante al borde. Hilvane y cosa. Termine siguiendo las instrucciones para una funda cuadrada o redonda.

Cojines sencillos con escudete

Este tipo de cojín está formado por una pieza superior y otra inferior, unidos por una banda de tela denominada escudete. El resultado es un cojín firme, con una forma adaptada al gusto del usuario.

Los cojines con escudete pueden ser cuadrados, rectangulares o redondos, para colocar sobre una silla dura, un banco o un asiento junto a la ventana; también son excelentes para un taburete o para sentarse en el suelo.

Los largos cojines cilíndricos son en realidad cojines redondos con un escudete alargado. Se utilizan tradicionalmente para colocar en los extremos de los sofás, sirviendo a modo de reposabrazos, en especial en el respaldo de un diván, por ejemplo, como apoyo de una fila de almohadas o cojines dispersos.

Las fundas pueden ser lisas, o realzar la forma del cojín con costuras ribeteadas o un escudete decorativo: si se trata de una tela estampada, elija uno de los colores de la misma, o utilice un color a juego o de contraste para resaltar una funda lisa. Si quiere confeccionar un panel con entredós decorativo, haga la pieza del panel antes que la funda.

• Rellenos de los cojines. La espuma es el mejor relleno para los cojines con escudete, ya que mantiene la forma confiriéndoles un aspecto muy agradable. Pero la espuma se desmenuza con el uso y será necesaria una funda adicional para el relleno. La tela de dicha funda debe ser fuerte, como percal, material de forro o incluso viejas sábanas de algodón.

Compre una espuma con un grosor mínimo de 4 cm para cojines dispersos, y mayor para cojines de asiento.

• Seleccionar la tela. Normalmente los cojines están sometidos a un gran desgaste, por lo que las telas deben ser fuertes y lavables: son ideales las telas para muebles, como terciopelo, pana, hilo o algodón fuerte. Lave antes la tela si no está previamente encogida.

En la página siguiente presentamos el cálculo de la cantidad de tela necesaria para un cojín con escudete. En el caso de costuras con ribete, necesitará tela adicional para cortar tiras al bies, o puede utilizar ribetes confeccionados.

• Tipos de abertura. Una cremallera en un lateral de la funda facilita la extracción del relleno del cojín para el lavado.

En el caso de una funda cuadrada o rectangular, la cremallera debe ser lo bastante larga para prolongarse un mínimo de 5 cm en torno a las esquinas, lo que facilita la inserción y extracción del relleno. En una funda redonda, la cremallera ha de medir al menos la mitad de la circunferencia del cojín.

Si no se va a poner cremallera, una el escudete a un trozo de la funda y a continuación al otro; cosa los tres lados y a unos 5 cm de cada esquina en el cuarto lado, dejando una abertura en el centro. Introduzca el relleno y cierre la abertura con puntadas sueltas.

Antes de empezar la confección de las fundas con escudete, consulta en el capítulo anterior las instrucciones correspondientes a la confección de fundas básicas y rellenos para cojines.

Elementos cómodos
Los cojines con escudete son ideales para incrementar la comodidad de una silla, un banco o un asiento de madera. Aquí se ha añadido a las costuras un atractivo ribete que confiere un bonito acabado.

FUNDAS CUADRADAS Y RECTANGULARES CON ESCUDETE

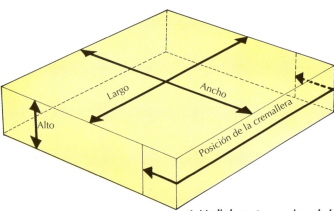

SE NECESITA
- ☐ Tela
- ☐ Relleno del cojín
- ☐ Cremallera
- ☐ Jaboncillo
- ☐ Regla
- ☐ Alfileres
- ☐ Tijeras largas para cortar la tela
- ☐ Tijeras cortas para el ribete
- ☐ Máquina de coser
- ☐ Hilo de coser
- ☐ Agujas

Para fundas redondas y cojines cilíndricos
- ☐ Papel
- ☐ Cuerda
- ☐ Lápiz
- ☐ Chincheta de dibujo
- ☐ Tabla para cortar

Opcional
- ☐ Ribete
- ☐ Ribete al bies o tiras de tela

1 Medir la parte superior y la base △
Para confeccionar la parte superior e inferior de la funda, mida el ancho y el largo de la parte superior del relleno y añada 3 cm a ambas medidas para la tolerancia de las costuras. A continuación, corte.

2 Medir el escudete ◁
El escudete está formado por cuatro piezas: una delantera, dos laterales y una trasera donde se coloca la cremallera.

En la pieza posterior del escudete, corte un rectángulo midiendo la longitud de la cremallera más 3 cm de tolerancia para las costuras, por el alto del relleno más 6 cm de tolerancia para las costuras (dejando la abertura de la cremallera).

Para los escudetes delantero y lateral, mide el largo y el alto de los otros lados del cojín, dejando 3 cm alrededor de tolerancia para las costuras. Corta las piezas del escudete.

3 Colocar la cremallera ▷
Corte la pieza trasera del escudete por la mitad a lo largo. Deje una tolerancia de 1,5 cm para la costura en el revés en el borde de cada mitad y planche.

Extienda los escudetes traseros uno junto a otro sobre la mesa (con los reveses boca arriba) con los lados plegados juntos y coloque la cremallera en el centro, boca abajo. Prenda con alfileres, hilvane y cosa la cremallera.

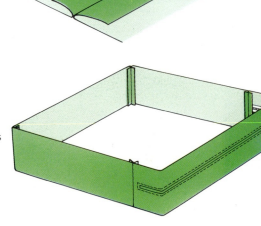

4 Confeccionar el escudete ▷
Con los derechos enfrentados y dejando 1,5 cm de tolerancia para la costura, prenda con alfileres los extremos de las secciones laterales del escudete a las secciones delantera y trasera, para formar un cuadrado o un rectángulo.

Prenda con alfileres y cosa. Fije los extremos cosiéndolos, retire el hilván y planche las costuras abiertas.

5 Coser a la tela principal ▷
Con los extremos enfrentados y haciendo coincidir las esquinas, prenda con alfileres e hilvane el escudete a una pieza principal de la funda del cojín, y a continuación cosa dejando 1,5 cm para la costura. Si quiere añadir un ribete, confecciónelo e introdúzcalo ahora en las costuras entre el escudete y las piezas principales; consulte la página siguiente.

Abra la cremallera y una el resto de la pieza de la funda siguiendo las mismas instrucciones. Planche todas las costuras hacia el escudete. Dé la vuelta a la funda colocándola del derecho, plánchela e introduzca el relleno.

Costuras de los extremos
Para que las esquinas queden perfectamente rematadas, cosa hasta la esquina e introduzca la aguja de la máquina en la tela. Levante el prensatelas y gire la tela en torno a la aguja, colocándola en la posición correcta para coser el otro lado. Cambie el prensatelas y siga cosiendo.

Remate las esquinas recortando la tolerancia para la costura hasta las puntadas; a continuación, corte en diagonal con las tijeras por la tolerancia para la costura, cerca de las puntadas, para reducir volumen.

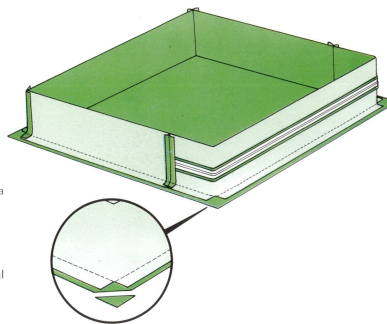

FUNDAS REDONDAS CON ESCUDETE

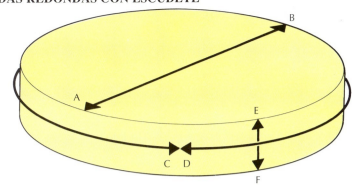

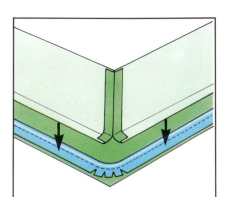

FUNDAS CON ESCUDETE RIBETEADO
Confeccione dos tiras de ribete con el mismo largo que el escudete terminado más una superposición de 2,5 cm. Con los bordes juntos, una el ribete a las dos piezas principales de la funda. Recorte la tolerancia de la costura del ribete en las esquinas y termine la funda.

1 *Medir la parte superior y la base* △
Para la parte superior y la base de la funda, mida el diámetro del relleno del cojín (A-B) y añada 3 cm de tolerancia para la costura.

Haga un patrón de papel de ese tamaño (como el de la funda básica de un cojín redondo, puntos 1-2, página 21) y corte dos círculos de tela.

2 *Medir el escudete* △
Para el escudete, mida la circunferencia (C-D) y el alto (E-F) del relleno del cojín. Corte un rectángulo midiendo la mitad de la circunferencia más 3 cm, más otros 3 cm por el alto.

Para la parte del escudete con cremallera, corte un segundo rectángulo midiendo la mitad de la circunferencia más 3 cm, más otros 6 cm por el alto (para la abertura de la cremallera).

3 *Insertar la cremallera*
Corte el escudete a lo largo por la mitad para la abertura de la cremallera. Remeta 1,5 cm de tolerancia para la costura en el borde cortado de las dos mitades y planche.

Extienda las dos mitades sobre la mesa (con los reveses boca arriba) con los lados plegados juntos y coloque la cremallera en el centro, boca abajo. Prenda con alfileres, hilvane, y cosa cerca de los dientes.

4 *Confeccionar el escudete* ▷
Con los derechos enfrentados y cogiendo una costura de 1,5 cm, prenda con alfileres los extremos cortos de las dos piezas del escudete para formar un círculo alrededor del cojín.

Hilvane y cosa, dejando 1,5 cm sin coser en cada extremo de las costuras. Fije firmemente los extremos y planche las costuras abiertas.

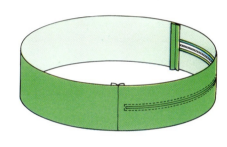

Consejo

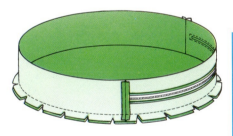

5 *Coser a la tela principal*
Con la cremallera abierta y los derechos enfrentados, prenda con alfileres, hilvane y cosa el escudete a una pieza de la funda y a continuación a la otra.

Retire el hilván y haga muescas en las tolerancias de las costuras a intervalos de 2,5 cm alrededor para rematar la tela y conferir un buen aspecto a la costura del lado derecho. Planche las costuras hacia el escudete. Poga la funda del derecho e introduzca el relleno.

Ribete
Si desea un adorno ribeteado, confeccione un ribete (siguiendo las instrucciones de la página 22) y únalo a cada una de las piezas de tela circulares. A continuación una el escudete, pero haga muescas en las tolerancias de la costura del escudete antes de coser.

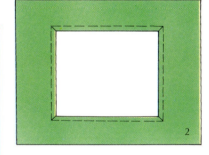

ENTREDÓS DE PANELES DECORATIVOS
Para conseguir un efecto de labor de cuadros, añada un paño de tela de contraste a la funda de un cojín. Utilice recortes de tela, bordados o encaje: para conseguir mayor resistencia, ponga primero en el reverso un trozo de tela como seda, raso o algodón estampado.

Coloque el paño en el trozo de funda antes de confeccionar la funda del cojín.

1 Decida el tamaño final del paño que se va a introducir en la funda, añada 1,5 cm de tolerancia para la costura alrededor y córtelo de la tela.

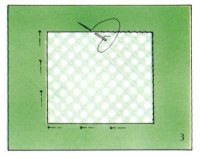

2 Utilizando jaboncillo, marque el paño acabado en la parte delantera de la funda. Trace otra línea a 1,5 cm de la primera hacia el interior para la tolerancia de la costura, y corte un agujero a lo largo de esta línea interior. Sujete las esquinas de esta tolerancia de la costura y planche la costura por el revés (si el corte es redondo, sujete a intervalos regulares alrededor del círculo).

3 Con los derechos boca arriba, prenda con alfileres el paño en su lugar correspondiente debajo del agujero de la funda. Hilvane y cosa, o utilice puntadas en zigzag si desea un borde decorativo.

CONFECCIÓN DE COJINES CILÍNDRICOS

Un cojín cilíndrico es básicamente una variante del cojín redondo con escudete, pero la altura se prolonga a lo largo del cojín y se cose formando un gran tubo de tela. Este tipo de cojín es especialmente adecuado para camas y divanes.

• **Cremalleras.** La cremallera de la funda de un cojín cilíndrico se coloca en la costura lateral del tubo y debe medir al menos la mitad de la circunferencia del cojín cilíndrico para poder introducir fácilmente el relleno.

1 *Medir y cortar* ▷
Para la pieza principal, mida el largo (A-B) y la circunferencia (C-D) del cojín cilíndrico. Añada 3 cm de tolerancia para la costura a las dos medidas y corte un trozo de tela con estas dimensiones.

Para las piezas de los extremos, mida el diámetro del relleno (E-F) y añada 3 cm. Prepare un patrón de papel igual que el de la funda cuadrada y corte dos círculos de tela.

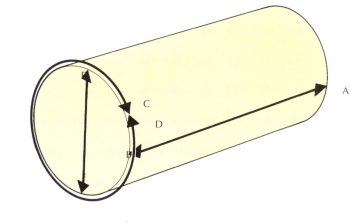

2 *Coser la pieza principal* ▷
Doble la pieza de tela principal por la mitad, con los dos bordes que son el largo del cojín cilíndrico y los derechos enfrentados.

Prenda con alfileres y cosa por la tolerancia de la costura de cada extremo, dejando una abertura central para la cremallera. Retire el hilván; planche la costura y la tolerancia de la costura de la abertura por el revés. Prenda con alfileres, hilvane y cosa la cremallera en la abertura.

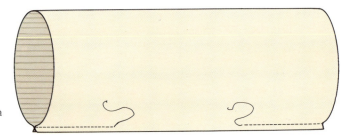

3 *Coser los extremos* ▷
Abra la cremallera. Con los derechos enfrentados, prenda con alfileres, hilvane y cosa los dos círculos de los extremos a la pieza principal de la funda.

Si quiere añadir un ribete, cóselo en torno a los extremos de la pieza de la funda principal antes de unir los extremos.

Haga muescas en las tolerancias de las costuras a intervalos de 2,5 cm. Planche las costuras hacia los círculos del extremo de la tela. Ponga la funda del derecho, planche e introduzca el relleno.

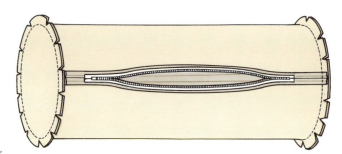

Asiento versátil
Los cojines cilíndricos gruesos y acolchados ayudan a transformar esta cama plegable en un confortable sofá durante el día.

Cojines con adornos

Una forma elegante de decorar un salón o un dormitorio es amontonar varios cojines y, si desea conseguir un efecto adicional, éstos pueden ir adornados de distintas maneras, eligiendo un acabado que haga juego con el conjunto de la habitación. Por ejemplo, los volantes, los encajes y los lazos añaden un toque romántico a un dormitorio; los ribetes, los plisados y un adorno liso son elegantes en un entorno más formal.

La variedad de estilos y formas que presentan los cojines es casi infinita; los efectos conseguidos dependerán de la mezcla de las telas utilizadas, así como de la combinación de ribetes y adornos. Éste es un campo en el que puede inventar sus propios acabados. Son pequeños y relativamente baratos, y no hay razón por la cual no pueda utilizar retales de tela.

El ribete de contraste y los volantes dobles son formas evidentes de combinar distintas telas y colores en un objeto, pero existen otros sistemas mediante los cuales creará un efecto coordinado. Puede confeccionar el anverso de los cojines de distintas formas, o adornar el borde con puntadas en zigzag en un color de contraste. Los lazos o las cintas cosidas son otro sistema de decoración.

A la hora de confeccionar cojines, además de mezclar telas, combine distintas formas: cuadradas, redondas, rectangulares, e incluso cojines en forma de corazón, ya que ofrecen un magnífico aspecto amontonados en la cabecera de la cama. Tras haber aprendido algunos trucos, podrá diseñar sus propias formas, por ejemplo, ¿qué le parece un cojín en forma de gato, o de un enorme girasol?

• Técnicas de costura. Además de ofrecerle ideas de formas y adornos específicos, en este capítulo veremos algunas técnicas de costura que pueden aplicarse en otras situaciones. Por ejemplo, le enseñaremos cómo hacer muescas en la tolerancia de costuras curvadas para conseguir un acabado liso, y cómo reducir el volumen de la tela desde las costuras (cuando hay ribete y volante).

Al coser nunca olvide que debe planchar la labor en cada fase. Esto no sólo mantiene la tela encrespada y facilita el trabajo, sino que también sirve para que el resultado final sea bueno. Por ejemplo, una costura se mantendrá unida planchándola después de coserla. No deje el planchado hasta el final de la labor, ya que tal vez no llegue a todos los rincones y ángulos.

ELEGIR LA TELA

Tratándose de cojines sometidos a un gran desgaste que tengan que mantener un buen aspecto, elija algodón e hilo. Los tejidos de hilos torcidos y las sedas en bruto pueden ser muy adecuadas en entornos tradicionales. Si desea un toque más elegante, elija rasos y sedas finas. Si los cojines no van a estar sometidos a muchos trotes, puede utilizar telas para costura, pero procure que no reciban la luz directa del sol, ya que este tipo de telas se decoloran con mayor rapidez.

Siempre que sea posible, utilice restos de tela de otros muebles de la habitación (cortinas, ropa de cama, manteles), para poder conseguir un aspecto combinado con un mínimo de gastos.

Si va a añadir un ribete, haga uno al bies siempre que pueda, ya que los ribetes confeccionados normalmente son de algodón de mala calidad.

MEDIR

Si cuenta con rellenos confeccionados para los cojines, mídalos para saber cuáles son las medidas necesarias de la funda. Añada 1,5 cm de tolerancia de la costura alrededor en la parte delantera del cojín. Deje 3 cm adicionales en una dirección para colocar una cremallera en la pieza del reverso del cojín.

Si va a confeccionar los rellenos, resultará más económico hacerlos adaptándolos al ancho de la tela —o al tamaño de los retales— que utiliza para la funda. Por ejemplo, si los rellenos son de tela de terliz de 90 cm de ancho, confeccionando cojines cuadrados de 27 cm podrá hacer tres cojines de 60 cm de tela, mientras que si el cuadrado es de 30 cm necesitará 1 m de tela para el mismo número de rellenos.

Todos ahuecados
Un montón de cojines con volantes y encajes animan la cabecera de una cama. El cojín en forma de corazón y el encaje son color verde lechuga, confiriendo un aspecto general de verdes a una tela principalmente de color crema, azul y albaricoque.

• **Volantes.** Para calcular la longitud de un volante, mida el perímetro del cojín, multiplíquelo por 1,5 y añada 1,5 cm para la tolerancia de las costuras cuando proceda. El ancho del volante dependerá del efecto que desee. Cuanto mayor sea el cojín, más ancho será el volante a efectos de conseguir un aspecto equilibrado.

Las tolerancias de las costuras dependerán del acabado que elija: un volante de doble grosor (en el que se pliega la tela por la mitad a todo lo largo) necesita una tolerancia para las costuras de 1,5 cm en cada borde. Un borde guarnecido requiere una única tolerancia para la costura de 1,5 cm y un borde con dobladillo necesita 1,5 cm hacia abajo de un borde largo y 1,5 cm de tolerancia hacia el otro borde para un dobladillo doble de 5 mm de ancho.

• **Pliegues.** Para un acabado con pliegues necesitará una banda de tela de tres veces la longitud del perímetro del cojín (más 1,5 cm de tolerancia para las costuras cuando proceda). El ancho se calcula igual que el de un volante.

• **Ribete.** El ribete debe cortarse al bies, con un ancho de 35 mm. El ribete de los adornos puede cortarse con cualquier ancho y en la mayoría de los casos (ya que no tienen que rematarse las esquinas redondas), puede cortarse en línea recta, lo que facilita el corte. Sea cual sea éste, deje 1 cm de tolerancia para la vuelta en cada borde y 1,5 cm para unir los largos cuando proceda.

CIERRES DE COJINES

En las páginas 20-21, en *Confección de cojines*, se describen las distintas maneras de cerrar un cojín. En este capítulo suponemos que se va a colocar la cremallera en el reverso del cojín, lo que le confiere un aspecto más elegante. En caso de elegir otro sistema de cierre, tendrá que adaptar las instrucciones.

SE NECESITA
☐ Selección de telas
☐ Relleno para cojines
☐ Agujas y alfileres
☐ Hilo de coser
☐ Máquina de coser
☐ Tijeras
☐ Cinta métrica

Según su diseño
☐ Ribete
☐ Ribete al bies
☐ Regla
☐ Jaboncillo

RECORTES Y MUESCAS

Estas técnicas se utilizan en costuras curvadas para que la costura quede plana. Las muescas se emplean en costuras externas (convexas) y los recortes en curvas internas. Así pues, en un cojín redondo, las muescas se harán en la tolerancia de la costura para reducir el volumen de la funda una vez terminada.

1 *Costuras con muescas convexas* ▷
Las muescas son recortes en forma de V en la tolerancia de las costuras de las esquinas o en curvas convexas, cortando lo más cerca posible de las costuras sin tocar las puntadas. Cuanto más pronunciada sea la curva, mayor cantidad de muescas será necesaria. El volumen también se verá reducido recortando la tolerancia de la costura, pero la funda no quedará bien una vez terminada.

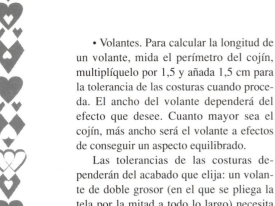

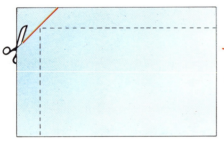

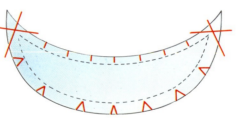

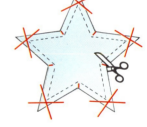

2 *Recortar las esquinas* △
Recortar las esquinas tiene el mismo efecto que las muescas, eliminando el volumen de la tolerancia de las costuras. En las esquinas con un ángulo superior a 90° debe recortarse algo más de la tolerancia de las costuras (consultar el punto 3).

3 *Recortar curvas cóncavas* △
Si el cojín que está confeccionando tiene forma, puede presentar ángulos internos pronunciados o costuras curvadas. La solución es recortar la tolerancia de las costuras lo más cerca posible de la línea de puntadas. Al dar la vuelta al cojín, la tolerancia de las costuras se estirará evitándose la deformación del cojín. En un ángulo interno pronunciado, bastará con un único recorte. En costuras suavemente curvadas, habrá que hacer una serie de recortes. Cuanto más pronunciada sea la curva, más juntos deberán hacerse.

FRUNCIDOS

Es preciso fruncir la tela al confeccionar un volante o añadir un encaje. Esta técnica es también adecuada para suavizar las esquinas en cojines cuadrados o rectangulares con esquinas redondeadas ahuecadas. En el caso de un volante doble, primero hay que doblar la tela por la mitad a lo largo.

1 *Puntadas de fruncido* ▽
Corte la tira a fruncir a 1,5 veces la longitud de la costura en la que se va a colocar. Doble el volante sin fruncir en cuatro secciones iguales y marque las líneas del pliegue. Para fruncir bandas de tela, haga dos filas paralelas de puntos corridos, dentro de la tolerancia de la costura, junto a la línea de la costura. Es mejor hacer un nudo en el extremo del hilo para poder estirar los frunces por ambos extremos en caso necesario. La longitud de cada puntada será de unos 5 mm. Las dos filas deberán estar alineadas, pero alterne las puntadas para conseguir un efecto más delicado.

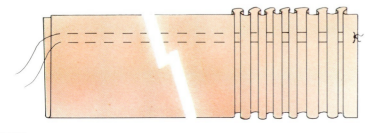

2 Estirar la tela ▷
Una vez hechas las filas de puntadas, estire la tela hasta que el volante cubra el perímetro del cojín. Normalmente es más fácil si el fruncido se hace por secciones. Ponga un alfiler en el volante en cada extremo de la fila de puntadas fruncidas y rodéelo con los extremos de las puntadas de fruncido para fijarlo. A continuación desplace los frunces hasta que queden distribuidos por igual. Divida el perímetro del panel en el que se va a coser el volante en cuatro secciones iguales y marque el borde. Empiece a prender con alfileres el volante hasta el panel delantero del cojín para que los frunces se mantengan en su sitio, y las marcas del volante coincidan con las marcas del borde del panel.

Si va a colocar el volante en un cojín rectangular, tendrá que agrupar los frunces y disponerlos de manera que quede vuelo adicional en las esquinas.

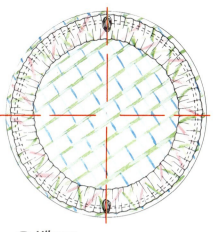

3 Hilvanar
Cuando quede satisfecho con el efecto de los frunces, hilvane el volante.
Es mejor que las puntadas sean muy pequeñas para evitar que se puedan deshacer con el pisatelas de la máquina de coser.

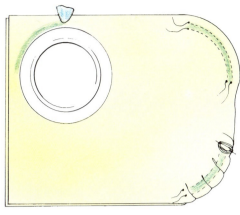

4 Esquinas cuadradas redondeadas △
Para redondear las esquinas de un cojín cuadrado, marque una línea de puntadas en cada esquina, dibujando una línea redonda o de forma similar. Recorte la tolerancia de la costura a 1,5 cm de la línea marcada. Frunza las esquinas a mano e hilvane los frunces. Añada un ribete en la costura para sujetar bien los frunces y conseguir un acabado perfecto.

ENCAÑONADO

Es una variante del fruncido en la que se cosen ambos extremos de la sección fruncida (no sólo un borde como sucede con un volante). Es posible añadir una sección encañonada en cualquier cojín. Aquí presentamos las instrucciones para la confección de un cojín redondo con encañonado en torno al borde. Las medidas corresponden a un cojín redondo de 40 cm de diámetro con una zona central de 20 cm de diámetro rodeada de un paño encañonado de 20 cm de ancho.

1 Cortar la tela
Corte la tela del reverso como siempre, cortando dos secciones que pueden llevar una cremallera entre ellas para formar un paño de 43 cm de diámetro. Para el paño central, corte un círculo de 23 cm de diámetro y un paño de 192 por 23 cm para la sección encañonada (la zona que se va a encañonar tiene 1,5 veces la circunferencia de la funda terminada, más la tolerancia de la costura). Corte una tira para un ribete si procede (los dos bordes de la zona encañonada pueden ribetearse).

2 Fruncir el paño que se va a encañonar △
Una los extremos cortos con una costura plana. Marque el paño y el borde de las dos secciones redondas en cuatro partes iguales. Haga dos filas de puntadas de fruncido a cada lado del paño que se va a encañonar. Haga las puntadas iguales para que el efecto sea más formal, o altérnelas para conseguir un efecto fortuito. Estire un lado para que encaje en el círculo central de tela, haciendo coincidir los puntos marcados y distribuyendo los frunces por igual. Prenda con alfileres, hilvane y cosa. Recorte la tolerancia y planche hacia la zona encañonada.

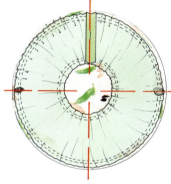

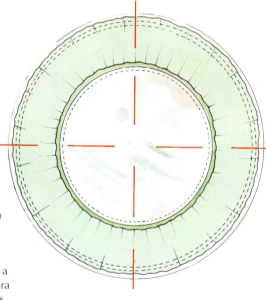

3 Terminar el borde exterior △
Estire el borde fruncido exterior de manera que coincida con el paño posterior de la funda del cojín. Prenda con alfileres, hilvane y cosa. Haga muescas y recorte las tolerancias de las costuras antes de volver la funda del derecho e introducir el relleno.

ESTRATIFICACIÓN

Esta técnica consiste en recortar las tolerancias de las costuras (de los paños de la funda, el ribete o los volantes del cojín) de manera que, una vez vuelta la funda del derecho, no presente un escalonamiento pronunciado. Es especialmente adecuada con telas gruesas.

1 Coser las costuras
Corte la tela y cosa las costuras de la forma habitual, dejando 1,5 cm de tolerancia para las costuras. Planche.

2 Recortar las tolerancias de las costuras ▷
Recorte las tolerancias una a una, recortando más del ribete del volante que de la tela principal, de forma que todas ellas presenten distintos anchos. El más estrecho deberá tener unos 3 mm de ancho, y las siguientes tolerancias que recorte serán 2 ó 3 mm mayores que la anterior. Planche por un lado y remate las tolerancias de las costuras juntas (con puntadas en zigzag) antes de dar la vuelta a la funda e introducir el relleno.

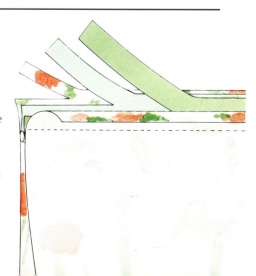

SOLUCIONES PRÁCTICAS CON TELAS

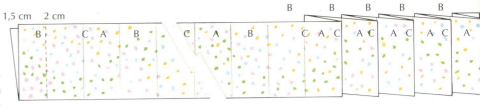

VOLANTES PLISADOS

Un elegante adorno para un cojín rectangular es un volante plisado. Para conseguir un generoso acabado, deje tres veces el perímetro del cojín al confeccionar el adorno. Una vez preparado el plisado, introdúzcalo en la tolerancia como un volante. Deje 1,5 cm de tolerancia para las costuras. Siempre que sea posible, coloque las costuras de forma que queden en el interior del plisado.

1 Pliegues en cuchilla
Utilice un doble ancho de tela, doblado por la mitad a lo largo, o remate el borde. Decida el ancho de cada pliegue (normalmente de 2 a 3 cm). Deje 1,5 cm de tolerancia para la costura y marque las líneas del plisado. Pliegue la tira haciendo coincidir el punto A con el punto C.

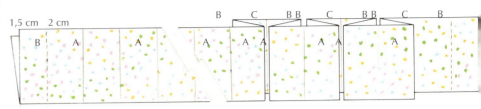

2 Pliegues en caja ▷
Prepare la tira y márquela. Siguiendo el diagrama pliéguelo, colocando el punto A sobre el C y así sucesivamente.

UNA FUNDA RÁPIDA CON RECORTE PLANO

Esta funda es muy fácil de confeccionar si la máquina de coser tiene plumetís.

1 Cortar la tela
Para el paño central, corte la tela 7 cm más larga que el relleno todo alrededor. Para el paño trasero, haga lo mismo añadiendo 3 cm en una dirección para la cremallera. Monte la cremallera.

2 Coser la costura ▷
Coloque el paño delantero sobre el trasero, con los reveses enfrentados y haciendo coincidir los bordes. Prenda con alfileres e hilvane los paños, a 7 cm hacia el interior de los bordes. Sobrehile los paños con dos filas de puntadas para conseguir un efecto decorativo.

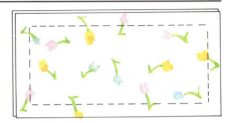

3 Rematar los bordes ▷
Hilvane los bordes exteriores del recorte plano, a 1 cm del borde. Utilice plumetís para unir las capas del borde, recorte los bordes lo más cerca posible de la fila de plumetís.

4 Bordes con forma ▷
El efecto será más chocante si, después de hilvanar las capas, marca festones o un zigzag profundo con jaboncillo. Cosa con plumetís como antes, siguiendo la línea marcada. Recorte con cuidado los bordes.

Consejo

Cierre de funda de almohada. Para evitar la molestia de colocar una cremallera y coser las aberturas a mano, haga un pliegue similar al de una funda de almohada. Corte el paño delantero como siempre. Para el paño trasero, corte dos trozos de tela, uno del tamaño del reverso más 1,5 cm alrededor. Corte el segundo paño al mismo ancho que el primero por 10 cm de alto. Remate un borde del primer paño trasero y un borde largo del segundo, haciendo dobladillos dobles de 1 cm. Coloque el paño pequeño sobre el grande, con el derecho del primero enfrentado al revés del segundo. Hilvane y haga el cojín como si de un solo paño se tratara.

Conjunto a juego ▷
Utilizando telas similares es fácil conseguir un efecto combinado con muchas formas y estilos.

Pantalla para lámparas

La pantalla de quita y pon es la más sencilla de todas: su instalación no es complicada, no tiene una forma especial y no hay que atarla ni coserla al armazón, al que queda unida por arriba y por abajo mediante una cinta elástica que facilita su extracción para la limpieza

Elija un armazón con la parte superior ovalada o redonda y un aro en la parte inferior. El aro superior debe ser más pequeño que el inferior, y las varillas rectas, en forma de campana o tambor, o abombada como en una gasa. No utilice armazones con el borde inferior con forma.

Una pantalla con la parte superior estrecha y la inferior ancha arroja un chorro de luz hacia abajo, siendo ideal para colgar encima de una mesa de comedor, especialmente si lleva un dispositivo de subida y bajada.

• Preparación del armazón. Los armazones de las pantallas pueden ser metálicos o recubiertos de plástico blanco.

Los metálicos deben pintarse ya que, de lo contrario, se oxidarán. Antes de aplicar pintura, deben retirarse los restos de óxido con papel de lija y limar cualquier rugosidad. Pinte las varillas y los aros con pintura de esmalte blanca, pero no el aro central que se une al casquillo de la bombilla.

• Elegir la tela de la pantalla. Cuanto más fina sea la tela y más suave su color, más luz filtrará la pantalla. Con una tela gruesa y oscura, la luz no se difundirá más que por la parte superior e inferior.

• ¿Es necesario forrarla? El forro confiere a la pantalla un aspecto más elegante y profesional, ayudando asimismo a reflejar la luz desde el interior; la mejor opción es un color pálido, especialmente para una pantalla de tela oscura. El forro impedirá asimismo que se vea la bombilla cuando la tela es muy fina y ligera.

Por supuesto, la pantalla adquiere mayor volumen con el forro. Si el aro superior del armazón es mucho más pequeño que el inferior, como en una gasa grande, será imposible tensar la tela, en cuyo caso debe utilizarse un forro ligero, como linón.

Un chorro de luz
Confeccione una pantalla a juego con los muebles de la habitación. Si la tela encoge, lave ésta y el forro antes de hacer la pantalla.

SE NECESITA
- ☐ Armazón de pantalla
- ☐ Tela de pantalla
- ☐ Tela de forro (opcional)
- ☐ Cinta de 4 mm para la lorza superior
- ☐ Elástico de 4 mm para la lorza inferior
- ☐ Volante o reborde para el borde inferior (opcional)
- ☐ Cinta métrica

Además de
- ☐ Imperdible
- ☐ Tijeras
- ☐ Alfileres
- ☐ Agujas
- ☐ Hilo de coser

CALCULAR LA CANTIDAD DE TELA

Para calcular la cantidad de tela que necesita, mida la altura del armazón, siguiendo la curva o inclinación del lateral (A).

Añada 5,5 cm en la parte superior para la lorza (B), que formará un volante fruncido que queda por encima del aro y lo oculta.

A continuación añada una tolerancia para la lorza elástica en la parte inferior (C). El alto de la lorza inferior no debe superar una quinta parte de la altura del armazón, para que el calor de la bombilla pueda expandirse. Por ejemplo, en un armazón de 30 cm de alto necesitará una lorza de 6 cm. Para calcular la tolerancia de la lorza, duplique el tamaño de la lorza terminada y añada 5 mm. Para calcular el ancho de la tela, mida la circunferencia de la pantalla en el punto mayor y añada 2 cm de tolerancia para la costura.

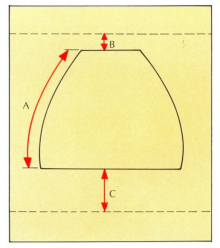

1 Cortar la tela
Corte un trozo de tela con las dimensiones necesarias. Corte un trozo idéntico de tela de forro, si procede.

Si la circunferencia de la pantalla es mayor que el ancho de la tela, tendrás que unir dos piezas de tela. Mida la mitad de la circunferencia del armazón, añada 2 cm de tolerancia para la costura, y corte dos trozos de tela a estas medidas.

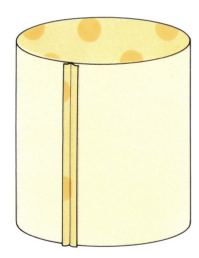

2 Unir la tela principal △
Con los derechos enfrentados, una la tela de la pantalla con costuras de 1 cm formando un tubo. Repita la operación con la tela del forro.

En pantallas sin forro, remate los bordes de la costura con punto en zigzag a máquina o sobrehile a mano, y planche. No remate los bordes de las costuras en caso de que la pantalla lleve forro (consulte el Punto 3).

3 Unir el forro △
Planche las costuras de la tela y el forro abiertas, coloque los reveses juntos e hilvane alrededor de los bordes superior e inferior. A partir de ahora deberá tratar la tela y el forro como si de una sola pieza se tratara.

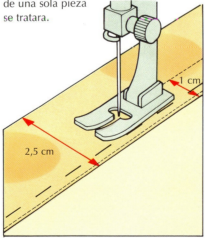

4 Confeccionar la lorza superior △
En el revés de la tela, vuelva 5 mm por el borde superior de la tela e hilvane. Vuelva otros 2,5 cm por el revés e hilvane.

A continuación cosa por el borde inferior de la vuelta y otro centímetro más arriba para formar la lorza de la cinta. Retire el hilván.

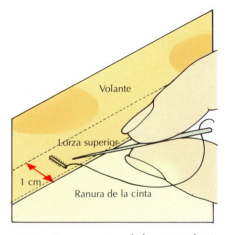

5 Practicar un corte en la lorza superior △
Con un par de tijeras pequeñas con punta, practique un corte en el interior de la lorza superior sólo en una capa de tela (y en el forro si procede), lo suficientemente grande para pasar la cinta.

Remate los bordes del corte con sobrehilado.

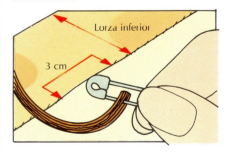

6 Confeccionar la lorza inferior △
Vuelva el borde inferior de la pantalla 5 mm por el revés e hilvane. Vuelva de nuevo la tela por el revés todo lo alto de la lorza inferior (que ya habrá calculado) e hilvane. Cosa con puntadas sueltas el borde de esta lorza, dejando una abertura de 3 cm.

Enganche un extremo del elástico con un imperdible y páselo por la lorza. Prenda los extremos del elástico con alfileres para evitar su desplazamiento.

7 *Introducir la cinta en la lorza superior*
Mida la circunferencia del aro superior, añada 20 cm y corte un trozo de cinta de 4 mm con esta medida. Pase la cinta por la lorza superior, igual que hizo con el elástico (consultar el Punto 6); para asegurar la cinta, prenda los extremos con alfileres.

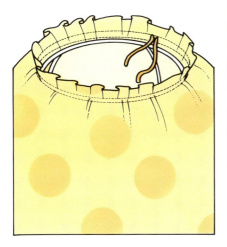

8 *Ajustar la pantalla* △
Coloque la pantalla de tela sobre el armazón, alineando al menos una costura con una varilla de metal y la lorza superior con el aro superior del armazón.

Tire de la cinta de la lorza superior hasta que la pantalla quede ajustada al aro. Haga los ajustes necesarios de manera que los frunces queden bien repartidos y un pequeño volante sobresalga por encima de ellos. Ate los dos extremos de la cinta en torno al aro para sujetar la pantalla.

9 *Ajustar la lorza inferior*
Desprenda el elástico de la lorza inferior y tire por debajo del armazón hasta que la tela quede tensa. Prenda con alfileres y cosa el elástico; corte cualquier sobrante y cierre la abertura de la lorza con puntadas sueltas.

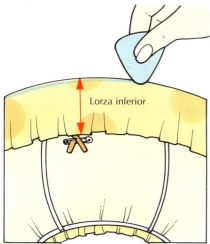

10 *Añadir un adorno* △
Si va a añadir un adorno (consulte la página siguiente), prenda el elástico con alfileres pero no corte el sobrante. Marque con jaboncillo el contorno de la parte inferior del armazón. Desate la cinta, retire la pantalla del armazón y cosa el adorno en la línea marcada.

Consejo

ACABADO CONFECCIONADO
Para hacer una pantalla con un adorno confeccionado en el borde inferior, utilice encaje inglés, o una tela similar, con un borde preconformado.

Este tipo de pantalla sólo es factible con un armazón cuya parte inferior sea más ancha que la superior, una pantalla de gasa o un tambor cónico, por ejemplo. Corte la tela a la altura del armazón, más la tolerancia de la lorza, más el alto de la caída que desee que cuelgue por debajo del borde inferior del armazón. En cuanto al ancho, mida la circunferencia del borde inferior del armazón y añada 2 cm de tolerancia para la costura. Si va a poner un forro de tela fina, encaje inglés, el alto del forro no debe incluir la tolerancia de la caída inferior; sólo añada una vuelta de 5 mm.

Siga las instrucciones básicas para la confección de una, pero no haga lorza en la parte inferior. Deslice la tela sobre el armazón y tire de la cinta de la parte superior. La pantalla sobresaldrá por la parte inferior del armazón presentando un borde inferior con forma.

Si el encaje inglés tiene ranuras para pasar una cinta, como vemos en la fotografía, puede utilizarlas para fijar la pantalla al armazón.

REMATES PARA EL BORDE INFERIOR

Aunque el borde inferior de la pantalla puede dejarse liso, un adorno cosido resultará muy atractivo. Un colorido fleco o un volante de tela a juego, o una tira de encaje, añaden un toque adicional.

Adición de un fleco de cuentas estampado ▷
Para hacer un cálculo aproximado de las cuentas necesarias, utilice lápices de colores y trace un dibujo repetitivo en papel cuadriculado. A continuación, calcule el número de cuentas de cada color que va a necesitar para cada dibujo y multiplique el número de repeticiones necesarias para adornar la pantalla. Añada una cuenta de caída por cada tira de cuentas.

Empiece las tiras ensartando una cuenta de caída en un hilo simple. A continuación doble el hilo pasando el extremo suelto hacia atrás a través del ojo de la aguja y ensarte el resto de las cuentas de acuerdo con el dibujo. Cosa los extremos de los hilos en el pliegue marcado con jaboncillo de la pantalla.

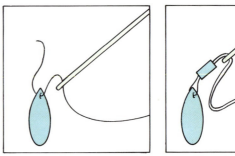

Añadir un volante ▷
Para calcular la tela de un volante, mida la circunferencia de la parte inferior del armazón y corte un trozo de tela o de encaje a 1,5 veces esta medida. Remate los bordes largos del volante con un dobladillo doble y una los bordes cortos hasta formar un círculo completo.

Frunza el volante por igual para ajustarlo a la parte inferior del armazón. Retire el elástico de la lorza inferior de la pantalla y estire la tela. A continuación sobrehile el volante a la pantalla por la línea marcada con jaboncillo, prestando atención para no coser la abertura de 3 cm que queda en la lorza.

Cosa de nuevo el elástico y fíjelo, coloque otra vez la tela sobre el armazón, haga un nudo en la cinta superior y estire la lorza inferior hasta que se ajuste. Cosa el elástico, corte el sobrante y cierre la abertura de la lorza con sobrehilado.

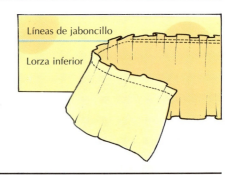

Adición de un borde festoneado
Para conseguir un borde festoneado que se ajuste exactamente al contorno del armazón, prepare antes un patrón cortando un trozo de papel a la medida exacta de la circunferencia del borde inferior del armazón.

Doble el papel por la mitad, y de nuevo por la mitad, y continúe doblándolo hasta haberlo reducido a aproximadamente la mitad del ancho necesario para un festón acabado.

 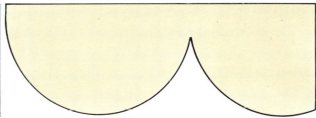

1 *Cortar un patrón* △
En el papel doblado, marque el alto del festón más 5 mm de tolerancia para las costuras, y utilice un compás o una moneda para trazar un arco de un cuarto de círculo en el alto marcado. Corte todas las capas de papel plegado a lo largo de este arco. Abra el papel y podrá ver una fila de festones uniformes, los cuales deben encajar exactamente en el armazón.

A continuación utilizando el patrón de papel, marque los festones en la tela con jaboncillo.

2 *Cortar el borde festoneado* ◁
Antes de cortar la tela, añada 1 cm de tolerancia para las costuras en cada extremo del adorno. Remate los bordes festoneados con puntadas en zigzag o puntadas grandes de ojal y recorte el exceso de tela.

Una los extremos del adorno con una costura de 1 cm, plánchelas abiertas y recorte los festones en caso necesario para que coincidan. Doble la tolerancia de la costura superior por el revés y una el adorno a la pantalla de tela sobrehilando en el borde recto marcado.

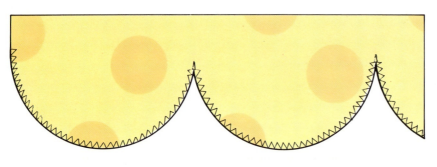

Confección de pantallas plisadas

La luz es uno de los elementos principales que conforman el ambiente de una habitación, por lo cual merece la pena prestar atención al acabado de las pantallas. Las pantallas plisadas son el perfecto toque final de una habitación moderna o un entorno de estilo romántico. Seleccionando telas y adornos a juego o de contraste con las telas ya existentes puede conseguir un aspecto bien coordinado a un bajo precio.

La confección de pantallas adaptadas, alargadas, estrechas y conformadas requiere práctica y paciencia, pero las fruncidas y plisadas son más fáciles de fabricar. Lo primero que tiene que hacer a la hora de confeccionar sus propias pantallas es elegir un armazón cuya forma se adapte al estilo de la habitación. A continuación ha de pegar el armazón con cinta, para tener una superficie en la que coser la tela que ha elegido para cubrir el armazón.

Herramientas y equipo

• Armazones de pantallas. Existe una amplia variedad de tamaños y formas de armazones. El sistema de plisado de la pantalla puede utilizarse para cubrir un armazón de lados rectos o inclinados, siendo más sencilla y rápida la forma de tambor recto. Una pantalla abierta —en la que el aro superior es mucho más pequeño que el inferior— es especialmente adecuada porque los pliegues se abren desde la parte superior. No utilices un armazón con las varillas curvadas en los lados; en este estilo las varillas han de ser rectas.

Recuerde que, además de prestar atención a la forma del armazón, debe hacerlo asimismo a la fijación, de manera que haga juego con la base de la lámpara o una lámpara de techo (algunas pantallas están especialmente diseñadas para colgar del techo).

• La cinta. Se utiliza para cubrir el armazón de la pantalla, de manera que la tela plisada pueda coserse directamente a ella. Compre cinta de algodón recta especialmente fabricada a este efecto; tiene 13 mm de ancho y puede teñirla para que haga juego con la tela.

Para saber cuál es el largo total de cinta, mida el contorno de los aros superior e inferior de la pantalla, y las varillas (pero no las varillas que sujetan la pantalla al dispositivo de la luz). Multiplique esta cifra por tres.

Asimismo, necesitará alfileres, agujas e hilo.

Alta, ancha y bonita
La tela plisada haciendo aguas forma una magnífica pantalla con una base de cerámica clásica. Un reborde al bies de la misma tela añade una dimensión adicional al conjunto.

ELEGIR Y MEDIR

• **Elegir la tela.** Las pantallas plisadas deben confeccionarse con telas delicadas, como gasa, crepe, linón o percal, que puedan plisarse fácilmente. Puede utilizar telas transparentes si añade un entreforro ligero o utiliza la tela doble, de manera que no se vea la bombilla ni el armazón.

• **Para calcular el largo.** En una pantalla en forma de tambor, mida la circunferencia de un aro. Multiplique esta cifra por tres y añada 10 cm. Tratándose de una pantalla abierta, mida la circunferencia del aro inferior. Multiplique esta cifra por 1,5 y posteriormente debe añadir 10 cm. Si va a utilizar más de un ancho de tela, añada 5 cm en cada trozo adicional de tela para la unión.

• **Para calcular el alto.** Mida una varilla y añada 5 cm.

• **Entreforro ligero.** Para el reverso de la pantalla puede utilizar un entreforro ligero de modo que no se vea el armazón. Necesitará una pieza del mismo tamaño que la tela de la pantalla. Alternativamente, en telas delicadas, doble la longitud de la tela que necesita y trabaje con un grosor doble.

• **El ribete al bies.** Es uno de los sistemas más adecuados para adornar la parte superior e inferior de la pantalla. También puede confeccionar sus propias tiras de tela al bies.

Si utiliza un ribete al bies, mida la circunferencia de los aros superior e inferior, y corte un largo por cada medida más 3 cm.

Si va a confeccionar el ribete, corte tiras al bies de 4 cm de ancho y únalas hasta formar largos que se adapten a los aros superior e inferior, dejando 1,5 cm para las costuras cuando proceda.

CUBRIR EL ARMAZÓN CON CINTA

Los aros superior e inferior y las varillas que los unen deben cubrirse con cinta, como base para coser la pantalla de tela. No debe cubrir las varillas de fijación de la pantalla a la base de la lámpara.

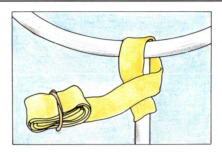
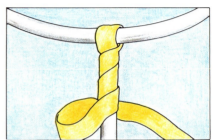

1 Preparar la cinta
Mida las varillas y corte un trozo de cinta al triple de su longitud, para todas excepto una. Enrolle la cinta cortada y sujétela con una goma, dejando unos 20 cm sueltos, un buen sistema para evitar que la cinta se enrede mientras trabaje.

2 Empezar a cubrir una varilla △
Mantenga el extremo suelto de la cinta contra la parte superior delantera de una varilla para que cuelgue unos 5 mm. Pase el resto de la cinta sobre el aro superior, y rodee la varilla de forma que el extremo suelto de la cinta quede sujeto.

3 Terminar de cubrir la varilla △
Rodee la varilla hasta el aro inferior, enrollando la cinta en diagonal, dejándola ligeramente superpuesta. Asegúrese de que esté tensa; si queda un poco floja, empiece otra vez.

4 Asegurar la cinta ▽
Asegure la cinta en la parte inferior de la varilla pasándola por el aro inferior y haciendo un lazo para formar un nudo. Tire del nudo y deje colgando el extremo suelto de la cinta.

Utilizando el mismo sistema, cubra todas las varillas menos una.

5 Preparar el resto de la cinta
Mida los aros superior e inferior, y la última varilla que no está cubierta de cinta. Corte un trozo de cinta al triple de esta medida y enróllela sujetándola con una goma, como antes.

6 Cubrir con cinta el aro superior ▷
Mantenga el extremo suelto de la cinta contra el aro superior en la unión con la varilla sin cinta. Enrolle la cinta hacia el interior del aro, pasándola de nuevo por encima para fijar el extremo suelto.

Cubra el aro superior, igual que las varillas, volviendo de nuevo a la varilla sin cubrir.

7 Cubrir con cinta el aro inferior ▷
Al llegar a la varilla sin cubrir, enrolle la cinta a su alrededor formando una figura de ocho y rodéela por completo. En la parte inferior de la varilla, enrolle la cinta alrededor formando la figura de un ocho y empiece a enrollar el aro inferior igual que el superior.

En cada unión del aro inferior y la varilla, recorte el sobrante de cinta dejando un extremo de 1 cm y forme la figura de ocho sobre este extremo para asegurarlo.

Recorte el extremo de la cinta a 5 mm. Enróllelo y cósalo al aro por el interior.

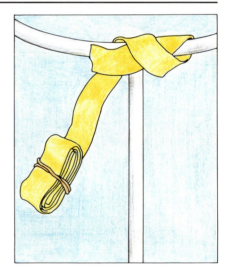

SE NECESITA
☐ Tela
☐ Armazón de lámpara
☐ Entreforro ligero (opcional)
☐ Cinta de algodón, 13 mm de ancho
☐ Jaboncillo
☐ Alfileres
☐ Hilo de coser a juego con la tela
☐ Agujas de coser
☐ Ribete al bies, de 2,5 cm de ancho (doblado) o tiras de 4 cm al bies cortadas de la tela para adorno

LÁMPARA DE TAMBOR PLISADA

En caso de tener poca experiencia, la manera más sencilla de confeccionar una lámpara es en forma de tambor.

1 Cortar y preparar la tela
La tela debe ser el triple de la medida que cubre el armazón, más el alto del mismo, más una tolerancia de 2,5 cm para la costura alrededor. Tratándose de telas transparentes, corte dos capas de tela, o una de tela y otra de forro, e hilvánelas juntas a 3 cm de los bordes.

Remate los bordes laterales, salvo que sean orillos, con puntadas de zigzag a máquina, para que no se deshilachen. Los bordes superior e inferior no se rematan porque van plisados con un ribete al bies.

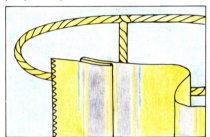

2 Marcar los pliegues
Mida la distancia entre dos varillas del aro superior y decida cuál va a ser el número de pliegues. Una buena idea es comprobar el efecto plisando parte de la tela, hasta encontrar el tamaño del pliegue que mejor se adapte a la tela.

3 Marcar la posición de los pliegues ▷
Trace con jaboncillo una línea marcando una tolerancia superpuesta de 1,5 cm en el extremo de la tela (éste queda remetido en el último pliegue para que el acabado sea perfecto). Marque con jaboncillo las posiciones de los pliegues en los bordes superior e inferior de la tela. Marque el ancho de cada pliegue y, a continuación, dos veces el ancho para el pliegue superpuesto inferior.

4 Prender con alfileres al armazón ◁
Dejando libre la tolerancia del pliegue superpuesto, haga el primer pliegue. (Mantenga la línea del pliegue recta con el hilo de la tela si se trata de una pantalla en forma de tambor). Préndalo con alfileres en el aro superior de manera que la línea marcada con jaboncillo coincida con una varilla y el borde superior del pliegue quede superpuesto al aro en 2,5 cm.

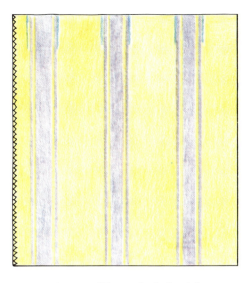

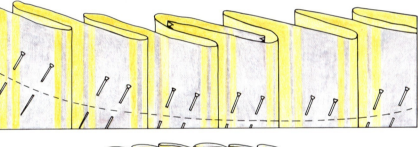

5 Prender con alfileres alrededor del armazón
Prenda con alfileres los pliegues en torno a la parte superior del armazón entre las dos primeras varillas. Seguidamente, repita la operación en el borde inferior de esa sección, manteniendo los pliegues estirados, rectos y uniformes. Repita la operación en todas las secciones del armazón. Si el borde inferior es mayor, ajuste los pliegues (consulte *Pantalla abierta plisada*, a continuación).

6 Plegar los bordes ◁
Cuando llegue al punto en que se encuentre la tela, superponga el último pliegue sobre el borde en el que empezó, arreglando la tela de manera que ambos extremos estén formando pliegues. Prenda otra vez con alfileres el primero y el último pliegue, si es necesario, para cubrir por completo el armazón.

7 Coser la tela ◁
Sobrehile el contorno superior del armazón por la parte exterior, asegurándose de que cada pliegue esté firmemente cosido al aro cubierto con cinta y retirando los alfileres a medida que trabaja. Repita la operación en el aro inferior.

8 Recortar la tolerancia de la costura
Recorte la tela sobrante encima del aro superior y debajo del aro inferior, cortando cerca de los puntos para que la tela quede al ras del armazón.

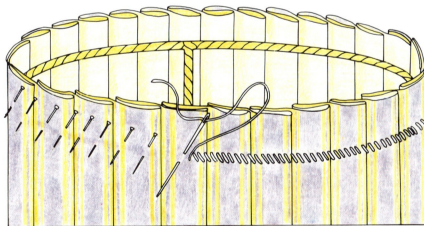

PANTALLA ABIERTA PLISADA

Es distinto trabajar en una pantalla abierta debido a la diferencia de tamaño existente entre los aros superior e inferior.

1 Calcular la cantidad de tela
Para calcular la cantidad de tela que necesita para cubrir el armazón, mida el contorno del aro inferior y multiplique esta cifra por 1,5. Mida una varilla para saber el alto de la tela. Añada 2,5 cm de tolerancia para la costura alrededor y corte.

2 Calcular el tamaño de los pliegues
Divida la longitud de la tela por la circunferencia del aro más pequeño para saber cuál será la amplitud de cada pliegue. Por ejemplo, si el aro mayor mide 100 cm y el menor 25 cm de contorno, cada pliegue debe medir la sexta parte del total de la tela (es decir, el aro menor mide 100 cm, el largo de la tela es de 150 cm y el pliegue en torno a la parte superior del armazón debe ser de 150/25 = 6).

En este caso, un tamaño adecuado del pliegue sería de 5 mm, con 2,5 cm plegados bajo cada pliegue. Podrá ajustar 50 pliegues (150 cm/3 cm ó 25 cm/5 mm) en torno a la parte superior del armazón.

Es posible que los cálculos no sean exactos, por lo que deberá experimentar y ajustar el tamaño de los pliegues y la amplitud antes de coser definitivamente.

3 Marcar y doblar los pliegues ▽

Trabaje en el borde superior de la tela, primero marcando una tolerancia para la costura de 2,5 cm, y después el ancho del pliegue, alternando con la tolerancia de la superposición inferior del pliegue.

Doble los pliegues y préndalos con alfileres para asegurar la precisión de los cálculos y que la tela encaje en torno a la parte superior.

4 Unir la tela ▷

Trabajando en una sección de la pantalla a la vez, prenda con alfileres la tela. Préndala en la parte superior, entre una varilla y la siguiente, sujetando bien los pliegues; a continuación estire la tela alineándola con las varillas y préndala con alfileres en el aro inferior, repartiéndola de manera uniforme.

Remeta la tolerancia de la costura en los extremos de la tela. Cósala a los aros y recorte la tolerancia de la costura, igual que en la pantalla en forma de tambor.

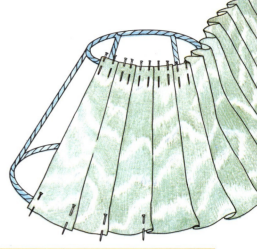

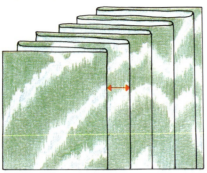

COLOCAR UN BORDE EN LA PANTALLA

Todo lo que queda por hacer es rematar los bordes de la pantalla donde se han recortado.

1 Preparar el borde

Planche 5 mm por el revés, en cada borde largo de la tira al bies (en los ribetes confeccionados puede estar planchado). Con los reveses juntos, pliegue el ribete al bies por la mitad a lo largo y planche.

2 Incorporar el borde ▷

Abra el ribete y préndalo con alfileres en torno a los bordes superior e inferior, con el derecho del ribete frente al derecho de la pantalla. El ribete debe estar colocado de manera que el corte del mismo quede cerca del borde de la tela de la pantalla, y la primera línea del pliegue quede justo debajo de la línea de puntos que unen la tela al armazón. Cosa utilizando punto corrido (introduzca la aguja por el ribete y la tela de la pantalla, pase la aguja, y a continuación introduzca de nuevo la aguja por la pantalla y el ribete, haciendo una puntada pequeña cada vez).

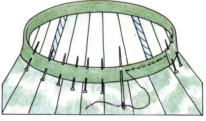

3 Terminar el borde ▷

Doble el ribete sobre la parte superior de la pantalla (o la inferior) y cósala con puntadas sueltas dentro de la fila anterior de puntadas. Finalmente, remate los bordes: corte un ángulo de 45°, dele la vuela y superponga el otro. Asegúrelo con puntadas pequeñas.

Baja, encantadora y deliciosa △
Una pantalla abierta en fina tela plisada combina perfectamente con la base esférica.

Consejo

Pantalla fija por una parte. Para conseguir un buen efecto con un mínimo de costura, confeccione una pantalla abierta que sólo se ajuste en la parte superior. Corte la tela a 1,5 veces la circunferencia del aro inferior más 1,5 cm de tolerancia para la costura, en cada extremo, por el alto del armazón más un total de 7,5 cm de tolerancia para la costura.

Una los dos extremos cortos con una costura plana, con los derechos juntos. Haga un dobladillo en el borde inferior. Ribetee sólo el aro superior del armazón de la pantalla y añada la tela como se describe en el punto 4 más arriba, sólo en torno a la parte superior del armazón.

Ajuste el tamaño de los pliegues a toda la amplitud si procede. Puede dejarse caer la tela sobre el aro inferior del armazón.

Confección de fundas sueltas

Las fundas sueltas tradicionales no son tan difíciles de confeccionar como se cree. Están formadas por piezas que se unen en la propia silla, no confeccionadas, lo que ofrece la oportunidad de ajustar la forma antes de coser la funda.

No obstante, unas fundas sueltas pueden implicar un gran trabajo. Utilice telas de buena calidad o comprobará que, tras haber dedicado muchos días a la costura, en un par de años empezarán a desgastarse. Así pues, en lugar de comenzar con una forma complicada, en este capítulo veremos dos ideas para la confección de fundas sencillas pero elegantes, antes de pasar a muebles mayores.

Si no posee gran experiencia, una buena idea sería empezar por unos cojines con escudete (consulte *Cojines sencillos con escudete*). Las técnicas utilizadas para la confección de estas formas se adaptan a las fundas completas. Tratándose de fundas atadas, cubra la silla o el sofá con sábanas viejas para hacerse una idea de la cantidad de tela que necesitará antes de comprarla.

TELAS Y ELEMENTOS DE SUJECIÓN

Procure no utilizar telas fuertes ya que algunas de las costuras estarán formadas por cuatro capas, además del ribete, y resultará difícil introducirlas en una máquina de coser normal. La opción más adecuada son los algodones y los hilos, aunque puede utilizar telas más delicadas en muebles que no estén sometidos a un gran desgaste.

• Elementos de sujeción. Dado que las fundas van ajustadas, es posible que tenga que llevar elementos de sujeción, normalmente en una de las costuras de las esquinas traseras. Dichos elementos pueden ser cintas de broche y corchete o cremalleras. En estilos más sencillos de este capítulo, utilice Velcro o lazos de tela. Las fundas también se atan con cintas por debajo del mueble.

• Medir. Antes de calcular la tela que necesita, tendrá que medir la silla o el sofá. Decida dónde va a colocar las costuras y el tipo de abertura que desea. A continuación mida cada una de las secciones de la silla y añada 5 mm en cada dirección, tomando la medida máxima donde las secciones presentan costuras curvadas. Puede utilizar las costuras de la funda existente (normalmente de percal) a modo de guía. Si la silla o el sofá ya lleva una funda suelta, utilícela como patrón.

> **SE NECESITA**
> ☐ Cinta métrica
> ☐ Lápiz y papel
> ☐ Regla
> ☐ Jaboncillo
> ☐ Tijeras
> ☐ Agujas y alfileres
> ☐ Tela para la funda
> ☐ Cordón para el ribete
> ☐ Tela de contraste para los pliegues, el ribete y los elementos de sujeción (opcional)
> ☐ Máquina de coser
> ☐ Hilo

Bien vestida
Esta silla de comedor tapizada queda cubierta con una funda, una faldilla y lazos de contraste de percal. Adapte esta técnica a otras formas.

MEDIR

Lo primero que hay que hacer es decidir las posiciones de las costuras y medir la silla. Aquí vemos cómo medir y cortar los paños para una silla de comedor con el respaldo y el asiento tapizados. La técnica puede adaptarse a otros estilos y formas de sillas.

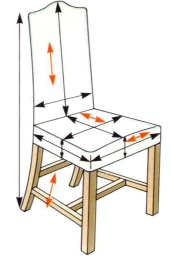
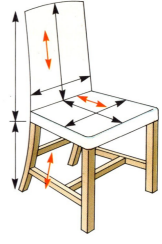

1 Medir ▷
Mida el alto, el fondo o el ancho máximos de cada sección, añadiendo 5 cm en cada dirección para las tolerancias de las costuras. En algunos diseños también habrá que añadir una tolerancia para los remetidos si vamos a remeter la funda a gran profundidad entre el asiento y el respaldo. Deje 15 cm adicionales en cada borde que haya que remeter.

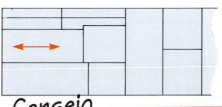
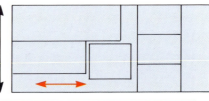

2 Planificar la disposición del corte ▷
Decida la tela que vas a utilizar y trace un dibujo a escala, indicando el ancho de la tela con dos líneas paralelas. Trace los distintos paños de tela, asegurándose de que vayan al hilo de la tela como se indica.

3 Calcular la tela
Cuando quede satisfecho con el dibujo, calcule cuánta tela va a necesitar. Si desea ribetear alguna de las costuras, calcule el ribete y la tela cortada al bies.

Consejo

Un estilo moderno. Si no desea comprometerse en una gran labor de costura, cubra la silla con una funda suelta: coloque un largo de tela sobre la funda ya existente. Elija un estampado audaz si quiere un efecto drástico, o una tela lisa para conseguir un efecto más sutil. Remate los bordes y remeta la tela por los ángulos entre el asiento, los brazos y el respaldo.

FUNDA DE QUITA Y PON CON FALDILLA

Las instrucciones presentadas a continuación corresponden a una silla tapizada y sin brazos, como la que vemos en la página anterior; asimismo pueden aplicarse a una silla de respaldo duro con el asiento tapizado. Una sencilla faldilla fruncida con lazos a cada lado para atar la funda ofrece un acabado informal. Mida y corte todos los paños excepto la faldilla.

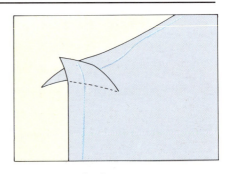

1 Ajustar el paño delantero ▷
Extienda el paño delantero en el centro del respaldo de la silla, prendiéndolo con alfileres, con el derecho de la tela frente a la silla. Marque las líneas de las costuras con jaboncillo. Deje una amplia tolerancia para la costura (15 cm) en el borde inferior, donde se remete la funda en el pliegue entre el respaldo y el asiento de la silla.

2 Dejar amplitud △
En las esquinas superiores, si no hay escudete en torno al respaldo de la silla, posiblemente tendrá que dejar amplitud para que ajuste bien. Haga una pequeña pinza, con la punta en la esquina delantera del respaldo de la silla, prendiéndola con alfileres para que la línea de puntos quede en el ángulo de la esquina. Haga y prenda con alfileres otros pliegues y remeta los que sea preciso para que la funda ajuste bien.

3 Ajustar el paño trasero
Coloque el paño trasero en el respaldo, con el derecho de la tela frente a la silla, de modo que los bordes del paño coincidan con los bordes del paño delantero. Prenda los dos paños con alfileres por los lados y la parte superior, siguiendo las líneas de la costura marcadas con jaboncillo.

4 Hilvanar y coser
Hilvane y cosa las pinzas. Presione hacia un lado, hacia la parte posterior central de la silla. Hilvane el resto de los pliegues y remeta. Prenda con alfileres los ribetes de la costura superior curvada, e hilvane y cosa la costura. Remate las tolerancias de las costuras y presiona hacia el paño posterior.

5 Paño del asiento
Extienda el paño sobre el asiento, con el derecho frente a la silla, y marque con jaboncillo la línea de la costura en torno al borde de la silla.

6 Piezas del escudete ▷
Prenda con alfileres las piezas del escudete en los lados y en la parte delantera de la silla, con el derecho de la tela frente al asiento. Hilvane y cosa las costuras de las esquinas del escudete. Abra las costuras.

7 Colocar cada sección
Coloque de nuevo la sección del asiento y las piezas unidas del escudete en los lados y la parte delantera del asiento, con el derecho del escudete frente a la silla. Prenda con alfileres las secciones del escudete a las secciones del asiento, asegurándose de que las líneas de la costura coinciden con las esquinas del paño del asiento.

8 Comprobar el ajuste ▷
Antes de coser el escudete a la silla, coloque la sección trasera en el respaldo de la silla, hacia dentro, y prenda el borde inferior del paño delantero de la funda del respaldo al borde posterior del paño del asiento. Marque el borde superior del escudete en el punto donde ambas costuras se encuentran. A partir de este punto, prenda con alfileres el borde superior del escudete al paño delantero del respaldo de la silla.

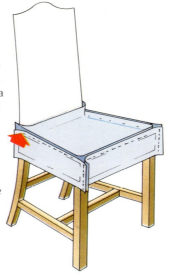

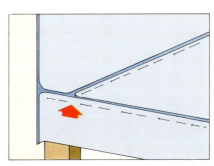

9 Costuras del asiento
Cuando esté satisfecho con el ajuste, coloque el ribete en torno a la parte superior del escudete. Hilvane y cosa la costura en torno a la parte superior del escudete, cosiendo sólo hasta los puntos marcados. Sujete la tolerancia de la costura en las esquinas, recorte y presione hacia el escudete. Cosa el ribete al borde superior del escudete desde el punto marcado hasta cada lado del respaldo del asiento.

10 Unir el respaldo al asiento
Ajuste de nuevo las secciones de la silla y prende con alfileres la costura en el respaldo del asiento. Tendrá que recortar parte de los 15 cm de tolerancia. Prenda con alfileres la costura formando una suave curva, de forma que quede una lengüeta para remeter en el ángulo del asiento. Hilvane y cosa la costura, y remate las tolerancias de las costuras juntas. Prenda con alfileres, hilvane y cosa el paño delantero a la parte superior del escudete desde el punto marcado hasta el respaldo, sujetando en las tolerancias de las costuras. Remate las tolerancias de las costuras y presione hacia el escudete.

11 Aberturas laterales ▷
Ponga la funda en la silla y doble la tolerancia de la costura posterior por las líneas marcadas en las aberturas laterales. Doble hacia atrás los extremos del escudete en línea con la parte superior de las aberturas laterales. Marque los puntos en los que irán los elementos de sujeción a ambos lados de cada abertura.

12 Confeccionar los lazos
Para cada lazo, corte una tira de tela de 7 cm por 30 cm. Pliéguela por la mitad a lo largo, con los derechos juntos, cosa un borde corto y un borde largo, dejando 1,5 cm de tolerancia para las costuras. Póngalo del derecho.

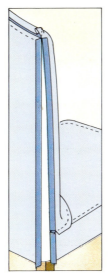 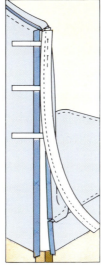

13 Terminar los bordes de las aberturas
Prenda con alfileres los lazos a los paños delantero y trasero. Prenda con alfileres el ribete en el borde de las aberturas del paño delantero. En la parte superior de la abertura, recorte el cordón del ribete y doble el ribete hacia abajo para rematarlo. Hilvane y cosa el ribete en la tolerancia de la costura del paño delantero, encerrando los extremos de los lazos. Cosa los lazos a la tolerancia. Presione la tolerancia de las costuras del ribete y el paño delantero hacia fuera de la abertura, recorte y remate las tolerancias de la costura juntas. Presione la tolerancia de la costura del paño posterior hacia la abertura, para poder remeterlo hacia el interior del paño delantero. Remate el borde.

14 Confeccionar la faldilla
En cuanto a la faldilla trasera, mida el ancho del borde inferior del paño trasero. Multiplique esta medida por 1,5 y añada 3 cm de tolerancia para la costura, y corte el paño a esta media, por el alto de la faldilla, más 5 cm de tolerancia para el dobladillo y 1,5 cm de tolerancia para la costura. Mida el contorno del borde inferior del escudete, a los lados y la parte delantera, desde el ribete hasta las aberturas posteriores. Multiplique por 1,5 y añada 3 cm de tolerancia para la costura para saber la longitud de la sección de la faldilla. Corte el paño, uniendo los anchos si procede. Remeta 5 mm y a continuación 1 cm en cada borde lateral y cosa. Haga dos filas de puntadas de fruncido en torno a la parte superior de las secciones de la faldilla.

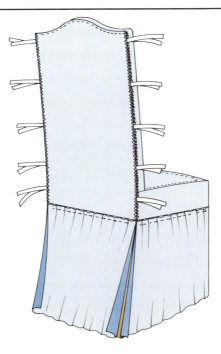

15 Unir la faldilla ◁
Coloque la funda en la silla. Estire las secciones de la faldilla para que encajen. Prenda con alfileres los paños de la faldilla al borde inferior del escudete, por los laterales y la parte delantera de la silla, y al borde inferior del paño trasero, repartiendo el vuelo. Introduzca el ribete en la costura antes de hilvanar y coser. Remate las tolerancias de las costuras juntas y presione hacia el escudete. Con la funda en su sitio, marque la línea del dobladillo. Dele la vuelta y cosa a 1 cm en torno al borde inferior del dobladillo. Doble el dobladillo por la línea del pliegue y cosa con puntadas sueltas.

FALDILLAS PLISADAS

Estas fundas presentan pliegues invertidos en una tela de contraste en la parte central posterior y en las esquinas delanteras de la silla, y un ribete en torno al borde del asiento de la misma tela que los pliegues.

1 *Medir y cortar*
Mida como antes. Corte los paños con 5 cm más en cada dirección, dejando 15 cm para el remetido en el respaldo del asiento y en la parte inferior del paño delantero. En el paño trasero, añada 3 cm al ancho para introducir el pliegue invertido. Prepare el ribete.

2 *Cortar la tela de los pliegues*
Para el pliegue posterior central, corte un paño de la misma altura que el paño posterior y de 35 cm de ancho. Para los pliegues de las esquinas, corte dos paños de la misma altura que la sección de la faldilla y de 35 cm de ancho.

3 *Confeccionar el paño posterior* ▷
Corte el paño trasero a la mitad del largo. Con los derechos juntos y haciendo coincidir los bordes, una los extremos largos de la tela plegada a cada lado del paño trasero, dejando unas costuras de 1,5 cm. Planche la costura y remate las tolerancias de las costuras juntas.

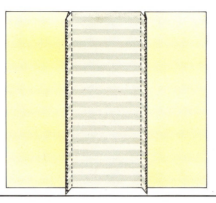

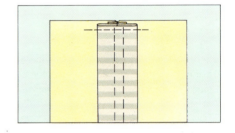

4 *Doblar el pliegue* △
Con los reveses enfrentados, doble la sección del pliegue por la mitad para que coincidan las líneas de la costura.

5 *Doblar de nuevo el pliegue invertido* ▷
Ábralo en una superficie plana de manera que los derechos de las piezas del paño trasero queden boca abajo. Planche el pliegue para que quede plano contra el paño posterior, haciendo coincidir el centro del pliegue con las líneas de las costuras que están hilvanadas juntas. Hilvane el pliegue en el borde superior.

Haga dos filas de hilvanes hacia el centro del pliegue, cerca y a ambos lados de la línea de la costura hilvanada, cosiendo por los derechos de las secciones del paño trasero. Cosa el pliegue por el derecho, sobrehilando desde la parte superior del paño trasero hasta la mitad del paño trasero, aproximadamente al ras del asiento.

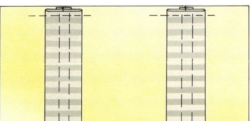

6 *Confeccionar la faldilla* ◁
Recorte los bordes laterales de la faldilla delantera de forma que sea 3 cm más ancha que la medida final. Una los paños del pliegue de contraste y colóquelos en su sitio en las costuras de las esquinas, igual que el paño trasero, sobrehilando el pliegue a 15 cm del borde superior.

7 *Confeccionar la funda*
Prenda con alfileres e hilvane las restantes costuras en el orden siguiente, ajustando las piezas en la silla como antes. Una el paño del asiento a los paños de la faldilla plegada en los lados y la parte delantera, insertando el ribete. Una el borde inferior del paño delantero a la parte posterior del paño del asiento, conformando la tolerancia del remetido para que ajuste entre las secciones delantera y trasera. Finalmente, una el paño trasero al resto del asiento, por los laterales y en el borde superior. Prenda con alfileres e hilvane antes de coser para asegurar la perfecta colocación y extracción de la funda. En caso necesario, añada una cremallera o un Velcro en una abertura lateral.

8 *Dobladillos y botones*
Descosa los hilvanes de las aberturas del pliegue. Ajuste la funda a la silla, con el derecho hacia fuera y marque la línea del dobladillo. Remeta 1 cm alrededor y cosa, y a continuación remeta el dobladillo y sobrehile. Cosa un botón a cada lado del pliegue posterior central para reforzar la costura en la parte superior del pliegue.

◁ *Estilo italiano*
Los colores suaves y las líneas sencillas confieren un magnífico aspecto a estas fundas de quita y pon con pliegues invertidos.

Fundas sueltas con adorno

Las fundas sueltas presentan muchas ventajas sobre las permanentes en muebles tapizados. La primera es que pueden lavarse o llevarse al tinte con regularidad, lo cual no sólo mejora su aspecto, sino que también reduce su desgaste. Siempre puede tener fundas nuevas confeccionadas cuando las viejas se desgasten o desee cambiar la combinación de colores, pudiendo incluso llegar a tener dos juegos de fundas para verano e invierno.

Las fundas de confección profesional son caras, y es cada vez menor el número de modistas dispuestas a confeccionar fundas y cortinas a un precio razonable. Así pues, si cuenta con sillas y sofás de formas sencillas, y su experiencia en costura es limitada, merece la pena intentarlo.

REBORDES Y ACABADOS

• Ribetes. El aspecto de las fundas mejora con los bordes ribeteados: un ribete de contraste ofrece un acabado elegante, pero si carece de experiencia, tal vez sea mejor utilizar la misma tela para la funda y el ribete, pudiendo así disimular las costuras y las puntadas desiguales.

Utilice un ribete del nº 5 cubierto con ribete cortado al bies de 3,5 cm.

• Faldillas. El acabado del borde inferior puede hacerse simplemente con un cordón del que se tira para ajustar la funda debajo del mueble. Pero, si desea un acabado más elegante, puede añadir una faldilla recta con pliegues invertidos en las esquinas o una faldilla de pliegue en caja. Si quiere un acabado de tipo rústico, añada una faldilla fruncida. Complemente el conjunto con cojines dispersos a juego.

• Cierres. Tradicionalmente se utilizaba la cinta de broche y corchete para sujetar las fundas sueltas. Se trataba de una cinta de algodón tupido compuesta de dos partes, una con broches y otra con corchetes o barras. Ahora el sistema más utilizado es el Velcro, pero también puede emplear cinta de corchetes (similar a la de broche y corchete pero con presillas) o cremalleras (elija una de nilón de peso medio).

SELECCIONAR LA TELA

Las mejores telas para fundas sueltas son las de hilo y algodón tupido. Busque una tela con tratamiento antimanchas, lo cual es una ventaja para los dos primeros años de vida de las fundas. Si desea una tela estampada (lo que le ayudará a disimular los fallos e irregularidades en las líneas de la costura), procure elegir dibujos repetidos por todas partes, mejor que grandes motivos con bordes: éstos necesitan una adecuada planificación y una cuidadosa colocación. Asimismo no olvide que cuanto mayor sea el estampado, más tela necesitará para colocar convenientemente los dibujos.

SOFÁS Y SILLAS

Las técnicas generales son similares para los sofás y las sillas. La diferencia principal es que los sofás suelen ser más anchos que el ancho de la tela, por lo que habrá que unir piezas de tela para confeccionar algunos paños de la funda. Coloca un ancho completo de tela en el centro del sofá (los paños traseros interior y exterior, el paño del asiento y del asiento delantero) y una pequeñas secciones a cada lado para hacer el ancho.

Un ajuste perfecto
Unas elegantes fundas ajustadas ponen de relieve las sencillas líneas de este sofá. La forma queda realzada con un ribete de contraste en las líneas de la costura principal y en torno a los cojines con escudete.

MEDIR

Lo primero que hay que hacer es medir el sofá o la silla y decidir la línea de las costuras. La funda ajustada (normalmente de percal) le servirá como guía, o siga las medidas de la funda ya existente si va a cambiarla. Consulte en la página siguiente los detalles de las tolerancias para las faldillas.

1 Respaldo interior
2 Respaldo exterior (detrás del sofá)
3 Asiento
4 Asiento delantero
5 Brazo exterior
6 Brazo interior
7 Escudete del brazo

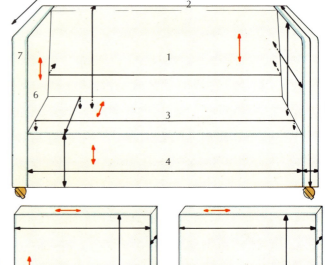

Cojines del respaldo y del asiento confeccionados con paños traseros y delanteros y secciones con escudete

1 *Medir en los puntos máximos* △
Divida la silla o el sofá en secciones, marcando las líneas de las costuras en la funda existente, si es necesario. Mida el ancho, el largo y el alto máximos de cada sección. Mida los cojines del respaldo y del asiento como en los cojines con escudete. Las flechas rojas indican la dirección del hilo y las líneas azules, las costuras que hay que ribetear.

2 *Añadir las tolerancias de las costuras*
Para contar con tela suficiente para ajustar bien la funda, añada 10 cm de tolerancia de las costuras en cada una de las medidas. En los laterales y la parte posterior del asiento normalmente hay un surco en la que se remete la costura de la funda para fijarla. Deje otros 15 cm en todos los bordes de los paños que se van a remeter (normalmente el borde posterior e inferior de los paños de los brazos interiores, los bordes lateral e inferior del paño trasero interior y los bordes lateral y posterior del paño del asiento). Deje 20 cm en los bordes inferiores del respaldo, los lados exteriores y la parte delantera del asiento para hacer una lorza e introducir la funda debajo del sofá.

3 *Calcular la cantidad de tela*
Haga un dibujo a escala en papel cuadriculado para poder contar con un esquema de corte. Empiece trazando líneas paralelas que representen los orillos de la tela y forme rectángulos representativos de las secciones de la funda. Si la tela es estampada, marque el dibujo en un borde del diagrama para poder colocar bien los paños. Cuando quede satisfecho con el dibujo, calcule la cantidad de tela. Deje sitio para las tiras al bies, si procede.

4 *Medir el cierre*
Mida la parte trasera del sofá desde las esquinas para saber la longitud de velcro que necesitará.

SE NECESITA
☐ Cinta métrica
☐ Lápiz y regla
☐ Papel y papel cuadriculado
☐ Jaboncillo
☐ Agujas y alfileres
☐ Tela para la funda
☐ Ribete (opcional)
☐ Tela de contraste para el ribete (opcional)
☐ Ribete al bies
☐ Cremallera, Velcro o cinta de broche y corchete, según proceda
☐ Tijeras

CONFECCIÓN DE LA FUNDA

Presentamos a continuación las instrucciones para confeccionar una funda en tela lisa (con ribete de contraste para que los diagramas resulten sencillos). Corresponde a un sofá sencillo y cuadrado: en el primer punto, las costuras no son necesarias para una silla. La funda queda firmemente sujeta debajo de la silla con una lorza y un cordón.

1 *Unir la tela para formar los paños*
Corte la tela, siguiendo el esquema de corte que trazó al calcular la cantidad de tela. Normalmente, las secciones del respaldo interior, el respaldo exterior, el asiento y el asiento delantero necesitan costuras adicionales. Utilice anchos completos de tela para el centro de estos paños, con piezas unidas a cada lado que conformen el ancho.

2 *Confeccionar el ribete*
Corte tiras al bies de 3,5 cm de ancho, uniendo los largos según proceda para formar una serie de tiras que se ajusten en torno a todas las costuras que vayan a ir ribeteadas. Utilice las tiras para formar un ribete del tamaño 5. Necesitará muchas si el sofá o la silla tienen cojines adicionales; le será de ayuda hacerlas todas antes de empezar.

3 *Unir los paños del respaldo y el asiento*
Coloque los paños del respaldo interior y exterior del sofá, con el revés hacia fuera, prendiendo con alfileres cada una de las piezas al sofá y marcando las líneas de las costuras con jaboncillo. Prenda con alfileres las líneas de las costuras para comprobar si encajan, y remeta el vuelo si el respaldo es curvado, o haga una pinza en las esquinas en ángulo. Coloque el paño del asiento y el del asiento central y préndalos igualmente con alfileres, dejando una tolerancia para el remetido en la costura posterior del asiento. Cuando quede satisfecho con el resultado, recorta las costuras exactamente a 1,5 cm e introduzca el ribete donde proceda. Hilvane y cosa rematando las tolerancias de las costuras.

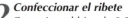

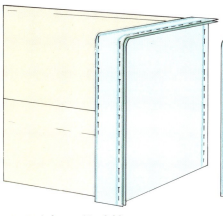
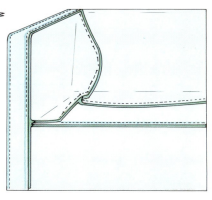
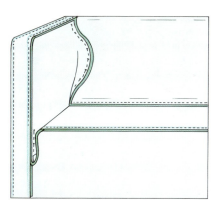

4 *Unir la sección del brazo* △
Prenda con alfileres las secciones a los brazos de la silla, con los reveses hacia fuera, y marque las líneas de las costuras. Coloque el escudete en la parte superior del brazo y hacia abajo delante del brazo. Marque y prenda con alfileres las costuras como antes. Retire las secciones del brazo, recorte las tolerancias de las costuras, introduzca el ribete, hilvane, cosa las costuras y remate las tolerancias de las costuras como antes.

5 *Unir los brazos al respaldo* △
Coloque el respaldo, el asiento y los brazos en el sofá, con el interior hacia fuera, y prenda con alfileres las costuras en las esquinas del respaldo interior. Tendrá una tolerancia de 15 cm para el remetido en el punto más bajo, con los lados convergentes para que ajusten en la parte superior. Prenda con alfileres los lados del asiento con una tolerancia para el remetido. Marque las líneas de las costuras.

6 *Unir el asiento delantero a los brazos* △
Con las piezas todavía en su sitio, con el interior hacia fuera, en el sofá, remeta la tolerancia de 15 cm en los surcos laterales del asiento. Prenda con alfileres el borde delantero del remetido en el lateral de la sección del asiento hasta el borde lateral del paño delantero. Prenda con alfileres el borde lateral que queda del paño delantero hasta el borde interior de la sección del escudete del brazo delantero. Marque las líneas de las costuras.

7 *Marcar las líneas de las costuras*
Prenda con alfileres el respaldo exterior a los escudetes de los brazos en cada lado, y prenda con alfileres los laterales del respaldo exterior a los brazos exteriores en cada línea de la costura de la esquina. Marque las líneas de las costuras.

8 *Coser las costuras*
Cuando quede satisfecho con el ajuste, retire la funda, recorte las tolerancias de las costuras, introduzca el ribete, e hilvane (excepto en una esquina trasera donde se va a colocar el cierre). Cosa las costuras y remate las tolerancias de las costuras.

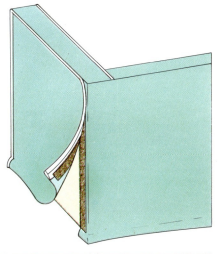

9 *Terminar la abertura del respaldo* ◁
Remeta 5 mm y a continuación 1 cm en el borde de la abertura del paño del respaldo exterior. Remeta 5 mm en el borde de la abertura del panel del brazo exterior. Presione en la línea de la costura marcada. Prenda con alfileres el ribete en la abertura del borde del paño del brazo exterior. Hilvane y cosa. Prenda con alfileres e hilvane el Velcro en los bordes de la abertura. Sobrehile la parte superior de la abertura para que las tolerancias de las costuras queden retiradas del respaldo. Coloque la cremallera, la cinta de broche y corchete o la cinta de corchetes, en la abertura de la esquina del respaldo exterior.

10 *Ajustar las patas redondeadas* ◁
Ajuste la funda en el sofá, con el interior hacia fuera, y recorte la tela de manera que encaje en torno a las patas, dejando 1 cm de tolerancia para las costuras. Remate el borde con ribete al bies, cosiéndolo al borde con una costura de 1 cm, girando el ribete y la tolerancia de la costura hacia el interior y cosiendo con puntadas sueltas el borde plegado.

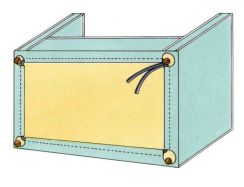

11 *Confeccionar la lorza* ◁
Ahora tenemos cuatro faldones que habrá que unir para sujetar la funda en su sitio. Remeta 1 cm en cada uno de los cuatro bordes largos, y a continuación otros 2 cm. Prenda con alfileres, hilvane y cosa para formar una lorza. Mida cada canal y corte un trozo de cinta a esta longitud más unos 70 cm. Cosa la cinta en cada lorza, empezando desde la esquina de la abertura.

12 *Confeccionar las fundas de los cojines*
Confeccione unas fundas para los cojines del respaldo o del asiento con ribete y escudete siguiendo las instrucciones indicadas en el apartado *Cojines sencillos con escudete*. Coloque las cremalleras en uno de los paños del escudete (el paño del respaldo para los cojines del asiento y el paño del borde inferior para los cojines del respaldo), de manera que no puedan verse una vez colocados los cojines, y éstos serán reversibles.

189

ADICIÓN DE UNA FALDILLA

Empiece por la funda: ésta se mide exactamente como en el ejemplo, pero omitiendo la tolerancia de 20 cm en torno al borde inferior del asiento delantero, los brazos delanteros y externos, y los paños del respaldo exterior. Siga las instrucciones hasta el final del punto 8.

1 Marcar la línea de la costura de la faldilla ▷
Coloque la funda en el sofá con el derecho hacia afuera y marque una línea para la línea superior de la faldilla. La altura de la línea dependerá de las proporciones del sofá. Mida el contorno del sofá por la línea marcada. Recorte la funda 2 cm por debajo de la línea marcada.

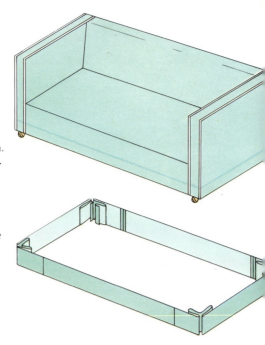

2 Calcular la longitud de la faldilla
Tratándose de una faldilla plisada, deje tres veces la medida en torno a la silla, más 1,5 cm de tolerancia para las costuras en cada extremo. Si se trata de una faldilla fruncida, deje 1,5 veces la medida, más las tolerancias de las costuras. Para una faldilla recta con pliegues invertidos, añada 30 cm en cada uno de los cuatro pliegues más las tolerancias de las costuras. Mida desde la línea marcada hasta el suelo y añada 3 cm para el fondo.

3 Cortar la tela de la faldilla ▷
Corte tiras de tela para hacer la faldilla con las medidas adecuadas. Una las tiras. Cuando sea posible, coloque las costuras en el interior de los pliegues. Tratándose de una faldilla recta, coloque las costuras en las secciones delantera y trasera rectas de la faldilla haciendo que coincidan con las líneas de las costuras de los paños del respaldo exterior y delantero del asiento. Prepare ribete suficiente para todo el contorno de la línea marcada, si procede.

4 Cortar los faldones
Mida el largo de cada borde inferior del sofá y reste 15 cm a cada medida. Mida desde la línea marcada en torno a la funda hasta 10 cm por debajo del sofá. Añada 4,5 cm. Para cada borde inferior, corte una tira con estas medidas para formar un faldón que sujete el sofá por debajo.

5 Confeccionar la faldilla
Remeta 5 mm y a continuación 1 cm en los bordes cortos de la taldilla y en el borde largo inferior. Frunza o plise la faldilla, sujetándola con alfileres o hilván (si desea más detalles sobre la confección de un pliegue invertido, consulte la página 42). En la esquina de la abertura, haga la mitad de un pliegue invertido en cada extremo de la faldilla.

6 Ribete y faldones
Cosa el ribete en el lado derecho del borde fruncido o plisado, con los bordes del ribete hacia el borde de la faldilla, remetiendo el ribete en los extremos.
Remeta y cosa 5 mm y a continuación 1 cm en cada borde corto de los faldones. Remeta 1 cm y seguidamente 2 cm en un borde largo de cada faldón. Cosa para formar las lorzas.

7 Unir la faldilla y los faldones ▷
Retire la funda del sofá. Prenda con alfileres la faldilla en el lado derecho de la funda, con el borde de la faldilla dentro del borde rematado de la funda, con los derechos enfrentados, de manera que el ribete quede entre la faldilla y la funda. La línea de puntadas del ribete debe coincidir con la línea marcada en torno a la funda. Prenda con alfileres los faldones de forma que el borde de éstos coincida con el borde de la faldilla, con el derecho del faldón frente al revés de la faldilla.
Hilvane todas las capas. Cosa y planche hacia arriba las tolerancias de las costuras, y hacia abajo la faldilla y los faldones.
Acabe la funda añadiendo Velcro en los bordes de la abertura y confeccionando los cojines con escudete, como antes.

Pautas de camuflaje ▽
Una tela estampada de tonos suaves color crema, beige y melocotón posee numerosas ventajas: disimule las irregularidades de las líneas de las costuras y oculte las manchas y las salpicaduras.

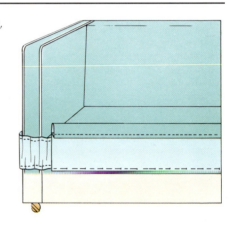

Consejo

Protección adicional. Es una buena idea utilizar retales de tela para confeccionar fundas para los brazos, que sufren un gran desgaste. Las líneas de las costuras de los protectores deben seguir las líneas de las costuras de la funda. Confeccione unos protectores que sean del mayor tamaño posible, de la misma profundidad y altura que el brazo interior, para poder remeterlos junto al cojín del asiento. Para mantener los protectores en su sitio, cosa un pequeño gancho en cada esquina y dé unas puntadas a mano en la funda para poder engancharlos.

Índice

A

Adornos para cojines, 171-174
Aislamiento, 31
Algodón de poliéster
 características de, 129
 bordes con forma, 108
 cuidado del, 129
Alicatar
 habitaciones, 41- 44
 paredes, 33-36
 superficies de trabajo, 37-40
Almohadilla para pintura, 60-61, 87-88
Anaglypta, 21-24
Apliques de luz
 empapelar alrededor, colocar, 19-20
 escondidos en la cornisa, 28
Apliques y accesorios
 para paredes alicatadas, 44
Azulejos
 de cantera, 37
 de cerámica, *véase* Alicatar

B

Bandós, 117-120
 estilos, 126
 consulte también Guardamalletas
Baños, alicatado, 34-36, 41
Barniz
 para marmolado, 80-81
 para murales, 64
 para picado de piedra, 124-125
 para punteado, 71-73
 para salpicado, 76-77
 para trapeado y trapeado de rodillo, 71-72, 74
Barnizar
 después de estarcir, 91
 imitar carey, 84-85
Barras de cortinas, 131-132
 para cortinas de encaje, 109
 para cortinas tipo café, 113
Bordes,
 protección mientras se pinta, 69
Brocado, telas con formas de, 128
Brochas, 60-61
 Véase también Herramientas y equipo para pintar
Burbujas de aire en el papel, tratamiento de, 19

C

Cableado, esconderlo en la cornisa, 25-28
Caja de ingletes, 26
Capa de apresto, 57-58
Carpintería, pintura
 efectos especiales, 64, 76, 79
 preparar superficies, 37-69, 124
Cenefas
 anaglypta, 21-24
 estarcido, 12
 revestimientos de papel, 16
Chintz, características del, 129
Cinta adhesiva, 38-40
Cocinas, alicatado de, 34-36
Cojines, 163-170
 cojines cilíndricos, 170
 medidas, 164-168
 con escudete, 167-170
 abertura para la cremallera, 164-165, 168-170
 rellenos para, 163-167
Combinación de color, usando el salpicado, 75
Cornisas, 25-32
 eliminar el papel, 32
 pintar, 32
 pintar y restaurar, 32
Cortinas de encaje, drapeadas, 135
 Ver también Telas transparentes
Cortinas tipo café, 109, 113-116
 artículos necesarios para, 114
 cabecera con lorza y fleco, 116
 tela para, 113
 medir, 113
 cabeceras para, 113-116
 dobladillos, vueltas, 115-116
 ganchos para, 116
 cabeceras plisadas, 113
 festones, 113-115
 cintas para, 113
Cortinas
 selección de estilos 125-126
 transversales, 126
 largo, selección del, 125-126
 esquinas en inglete, 107
 ribetear, 108
Cristal
 manchas de pintura
  eliminación, 70
  prevención 87-88
 salpicado 76
Cyadrism cikgar
 sobre paredes empapeladas con tela, 30

D

Diseños para estarcidos, 7-10
Disolventes y diluyentes, 58
Dupión, tela, características de, 128

E

Efectos *trompe l'oeil*, 63
Empapelar, 13-24
Emulsión de pintura 57-58
 en revestimientos de papel, 21
 esponjado, 62
 para estarcir, 91
 para lavado de color, 93-95
 para murales, 64
 para salpicado, 76
Enchufes
 empapelar alrededor, 16
 manejar, para revestimientos de tela, 30-31
Encolar, 13-17
 Véase también revestimientos de papel
Engrudo, 40, 40, 44
Esmalte, *véase barniz*
Esmalte salpicado, 76
Espejos y superficies alicatadas, 44
Esponjado, 62
 Base para murales, 64
Espuma plástica expandida, molduras, 25
Esquinas
 alicatar, 34-35, 40
 colocar cornisas y molduras, 27
 empapelar, 16
Estarcidos,
 hágalo usted mismo, 7-10
 usados para murales, 114
Estarcir, 10, 91-92

F

Festones y faldones, 133-136
 artículos necesarios para su confección, 134
 encaje drapeado, uso de, 135
 tela para, 133
 medidas, 133-134
 métodos de colgar, 134-136
 confección de dibujos para, 134
 estilo sencillo, 136
Forros para cortinas
 ventajas de, 105
 de colores, 107
 desmontables, 104-105
 tela para, 105
 medidas, 105
 fijo, 105
 cosido, 105-108
 guía para, 132
 tipos de, 105
Fosilizado, 75
Friso de techos, 92
Fundas sueltas, 183-190
 artículos necesarios para su confección,183-188
 cierres, 183, 185, 187, 189
 disposiciones para el corte, 183
 tela para, 183, 187
 medidas, 183-184, 188
 dobladillos, 186, 190
 ribete para, 187
 faldillas plegadas, 186, 190

G

Ganchos para cortinas, 104, 116
Gasas, uso en cortinas, 130
Guardamalletas, 137-140, 141-143
 objetos necesarios para su confección, 138, 142
 cabeceras revestidas, 142
 barras de cortinas, 142
 tela para, 137
  cortar, 138
  medir, 137,142
 con volante, 139-140
 cabecera fruncida, 140-142
 plisado a mano, 143
 ribete, 140
 accesorios para estantes, 142
 formas suaves, 137-140
 guía para, 132
 sin forro, 143
Guías de cortinas, 131-132
 uso básico de, 132
 instaladas en el techo, 132
 ocultas, 131
 conjuntos de cuerdas, con, 131
 ajustes, con, 131
 fijación, 132
 colocación, 132

riel con guía oculta, 132
   para persianas austríacas, 151
Guingán, características, 129

H

Herramientas y equipo
   para alicatado, 33, 37, 41
   para colocar cornisas y molduras, 26
   para empapelar, 13,19
   para hacer estarcidos, 7
   para hacer revestimientos de tela, 29
   para lavado y sombreado de color, 24
   para picado de piedra, 76
   para pintar, 54, 60, 87-88
   para salpicado, 80
Hilo de algodón, características del, 128

I

Imprimación, 57-58, 69, 73, 76
Interruptores
   empapelar alrededor, 16
   manejar, para revestimientos de tela, 30-31

L

Latas de pintura, manejo, 69
Latigueado, 82
Lavado de color, 93-95
   base para murales, 64
Lincrusta, 21, 22-23
Listones de apoyo
   usados en el alicatado, 42
   usados en revestimientos de tela, 30-31

M

Madera
   cornisas, 25
   preparar para pintar, 57-58
Madras, tela, características de, 129
Marcos de ventanas
   alicatar alrededor, 42-43
   empapelar alrededor, 16
   pintar, 70, 87-88
Marcos, carey
   Para cuadros y espejos, 83, 86
Marmolado, 79, 82
Masilla
   para grietas y agujeros, 54, 56, 68
Metal, preparación para pintar, 57-58
Mobiliario, protección durante la decoración, 53-55, 59
Moho, 25-28
Molduras, 25-28
Muaré, características de, 129
Muselina, uso en cortinas, 129

N

Nudos, tratamiento de, 68, 76

P

Pantallas, 175-183
Paredes
   alicatado, 33-34, 41-42
   a prueba de niños, 23
   efectos especiales, 71-74, 93-95
Patrones pintados, 90
Percal, características de, 129
Persianas austríacas, 149 - 152
   artículos necesarios para su confección, 150
   listones para, 151
   cordón para, 150-151
   tela para, 149
   medir, 149-150
   volante fruncido para, 152
   colgar, 151
   cintas para la cabecera, 149, 151-152
   anillas, accesorio de, 151
   guía para, 151
   cintas verticales, 151
Persianas enrollables, 153-156
   ventajas de, 153
   colocación del rodillo, 155
Persianas romanas 157-160
   listones, preparación, 159
   lengüetas para, 158
Picado de piedra, 75
Pintar con spray, 90
Pintar engrudo, 36
Pintar porcelana, 75-76
Pintura acrílica
   para estarcir, 61
   para murales, 64
Pintura rugosa, 58
Pinturas de base acuosa, 57-58
Pinturas de base oleosa, 57-59, 61
Pinturas de brillo, 57-59, 67-69
Pinturas e imprimaciones, elegir para uso interior, 57-58
Pinturas satinadas, 57-58
   para estarcir, 91
   para imitar carey, 84
   para marlolado, 80
   para paredes, 64
   para picado de piedra, 77
   para punteado, 71-74
   para salpicado, 76
   para sombreado de color, 89, 93

R

Recogecortinas, 121-124
Ribete al bies, 133

S

Sirsaca, persianas austríacas en, 149

T

Teñir con tintes, 72
Terciopelos, uso en cortinas, 82

V

Varillas ajustables para cortinas, 132

CRÉDITOS DE FOTOGRAFÍA
2-3 Dulux, 7 Dulux, 11 Dulux, 16 PWA/International, 19 Dulux, 23 a 25 Dorma, 21 (foto principal) Chris Stephens/Eaglemoss, 26 (montaje) Crown Paints, 26 (foto principal) Chris Stephens/Eaglemoss, 39 EWA/A von Einsiedel, 47 La Maison de Marie Claire/Eriaud/Comte, 28 Simon Butcher/Eaglemoss, 29 EWA Tom Leighton, 36 Dulux, 35 Freda Parker/Eaglemoss, 36 Simon Butcher/Eaglemoss, 39 Dulux, 42 Crown Paints, 43 Stencil Ease en Carolyn Warrender, 15 EWA/Michael Dunne, 18 Jean-Paul Bonhommet, 50-51 Steve Tanner/Eaglemoss, 62 EWA/Spike Powell, 57 Crown Paints, 60 Cover Plus de Wooworths, 63 PWA/International, 68 EWA/Michael Dunne, 70 Aristocast, 71 Crown Paints, 75 Dulux, 78 PWA/International, 79 Textra, 82 Textra, 83 Sara Taylor/Eaglemoss, 86 Winchmore Ltd, 87 Cristal Tiles, 90 EWA/Jerry Tubby, 91 Cristal Tiles, 94 Elizabeth Ann Ktchens, 95 Dulux, 89 Dulux, 54 Sr. Tomkinson, 98-99 EWA/Rodney Hyett, 101 National Magazine Company/David Allen, 103 Curtain Net Advisory Bureau, 105 Arthur Sanderson and Sons, 108 Jan Baldwin/Eaglemoss, 109 y 112 Curtain Net Advisory Bureau, 113 Harrison Drape, 116 Jan Baldwin/Eaglemoss, 117 Arthur Sanderson and Sons, 120 Jerry Tubby/Eaglemoss, 141 Syndication International, 137 Swish, 140 Textra, 121 Rufflette, 133, 135 Curtain Net Advisory Bureau, 128 Crown Wallcoverins, 145 Kingfisher Wallcoverings by Nairn, 146-147 Kingfisher Wallcovering by Nairn, 149 Sunway Blinds, 152 Michael Boys, 153 Habitat, 155 Arthur Sandrson and Sons, 157 EWA/Michael Nicholson, 159 Curtain Net Advisory Bureau, 160 EWA/Michael Nicholson, 163 Designers Guild, 167 Sara Taylor/Eaglemoss, 170 Dorma, 171 EWA/Jerry Tubby, 172 Jerry Tubby/Eaglemoss, 175 PVW International, 187 Tulleys of Chelsea.
Ilustraciones: David Ashby (Garden Studios), Craig Austin (Garden Studios), Lindsay Blow, Terence Evans, John Hutchinson, Kevin Jones Associates, Coral Mula, Fraser Newman, Stan North, Adam Villis.

© 2000, Editorial LIBSA
C/ San Rafael, 4
28108 Alcobendas (Madrid)
Tel.: (34) 91 657 25 80
Fax: (34) 91 657 25 83
e-mail: libsa@libsa.redestb.es

Traducción: Alicia de la Peña / Blanca del Cerro

© Eaglemoss Publications Limited

Título original: *Creative home decorating/ Curtains and soft furnishings*

ISBN: 84-7630-809-4
Depósito Legal: M-16628-00

Derechos exclusivos de edición para todos los países de habla española

Ninguna parte de esta obra puede ser reproducida total o parcialmente, ni almacenada o transmitida por cualquier tipo de medio, ya sea electrónico, mecánico, fotocopia, registro u otros, sin la previa autorización del editor.

Impreso en España / *Printed in Spain*